Sam no es mi tío

Veinticuatro crónicas migrantes y un sueño americano

ALFAGUARA

Sam no es mi tío

Veinticuatro crónicas migrantes y un sueño americano

DIEGO FONSECA Y AILEEN EL-KADI, EDITORES.

ALFAGUARA

© De esta edición:
2012, Santillana USA Publishing Company, Inc.
2023 N.W. 84th Avenue
Doral, FL 33122
Teléfono: (305) 591-9522
Fax: (305) 591-7473
www.prisaediciones.com

Prefacio, Espacios que separan fronteras © Aileen El-Kadi y Diego Fonseca, Introducción, La mirada del otro © Idelber Avelar, De las crónicas: Travesías © Aileen El-Kadi, Aquí está bien © Daniel Alarcón, Terror © João Paulo Cuenca, Cuchilleros © Joaquín Botero, Hoy como ayer (La Gata) © Gabriela Esquivada, Miami © Claudia Piñeiro, Debajo de la línea de sombra © André de Leones, Y entonces Dios © Diego Fonseca, Dicho hacia el sur © Eduardo Halfon, Venimos como una gran familia © Guillermo Osorno, I Am Magical © Yuri Herrera, Renuncio © Hernán Iglesias Illa, Tierra de libertad © Santiago Roncagliolo, Herencias © Carola Saavedra, California al desnudo © Andrea Jeftanovic, Un anacoreta en el desierto de los rubios monolingües © Eloy Urroz, El Ciempiés © Ilan Stavans, El país de nunca jamás © Camilo Jiménez, Buenos Aires, Alabama © Edmundo Paz Soldán, Los crímenes de Santa Teresa y las trompetas de Jericó © Jorge Volpi, Esto te costará diez dólares © Juan Pablo Meneses, Un escritor de mierda en Park Avenue © Diego Enrique Osorno, Mapas (Lo que pasa en Vegas) © Wilbert Torre, El sueño americano © Jon Lee Anderson.

ISBN: 978-1-61435-529-8
Diseño de cubierta: Quest www.queststudio.com.mx
Foto de Cubierta: Mónica Delgado
Imágenes de Cubierta: www.Shutterstock.com

Primera edición: Mayo de 2012
Impreso en los talleres de HCI Printing and Publishing

Aileen El-Kadi: Traducción de los textos de
Daniel Alarcón, João Paulo Cuenca y André de Leones.

Diego Fonseca: Traducción texto de Carola Saavedra.

Cuidado de la edición: Casandra Badillo, Norman Duarte Sevilla, Ana Cadenas, Verónica Esteban.

15 14 13 12   1 2 3 4 5 6 7 8 9

PRISA EDICIONES

Gracias

A nuestros colegas, que aceptaron participar en este libro con la idea de mirar a Estados Unidos con ojos latinos y a los latinos en él. Su confianza y sus trabajos han sido sustanciales para hacer que Sam no es mi tío *sea una pieza de calidad única.*

A Homeland Security, por no haberme deportado aún.
AILEEN

A Bahíyyih y a Teo, por las horas robadas.
DIEGO

ÍNDICE

Prefacio
Espacios que separan fronteras
Diego Fonseca
Aileen El-Kadi

Este proyecto nació desde la contradicción. Porque contradicciones somos y porque estamos expuestos cotidianamente a ellas. Las Américas nos han ofrecido paradojas desde el período de la colonia. Sugerentes ficciones y verdades útiles que, la mayoría de las veces, guiaron nuestra historia pero sólo algunas veces fueron cuestionadas. ¿Qué es lo que cuestiona esta generación? ¿Qué límites acepta, cuáles destruye? ¿Qué discursos recrea y a cuáles les hace frente? Entre las fronteras visibles e invisibles de los países americanos se desplazan cuerpos, objetos, ideas. Hay puentes. Siempre los hubo, siempre los habrá, les guste a ellos o no. ¿Existen —hoy, ahora— *unos* Estados Unidos? ¿Hay *una* América Latina? Estos cronistas se han empecinado en remarcar ambas transiciones —los puentes y los límites—, pero, sobre todo, han expuesto —descarnadamente— las contradicciones de nuestra América.

Como escritores y lectores contemporáneos, nuestras referencias del mundo nos llegan no solamente del contacto con otras culturas o de la lectura de textos escritos. Somos devoradores de la cultura tecnológica. Blogs, Twitter, Facebook, periodismo *online, e-books*; proyectos y diálogos intercontinentales hacen parte de nuestra cotidianeidad. Sabemos del mundo no sólo por lo que nos cuentan, sino por cómo nos lo cuentan. Es en ese contexto de intercambios de información y opiniones, de debates y cuestionamientos que surgió la pregunta: ¿qué representan los Estados Unidos para los latinoamericanos hoy en día? ¿Cómo se construye el imaginario del gran imperio norteamericano? ¿Existen denominadores comunes que conforman estas visiones? ¿Hay un consenso en relación a la valorización de su sociedad, su política y economía? ¿Cómo confluyen las visiones de quienes viven allí y quienes nunca visitaron el país?

El principal objetivo de estas crónicas es reafirmar estas contradicciones, ofrecer un tapiz de múltiples hilos que conforman la diversidad de ese imaginario. Los autores de estos textos socializan con sus lectores reconociendo que pertenecen a grupos distintos y diversos; los une el saberse latinoamericanos. Aunque, claro, es justamente éste, uno de los disparadores de las polémicas que presentan estos textos. Ya no hay identidades. Hay identificaciones. Ni grandes narrativas, sino trozos de ideales destrozados. Son otros los cuestionamientos. Otras nuestras ficciones y verdades. Estas crónicas exhiben el modo en que las delimitaciones anteriores se fundieron, se demarcaron, para dar lugar a lo híbrido, a lo deformado. Nos han quedado naciones desajustadas, y estos cronistas retratan tales desajustes, filtrándose por las roturas y grietas de los discursos personales y públicos, donde la fascinación y el rechazo por una nación demasiado conocida pero extrañamente imposible de ser explicada o descrita, habitan.

Muchos de estos cronistas cruzaron La Frontera. Sus subjetividades y sus trabajos son lo que son justamente por haber cruzado esa línea.

La lógica es ésta: a veces no son las fronteras las que dividen los espacios; son los espacios los que separan las fronteras. Determinan y condicionan. Incluyen o excluyen. En el entremedio todo es relativo. Todo ambiguo. El espacio que te deja dentro o fuera de Estados Unidos equivale a un metro cúbico en Miami o a la mitad de un garaje en El Paso. Puede ser el cubículo de Migraciones del Miami International Airport, o el estacionamiento de autos para revisión de tráfico ilegal en Texas. Que aún se llame El Paso es una de esas maliciosas ironías fronterizas.

Curiosamente, para entrar ilegal a una nación como Estados Unidos se precisa menos que para quedar fuera de ella. Basta el ancho de un hueco en un muro por donde deslizar el cuerpo de costado en el poroso límite mexicano-americano. O los cuarenta centímetros cúbicos en los que uno puede esconderse un niño en el doble fondo de un camión.

Todos hemos sido tocados directa o indirectamente por los Estados Unidos. Desde dentro o desde fuera. Pero no hay modo de escapar a su imaginario.

Estas crónicas son los relatos de nuestra microhistoria americana contemporánea. Donde las eternas migraciones, la violencia, las partidas y los regresos, el éxito y la derrota, los cruces lingüísticos y culturales, el racismo y la xenofobia deben cohabitar por momentos dentro de una gran narrativa, que ha dejado, definitivamente, de ser utópica y permanecerá siempre incompleta.

Esas fronteras definen coexistencias o separaciones. Dibujan esa invisible línea entre un ellos y un nosotros.

Introducción
La mirada del otro
Idelber Avelar

Para la crónica latinoamericana, Estados Unidos nunca ha sido un local entre otros, un tema entre otros. Ya en los albores de su forma contemporánea, en el período de profesionalización del escritor en el continente, la crónica modernista entabló con Estados Unidos una relación compleja y plagada de afectos contradictorios. Manuel Gutiérrez Nájera, Julián del Casal, Rubén Darío y, muy especialmente, José Martí ejercitaron en la crónica una mirada estrábica, a partir de la cual Estados Unidos se convirtió en la imagen de una modernización deseada y rechazada, tomada a la vez como un modelo y una amenaza. Será en la crónica que el escritor latinoamericano tematizará, por primera vez, la oposición entre el oficio y el arte, entre "ganarse el pan" y "hacer el verso", como en la célebre metáfora de Martí. Será también en la crónica que el poeta modernista tratará de ordenar el caos de la cultura de masas, que venía a deshacer jerarquías estéticas hasta entonces entendidas como sólidas y naturales. Tanto en las tensiones con "Estados Unidos como con la cultura de masas", "Coney Island", de Martí, sería paradigmática de ese período. Desde entonces, el imperialismo, el cine, la migración y una serie de otros temas asociados a Estados Unidos han sido tratados abundantemente en la crónica latinoamericana. Revisitando algunos de estos temas, este volumen reúne lo mejor de la producción contemporánea.

Compuesta por cronistas de Perú, Brasil, Estados Unidos, Colombia, Chile, México, Argentina, Bolivia y Guatemala, y organizada por dos escritores que han cruzado incontables fronteras en sus vidas, esta antología registra el impacto de los ataques del 11 de septiembre de 2001, el recrudecimiento de la xenofobia y las crecientes restricciones a la migración. La mitología del "sueño americano" recibe aquí giros irónicos, patéticos, trágicos, melancólicos, pero nunca ingenuamente satisfechos y celebratorios. La frontera reaparece en toda su brutalidad contemporánea en la crónica de Daniel Alarcón, y con sombrío lirismo en el bello relato de André de Leones. Las crónicas de Carola Saavedra y Aileen El-Kadi, muy diferentes entre sí, exploran contradicciones, tensiones e incongruencias que acompañan el cruce de fronteras geográficas e ideológicas. El notable poder de seducción de la música popular de los Estados Unidos enmarca la experiencia californiana narrada por Andrea Jeftanovic, y el fútbol, ese índice de una diferencia irreductible entre América Latina y su vecino al norte, es el tema central de dos sabrosas crónicas, del boliviano Edmundo Paz Soldán y del mexicano Guillermo Osorno. La xenofobia post-11 de septiembre se hace sentir en toda su arbitrariedad y ceguera en el texto de Yuri Herrera, mientras la fábula del sueño americano se tiñe de colores melancólicos en la notable reconstrucción de la trayectoria de la cantante La Gata, por Gabriela Esquivada. La misma fábula, que llevó tantos latinoamericanos a los Estados Unidos, recibe una variación terrorífica, reveladora del momento económico que vivimos, en la crónica de Diego Fonseca. La imagen del desencuentro es una constante en esta antología, y Claudia Piñeiro y Wilbert Torre nos ofrecen, respectivamente, manifestaciones geográficas y políticas de esta experiencia. Y hay mucho más en las demás crónicas.

Los expatriados corren los perennes riesgos de fundar extrañas comunidades dedicadas a rendir culto a identidades perdidas que jamás han existido, o bien anhelar una redención que el país de llegada, por definición, no puede ofrecer. Esta antología nos muestra diferentes facetas de este teatro del imaginario, con textos que vislumbran un cambio significativo en las relaciones entre los sujetos latinoamericanos y los Estados Unidos. Los autores aquí reunidos, la mayoría representantes de la prosa literaria más sofisticada que se escribe hoy en el continente, demuestran una vez más que la mirada del otro es particularmente relevante en los momentos de decadencia de los imperios.

Travesías

Aileen El-Kadi

A Gonzalo Garcés

Hace poco leí una frase en un libro de un joven escritor chileno. Hablaba sobre Chile. O mejor, sobre los Chiles, así, en plural. Y sobre el peso que significaba recibir un país como herencia. Rafael Gumucio decía que una generación nunca recibe el mismo país que sus padres o abuelos vivieron. "Ese Chile que usted habita, del cual es no sólo su sobreviviente sino su único viviente", le escribe y advierte a Nicanor Parra, "ese Chile a mí me tocó muerto."

Este texto que sigue no narra Chile, pero narra dos generaciones, la de mis padres y la mía, y el aparente círculo que se dibuja cuando dos tiempos se superponen en un mismo espacio: Estados Unidos.

a. Desajustes

¿Alguien recuerda *Gabriela Cravo e Canela* y *Dona Flor e seus dois maridos?* Yo solía usar estas novelas como referencia para explicar dónde había pasado mi infancia y adolescencia. A principios de los setenta, mis padres habían decidido dejar los Estados Unidos. Ambos eran científicos: él, árabe; ella, de origen alemán. Se radicaron en un pintoresco pueblo costero del este de Brasil habitado por un puñado de oligarcas rurales enriquecidos por la exportación de *cacau* y por el resto de la población: pescadores y los hijos y nietos y bisnietos de esclavos que siguieron trabajando para los *capitães* de las tierras a cambio de una paga mínima. Ilhéus sería una ciudacita absolutamente inexistente para el resto del mundo si no fuera por Jorge Amado.

¿Qué hace que dos personas con doctorado, trabajos excelentes, una buena vida en un país que adoran, decidan largar todo para instalarse en un lugar desconocido rodeado de mar, barro rojo y un par de decadentes casonas de comienzos del siglo veinte? Incluso en el caso de que éstos hubiesen sido antropólogos, la cosa nunca tuvo mucho sentido para mí. La relación de mis padres con Brasil era nula. No hablaban portugués y no conocían nada de la cultura afro de la región. Siempre me dio la impresión que había algo oscuro en toda esa historia: para mí, alguien que decide hacer algo como lo que hicieron mis padres es, cuanto menos, un fugitivo de la ley.

Mi hermana y yo éramos bebés cuando llegamos a Ilhéus. Pero curiosamente no llegamos desde los Estados Unidos sino desde Argentina –en una especie de parada intermedia entre Norteamérica y Brasil–, donde mi madre había decidido que naciéramos. Ella no lo sabía, pero con ese gesto, que toda mi vida consideré desesperado y absolutamente innecesario, sellaba para siempre mi conflictiva historia con las tierras de Evita.

Con mi hermana siempre nos las arreglábamos para no tener que usar nuestro apellido en reuniones y así evitarnos el "¿El-qué?" que seguía a nuestra presentación. Nuestro hogar, estaba claro, era distinto al de la mayoría. Nuestros conocidos tenían familias numerosas con apellidos portugueses o italianos; pasaban las vacaciones y feriados largos en sus *fazendas*; almorzaban *feijão*, arroz y farofa; en sus casas se escuchaba samba, pop y *rock 'n' roll*; eran católicos que iban a *terreiros*, y hacían ofrendas a los *orixás*. Nosotros éramos cuatro gatos locos, pasábamos los veranos cerca de los Andes con nuestros abuelos maternos y los inviernos en las turbulentas calles de El Cairo, comiendo palomas rellenas y *moloheia*. Nuestros padres hablaban otras lenguas. En casa se oía Tchaikovsky y Mozart. Crecimos sin dioses y vivíamos como habitantes de una isla babélica en pequeña escala.

Parece interesante, pero fue catastrófico para mi desarrollo social. Hasta hoy.

A punto de terminar la secundaria, mis padres determinaron que una ciudad como Ilhéus no resultaba el ámbito ideal para ofrecer una sólida educación superior a sus hijas y nos enviaron a estudiar a Tucumán, en el norte de Argentina, donde vivía mi abuela materna. Eran los finales de los ochenta. En cierto sentido, Tucumán no era muy distinta a Ilhéus. Había diferencias obvias: la población tucumana triplicaba a la ilheense y la ciudad estaba incrustada en una especie de agujero húmedo entre el cerro Aconquija y la selva subtropical que bajaba de Bolivia, sin signo alguno de la cultura afro-costera de mi mundo brasilero. Pero había otras diferencias que las igualaban. En vez de *fazendas de cacau* y seringa, la oligarquía tucumana se había enriquecido con caña de azúcar y cítricos. En lugar de descendientes de esclavos negros, quienes trabajaban la tierra eran de ascendencia indígena. Nadie escuchaba samba sino zambas. Con todo, mi primer año fue particularmente difícil.

Para ayudar en la adaptación, mis padres nos inscribieron en un colegio irlandés bilingüe, español e inglés —dos lenguas que no dominábamos—, y nos anotaron en un club de *rugby* cerca del barrio residencial donde vivía mi abuela, no para que practicáramos el deporte, exclusivo para los hijos varones de los "chetos" que vivían en los "countries" de Yerba Buena, sino para que consiguiéramos amigos. Al poco tiempo los tuve —chicos y chicas de doble apellido español o francés—; luego aprendí a peinarme con el jopo, traté de encariñarme con el *jumper* gris con corbatita verde y camisa blanca del colegio, me aprendí algunas estrofas del himno, fui a misa por primera vez, imitaba el bailecito de Rick Astley y canturreaba a Phill Collins y Roxette en la ducha. Me compré pantalones John L. Cook y me reunía los domingos a la tarde a tomar el té con facturas en casa de las chicas, a las noches salíamos a bailar con los pibes al Tucumán *Rugby* Club. Mis vacaciones de verano ahora eran en Punta del Este, Miramar y Pinamar.

Las cosas iban más o menos bien y mi proceso de adaptación seguía el rumbo deseado. Conservaba, eso sí, una especie de evidencia innegable que me autodelataba como extranjera, una característica que, sinceramente, no era del todo negativa. Más de una vez me ayudó a sobrellevar ciertas carencias; por ejemplo, me permitía justificar ciertos gafes en mi interacción social, cierta incompatibilidad con las familias de sociedad, y me permitió, finalmente, justificar el haber decidido estudiar, además de la estándar *prêt-à-porter* Administración de Empresas, la absurda carrera de Filosofía y Letras. Ninguno de mis compañeros del colegio San Patricio me acompañó en esa empresa. Así, mi círculo de amigos y mis actividades cotidianas fueron cambiando, y de golpe, me encontré sentada en la céntrica calle 25 de Mayo haciendo pulseritas y discutiendo a Juan Gelman y Rodolfo Walsh.

—¿Y vos que hacías durante la dictadura? —me preguntó por esos días un compañero de universidad.

Hubo un silencio de mi parte. El silencio fue una reacción de anonadamiento ante la pregunta y darme cuenta de que, de haber contestado la verdad, hubiera firmado mi sentencia de expatriación de Argentina.

Concluí que mis años setenta y ochenta habían sido una época terriblemente frívola y superficial que debía borrar de mi nueva identidad argentina. Determiné como absolutamente necesario tener un pasado de compromiso político e incluso consideré la posibilidad de inventarme un hermano varón y desaparecerlo a manos de la dictadura. Fue por esos días que comencé a especular con la posibilidad de que mis padres hubieran sido exiliados políticos o disidentes fugados de persecuciones neofascistas —los imaginé incluso como parias; cualquier cosa con tal de salvar la dignidad familiar. En mis conversaciones cotidianas dejé de lado cualquier referencia a Brasil. Mi pasado se había convertido en una verdad inconveniente en los pasillos de Filosofía y Letras. Cambié mi vestuario a un estilo más *hippie*, incorporé términos como resistencia, imperialismo, milicoshijosdeputa, opresión, y adquirí, en una tarde, la discografía completa de Spinetta, Sui Generis y Pappo. Me aprendí de memoria trechos de las canciones y me compré una guitarra; que nunca usé, pero la exhibía orgullosa en las reuniones de la plaza.

El mecanismo que había desarrollado en todos esos años para llevar a cabo estas identidades temporarias era bastante simple y eficaz: observar, seleccionar, practicar, reproducir. Pero lo cierto es que estas transiciones camaleónicas terminaron, al cabo de un tiempo, por crearme un cierto pánico, un estrés ante la posible inminencia de otro nuevo cambio, y un temor a quedarme sin un disfraz que vestir, sin *performances* que llevar a cabo. Cada vez se me hacía más complejo separar las identidades anteriores de la actual, pasar de un contexto a otro, ir del té con medialunas con las chicas del San Patricio al bar de Psicología, a la oficina del profesor de Microeconomía Aplicada II y volver a casa, donde tampoco sabía muy bien quién ser o qué hacer conmigo.

Ser parte de una familia multinacional tiene una gran ventaja: uno acaba siendo siempre un individuo interesante por diez minutos para toda clase de gente. Pero cuando terminas de narrar tus varios orígenes, genealogías exóticas, incomunicable multilingüismo, los diversos territorios por los que has pasado y escuchas el último ¡oh! y *wow!* de tus interlocutores, la vida te devuelve a su opacidad cotidiana y uno regresa, involuntariamente, a la homogenización existencial. En mi caso, eso significaba retornar a la constatación de una absoluta falta de identidad coherente, y lo que era peor a mi parecer, auténtica.

b. El trayecto

—*So, how'da heck did you end up here in the States?*

Estaba en un falso bar mexicano en Broadway Road, frente al campus universitario de la Universidad de Colorado dando sorbitos a una *frozen* margarita rosada, cuando Alex Fobes, un compañero del doctorado, me hizo la pregunta. Para entonces yo ya vivía en Estados Unidos desde hacía seis años y Al-Qaeda había atacado las torres del World Trade Center y el Pentágono al año de llegar. Trabajaba en mi tesis doctoral y salía de vez en cuando a respirar aire para después volver al encierro de la oficinita. De golpe, la pregunta de Alex me enfrentó a la terrible constatación de mi falta total de conocimiento sobre la vida de mis progenitores.

Es curioso, pero como hijo a uno no se le cruza por la cabeza hacerles a sus padres preguntas básicas como qué hicieron en sus vidas, en qué consistían sus trabajos, cómo llegaron donde llegaron (metafórica y literalmente), y mucho menos cuestiones más elaboradas tales como si sufrieron traumas de juventud, discriminación o si lloraban por las noches abrazados a alguna almohada. Fue en ese instante, cuando Alex me hizo aquella pregunta, que apareció la imagen de mis padres. Jóvenes. En Norteamérica.

Mi padre es egipcio. La oveja negra de una vasta familia musulmana de El Cairo que a mediados de los cincuenta se largó de las tierras británicas de Farouk para estudiar en Alemania, donde terminó conociendo y casándose con una adorable mezcla de alemana, sueca e italiana de línea católica y judía: esto es, mi madre. Apenas casados, decidieron emigrar a los Estados Unidos. Partieron en un barco desde El Havre, Francia, con un doctorado bajo el brazo, un contrato de trabajo en Pasadena, California, y un *beetle* azul. Llegaron el 20 de julio de 1969 al puerto de Nueva York y ese mismo día caminaron tomados de la mano a Times Square, donde, en una pantalla gigante, transmitían el alunizaje del Apollo 11. Un ceremonioso Nixon hablaba con Armstrong, Aldrin y Collins. No hizo menciones a las tropas en Vietnam. Mi madre me dijo que hasta hoy le resuena el *"for every American, this has to be the proudest day of our lives"*. Nunca imaginé que mis padres hubieran presenciado ese momento singular en la historia mundial, ni tampoco supe que acompañaron el cortejo fúnebre de Louis Armstrong. Me enteré de todo esto hace poco.

Y ahí estaba yo ahora. En los Estados Unidos. En el bar. Con una margarita espantosa entre manos. Pensando en cómo coños había terminado allí. Lo miré a Alex y lo que hice fue intentar resumirle mi vida de los últimos años. Jugármela de interesante por esos diez minutos mágicos. Le conté que, después de un tiempo viviendo en España y estudiando poesía erótica árabe del medioevo ibérico, había decidido regresar a Argentina. (Llega su primer *wow!*) Me encontré al país en estado de *shock*: el imperio Menem caía, De la Rúa pasaba de aburrido a corrupto-hijo-de-puta y los argentinos intercalaban manifestaciones histéricas frente a los bancos con compras de pasajes a España y Estados Unidos. ¿Escuchaste hablar del "corralito", Alex? *(Corra-what?)* Dejá. Así es que no, de-fi-ni-ti-vamente no era un buen momento para regresar, menos para una recién recibida que hacía estudios medievales ibéricos. (Alex asintió cómplice: en eso sí sabía de lo que yo hablaba.) Contemplé entonces la idea de regresarme a Europa. La verdad es que si me hubieran propuesto dar clases en Dzerzinsk, por decir, compraba pasaje y firmaba contrato. (Se rio, aunque no creo que supiera a lo que me refería.) Entonces acepté la invitación de David Lagmanovich, un *visiting professor* argentino en el Departamento de Spanish and Portuguese en CU-Boulder, para hacer mi doctorado. (Segundo *wow!*) Y ya. Al poco tiempo de firmar mi aceptación para un *teaching assistantship,* llegaba a esta ciudad-burbuja-de-*wealthy-hippies* de la que no tenía la más pálida idea de cómo era, ni siquiera que estaba asentada al lado de las prístinas Rocky *Mountains* y una puta nieve por todos lados. Era diciembre del año 2000. Pasé uno de los finales de año más solitarios y de-primentes que recuerdo, mirando la nieve caer y caer y caer, y leyendo a Bolaño en un apartamento que compar-tiría con una española de Bilbao y una peruana que había empapelado el baño con versos de Lezama Lima y Vallejo. (Tercer —y último— *wow* de Alex.)

Su expresión anunciaba una pregunta. Lo inte-rrumpo, *"I gotta go, Alex."*

Las cortinas bajan, los diez minutos de fama ter-minan.

Esa misma noche le escribí a mi madre. Necesitaba saberlo todo. "Ma", le puse en el *e-mail,* usando unos diez signos de exclamación, "¡necesito saberlo todo ya! ¿Qué pasó? ¿Qué pasó desde Europa a Estados Unidos y Bra-sil?" Ella prometió hacer memoria y enviarme una serie de *e-mails.* Mientras yo esperaba el eslabón que finalmen-te daría sentido a mi ser, volví a pensar en la pregunta de Alex. ¿Cómo habían sido mis primeros meses en los Es-tados Unidos? Complejos. Ambiguos. En realidad empe-zar a tomar los cursos del doctorado con otros diez estu-diantes españoles, latinos y norteamericanos no fue complicado. Las clases eran en español, los referentes eran familiares, el divismo de muchos profesores y alumnos me resultaba conocido. Era como no haberme movido de

Sudamérica. El problema empezaba al salir del Departamento y encontrarme con *The United States* y con el desagradable detalle de que la gente hablaba inglés. Envidié a los sordomudos y su cómoda vida pública. El simple hecho de entrar a un Starbucks para pedir un café me aterrorizaba. Aún hoy recuerdo la pesadilla que fue ir a una farmacia y tratar de comprar cera depilatoria y solución fisiológica para limpiar lentes de contacto —con señas. Lo tomé como una especie de humillación necesaria, el precio de no tener que verle la cara a diario a Menem y la Bolocco, a De la Rúa y a Tinelli.

Sí, había un precio a pagar y la aventura de descubrir qué nueva identidad debía construirme en los Estados Unidos para poder vivir con ellos —¿como ellos?—, pero estaba confiada y optimista: venía entrenada en el fino arte de la emulación. Me propuse entonces seguir mi ya conocida estrategia: observar, seleccionar, practicar, reproducir. No resultó tan fácil como imaginé. El juego aquí tenía otras reglas. Mi poder "performático" se complicó. De golpe, me encontré perdida. Era como estar en medio de una película donde a uno le cuesta distinguir ficción de realidad. Me sentí miserablemente inmigrante, pero incapaz de encontrar los elementos para darle forma a ese nuevo yo.

c. El formulario

Recuerdo claramente mi primer día en la universidad. Fue un lunes. Helado. Me envolví en abrigos, me calcé el walkman y salí del apartamento de la calle Baseline dando saltitos idiotas en la nieve a buscar la parada del ómnibus. Un impecable bus con la palabra *skip* sobre el chasis verde se detuvo a un par de metros.

—*Campus?* —preguntó el chofer.

—*Ah… yes* —contesté torpemente, y subí.

—*How are you today, young lady?* —me preguntó entonces, y yo me quedé helada.

Hasta hoy trato de recordar si finalmente, después del *shock*, le contesté. Imagino que no. Me fui directo al fondo del vehículo calefaccionado y me senté cabizbaja y desorientada, como una adolescente en su primera visita al ginecólogo. Al bajarme del ómnibus me di cuenta de que ese pequeño trasporte público había sido el espacio más limpio, tranquilo y educado en donde había estado en muchísimos años.

Recorrí casi todo el campus caminando trabajosamente para no resbalarme en el hielo. Alcancé finalmente al Departamento de *Spanish and Portuguese*, pero antes de que pudiera acomodarme me mandaron a *Human Resources*. Debía completar mis papeles.

—¿*Human* qué? Me sonó extraño. Una de las hojas que me dieron decía:

7. Is Person 1 Spanish/Hispanic/Latino? *Mark* ⊠ *the* **"No"** box if **not** *spanish/Hispanic/Latino.*

☐ **No,** not Spanish/Hispanic/Latino   ☐ Yes, Puerto Rican
☐ Yes, Mexican, Mexican Am., Chicano   ☐ Yes, Cuban
☐ Yes, other Spanish/Hispanic/Latino – *Print Group* ⟋

☐☐☐☐☐☐☐☐☐☐☐☐☐☐☐☐☐☐☐☐

8. What is Person 1´s race? *Mark* ⊠ **one or more races** *to* indicate what this preson considers himself/herself to be.
☐ White
☐ Black, african Arn., or Negro
☐ American Indian or Alaska Native – Print name or principal tribe. ⟋

☐☐☐☐☐☐☐☐☐☐☐☐☐☐☐☐☐☐☐☐

☐ Asian Indian   ☐ Japanese   ☐ Native Hawaiian
☐ Chinese   ☐ Korean   ☐ Guamanian or Chamorro
☐ Filipino   ☐ Vietnamese   ☐ Samoan
☐ Other Asian –Print race. ⟋   ☐ Other Pacific Islander –Print race. ⟋

☐☐☐☐☐☐☐☐☐☐☐☐☐☐☐☐☐☐☐☐

☐ Some other race – *Print race* ⟋

☐☐☐☐☐☐☐☐☐☐☐☐☐☐☐☐☐☐☐☐

—Mierda —me dije—. Este país me jodió.

Por primera vez, no supe qué esperaban ellos de mí. ¿Cómo actuar? ¿Cómo lograr integrarme? ¿Qué identidad adoptar? Mis psicosis se acentuaron. Cotejé las opciones —esto es, mis opciones— para crearme alguna identidadcita temporaria.

Posibilidad # 1: ser latina. En Estados Unidos, ser latino es ser inmigrante. Ser inmigrante es ser inferior, es ser mexicano, dominicano, peruano, brasilero. Es ser feo, ignorante, vulgar. Medio animal. O animal sexual. Ser pobre. Es venir a buscar lo que no se tiene. Es venir a sacar lo que aquí sobra. Invadir, desorganizar, afear lo blanco y limpio. Servir sólo para ser cocinero, mucama, barredor, obrero. O puta. No hablar inglés. Casarse para conseguir papeles. Embarazarse cada año. (Veredicto: descartado.)

Posibilidad # 2: ser árabe. Ah, ¿ser árabe? Pero ser árabe es muuuuucho más simple: sos terrorista o podrías serlo. Punto. (Veredicto: descartado.)

Concluí, entonces, que si quería seguir en territorio norteamericano debía acoplarme al molde *yankee* a cualquier precio y borrar, lo más rápido posible, todas tooooooodas mis marcas latinas y semíticas. Puse manos a la obra. El primer paso era trabajar en lo que saltaba a primera vista: el habla y el *look*. Pasé largas horas en el *locker room* del gimnasio tratando de aprender *American expressions*, repitiéndolas en silencio para usarlas en eventos sociales. Me conseguí un novio autóctono. Perfeccioné lo que yo llamaba la sonrisa *yankee* y la practicaba frente al espejo estirando los labios inferiores hasta conseguir un principio de sonrisa sin mostrar los dientes –hacerlo sería algo *waaaay too friendly* y delataría mi condición latina. Fui a una *REI store* a comprar *Columbia's outfits* para hacer *hiking* y botellitas de plástico de colores para cargarlas siempre conmigo. Dejé de bajarme del cordón de la vereda moviendo frenéticamente el brazo para parar el ómnibus.

Empecé a decir *Hi* y *Thank you* al chofer alargando cuidadosamente el aaaiiii y el iiuuuu finales. Incorporé el *awesome, cute,* y el *like-aaa,* en mis oraciones y me aseguré de usarlos al menos unas seis veces en cada charla. Paré de apoyar mi mano sobre el brazo y espalda de mis estudiantes, y al hablar con ellos calculaba mentalmente una separación de noventa y cinco centímetros entre nuestros cuerpos. Dejaba mi *laptop* "desatendida" cuando estaba en los cafés trabajando en mis *papers* para exhibir una absoluta confianza en mis civilizados conciudadanos. Bajé un 38% el volumen de mi voz al hablar con la gente. Me presentaba usando sólo el Aileen y remplacé el El-Kadi por el mucho más conveniente apellido de mi madre, Schuster Kapfhammer. En conclusión, todo empezaba a mejorar. Sentía que iba por buen camino.

Mi madre se tardó bastante en narrarme su experiencia en USA. Para el momento en que empecé a recibir sus *e-mails* y a llamarla con preguntas puntuales yo ya había expandido considerablemente mis especulaciones de cómo debía haber sido su experiencia americana y las razones de su salida de Europa. La lectura de sus crónicas vinieron a ser al mismo tiempo un mapa donde espejar mi propia experiencia en Estados Unidos décadas después, pero también un balde de agua fría, pues me di cuenta de que, más que querer conocer sus vidas, lo que deseaba era hacer coincidir mis fantasías sobre ellos con lo que quisiera que hubieran sido.

Eran los *late sixties* y todo lo que, políticamente, implicaba tener treinta años y ser universitario en Europa. Lo mires por donde lo mires, mis padres habían sido rebeldes a su propia manera. Rompieron con los mandatos familiares, rechazaron las etiquetas culturales y religiosas, dejaron sus países, eran parte de minorías. Insisto: salir de Europa luego de los tumultos del 68, en medio del *burgerinitiativen*, teniendo ambos buenos puestos de trabajo como científicos, apartamento y coche, me resultaba, como mínimo, sospechoso. Su salida no podría ser otra cosa que la de dos individuos progresistas de izquierda, activamente involucrados en la política y huyendo de amenazas de la derecha. "Querida, a nosotros nunca nos interesó la política", me interrumpió mi madre. Supongo que lo que sucedió es que estaban hartos de los cielos grises y fríos de Fráncfort. O dc los alemanes. No quise explorar esas opciones.

Los Estados Unidos que yo descubría por esos meses eran un lugar indefinible, eran el país de apariencias, donde nada era lo que parecía. Hasta antes de andar por las calles de Boulder no me había dado cuenta cuán acostumbrada estaba a las agresiones urbanas cotidianas de América Latina y de África. Aquí la gente me sonreía y saludaba. Extraños me deseaban un *have a nice day o have fun*. Insinuaba querer cruzar la calle y, en lugar de intentar atropellarme, los autos se detenían. El empleado se demoraba un minuto en atenderme en el banco y se disculpaba.

Mi primera conclusión fue que el pueblo norteamericano encarnaba un ideal de civilización que ni Tomás Moro hubiera imaginado. Sin embargo, con los años fui descubriendo que había en la sociedad una malla doble, un doble canal, un doble sistema: uno visible, el otro camuflado. Claro, existía en el ambiente calma, orden, limpieza, organización, tolerancia, la buena convivencia ciudadana. Un estado de control y permisividad que parecía permitir todas las pluralidades y diferencias, pero que, en realidad, anulaba y homogeneizaba a la gente. Excluía sin hacer alarde de tal exclusión. Te aceptaba como eras, pero te obligaba a moldearte a un modelo muy restringido.

Ser americano en el siglo veintiuno era complicado. Pero los *seventies*, pensaba, ah… los *seventies* de mis padres fueron otra cosa, una época de definiciones, de tomar partido, de ideologías nacientes. Se era o no se era.

Para bien o para mal. Era la época de Vietnam, del recrudecimiento del KKK y la *White Supremacy* pero también del *Black Power* y *de los hippies* y *su Flower Power*. De los feminismos y las manifestaciones públicas. Debe haber sido duro llegar como extranjeros, supuse. Mucho más que ahora. Ser egipcio, de piel oscura, acento fuerte, pasearse con una mujer que confundían con Grace Kelly. Debe haber causado estragos en la vida de mi padre. ¿Qué ideología habrán abrazado? ¿Cómo defendieron su identidad contracultural viviendo en California?

Pero nada de eso ocurrió. Mis padres no fueron *baby boomers*. Ni activistas contra la violencia. No usaban *fringed groovy clothing* ni se pasaban las tardes tirados en la cama, hablando de revoluciones y fumando marihuana *John Lennon-Yoko Ono style*. No estuvieron en Woodstock. Y no, no sufrieron jamás ningún tipo de discriminación. "Adorábamos Estados Unidos, fuimos muy felices allí". *"OK, ma, I got it"*, le dije, un poco con rabia.

En su *e-mail* mi madre narraba el viaje que hicieron a través de Estados Unidos de— Nueva York a California, en el *beetle*. Acamparon en casi todos los National Parks que encontraron, donde hicieron fogatas, comieron *marshmallows* con otros campistas, vieron osos y alces. Atravesaron Washington D.C., Dakota, Seattle, San Francisco, Los Ángeles y llegaron finalmente a Pasadena, donde ya tenían casa y trabajo en el Instituto de Investigación Pasadena Foundation. *Life was good for them, indeed*. El primero de enero de 1970 asistieron al *Rose Parade* y volvieron a ver a los tres astronautas, en vivo esta vez, sentaditos en medio de las rosas, saludando al público como una Miss California. Al tiempo se mudaron a Nueva Orleans donde conocieron el jazz en bares y clubs. Se hicieron amigos de otros *cientistas* y se reunían por las noches en el French Quarter para hacer *barbecues* o *French-African cuisine* y recibían el amanecer sentados en el piso de un barcito del Preservation Hall bebiendo *long-drinks* y escuchando a Kid

Thomas y Louis Nelson. Lugares, dijo mi madre, donde sólo entraban blancos y donde los negros o eran músicos o eran sirvientes. Al regresar a California mi madre se embarazó, y un mes antes de que yo naciera decidió irse a América Latina. Porque sí, porque no tenían raíces fijas en ningún lado, me explicó. Porque querían que nosotras creciéramos frente a una playa, alejadas de los vicios y las violencias de las grandes ciudades. Para que aprendiéramos una nueva lengua que no era de nadie. Para que siguiéramos nuestro camino. Uno distinto, sin tener que repetir nada ni nadie. Libres.

d. La herencia

Para contestarle la pregunta a Alex, tendría que haber sabido todo esto. Tendría que haber extendido frente a mí ese mapa plural que había empezado en Estados Unidos, haber contrastado esa especie de *loop* construido entre mis padres y yo, entre los *late sixties* y los años post-Osama-bin-Laden. Quizás esa travesía nacional que hicieron al llegar fue, de algún modo, una manera de tragarse el país de una sola vez. Asimilarlo desde la geografía, no desde las identidades. Desde las vivencias cotidianas a partir de sus diferencias y no desde las coincidencias.

Mis travesías habían sido una serie de intentos de recrearme maneras de ser que yo concebía como fijas, inventarme una sola raíz, dibujarme con una sola línea, prolija y sin quiebres. Los Estados Unidos que yo recibí de mi madre eran, también como el Chile de Gumucio, un espacio muerto. Ni Brasil, ni Argentina, ni Egipto, ni Alemania, ni Italia me pertenecían ni me definían. Mi documento de extranjera tampoco era mi pasaporte con todas mis visas y sellos de entrada y salida. Mi documento era esa hojita que me entregaron en *Human Resources* y que no supe cómo marcar.

Era esa hoja que dejé en blanco.

Aquí esta bien

Daniel Alarcón

El hombre estaba sentado solo, con una botella de cerveza por la mitad frente a él y una mirada de absoluta derrota en el rostro. Era temprano en la noche en un restaurante mexicano en East Oakland, y él hizo lo que pudo para esconder sus ojos llorosos bajo la visera de su gorra de béisbol. De nada le servía. Sus mejillas estaban hinchadas y rojas. No podría tener más de veinticinco años.

Yo me había mudado a California hacía sólo un par de meses y aún estaba adaptándome. Conocía apenas algo de la ciudad, pero sucedió que aquella noche marcaría mi primera visita al barrio que luego se convertiría en mi hogar. Había ido a cenar con algunos amigos, pero tuvieron que irse de repente, dejándome solo. Fue entonces que vi al hombre joven. El tiempo ha apagado muchos de los detalles, pero algo de nuestra breve interacción todavía se mantiene. Compré un par de cervezas y caminé hacia él. Le ofrecí una y le pregunté, en español, qué le andaba pasando. Me dijo que había llegado hacía sólo una semana, cruzando la frontera y dejando atrás su familia en un pequeño pueblo cerca de Guadalajara. Los primeros días habían sido difíciles, pero tuvo suerte; encontró trabajo rápidamente, en albañilería liviana en una casa en algún lado en las colinas.

"¿Dónde?", le pregunté.

Obviamente, no tenía idea.

Se suponía que ganaría quince dólares por hora, y que le pagarían al final de la semana. Llegó el viernes y, después del trabajo, el maestro de obras le ofreció llevarlo a su casa. Era un hombre musculoso, con una mirada dura, y habló suficiente español como para hacerse entender. Todo era amigable hasta que la camioneta se detuvo bruscamente.

"No hay dinero para usted. Ahora bájese", dijo el capataz.

El joven no estaba seguro de haber entendido bien, pero cuando ese americano gigante abrió la puerta y lo arrastró por el cuello hacia fuera, entendió el mensaje. No era necesario otro lenguaje. No habría pago ni otro recurso. Nada para mostrar por sus horas de trabajo. Ahora ni siquiera sabía dónde estaba. Tenía siete dólares en el bolsillo. Esto había sucedido hacía apenas poco más de una hora.

Lo escuché horrorizado. El joven se disculpó por llorar, pero llorar era lo que cualquiera de nosotros hubiera hecho: acababa de ser develada la precariedad de su situación. Estaba lejos de su familia. No conocía a nadie.

Había poco que pudiera ofrecerle excepto llevarlo a su casa. Aceptó, sólo que ninguno de nosotros sabía bien adónde iba. Teníamos muy poco conocimiento sobre la ciudad en la que vivíamos. El muchacho mencionó algunos sitios, que no eran para nada puntos de referencia

—una gasolinera o una iglesia, por ejemplo, en una ciudad poblada de gasolineras e iglesias. Ya había oscurecido; nada y todo nos parecía familiar. Las calles de East Oakland se habían vaciado y manejábamos instintivamente, parando, arrancando, retomando. Cada cuadra me parecía la misma, cada edificio una réplica del que estaba al lado. A lo largo de los años, la ciudad y su tapiz de historias se habían hecho reales en mi mente, donde las cuadras ya no eran idénticas y los edificios ya no eran anónimos, pero en aquel entonces todo era nuevo, aún por ser descubierto.

Finalmente, paramos en una oscura esquina en East Oakland apenas a la salida del International Boulevard. No estábamos para nada lejos de donde vivo ahora, de calles que llegué a conocer íntimamente seis años más tarde, y desde aquella noche me he preguntado si no seríamos vecinos y, si lo fuéramos, si nos reconoceríamos en la calle.

Lo dudo.

Aquí está bien, dijo; su voz vacilaba. No quería bajarse. ¿Porque habría de querer? Si desapareciera, los otros trabajadores con quienes compartía el lugar ni siquiera lo notarían. Cuando hubiera pasado un tiempo prudente —¿una semana? ¿un mes?—, ellos se habrían apropiado de sus cosas, como si nada, como si él nunca hubiese estado allí.

Respiró hondo y abrió la puerta. Lo observé mientras caminaba calle arriba hasta desaparecer.

"¿Estás seguro, que sabes dónde vas?", le grité.

La voz vino de la oscuridad.

"Sí", dijo. No sonó muy seguro.

Más tarde me di cuenta que habría algunos consejos que le podría haber ofrecido, algunas recomendaciones para ayudarlo en su transición. En casi diez años, antes de mudarme a Oakland, viví en más de veinte apartamentos distintos, en casas, cuartos alquilados o sofás prestados, en siete ciudades diferentes, seis estados diferentes y en cada una de las regiones de los Estados Unidos. Como buen americano, nací en el extranjero. Me crié en el sur de Estados Unidos, pasé la adolescencia en el noreste, sobreviví dos inviernos en el centro-norte, me rompieron el corazón en el suroeste, me recuperé en el noroeste. Vivía tan cerca de la frontera que manejaba a México para que me cortaran el cabello y tan lejos de ahí que recibía miradas raras de los comerciantes blancos, quienes me seguían cuando estaba en sus tiendas temiendo que les robara algo. Viví en una tranquila granja rodeada de plantaciones de maíz, y dos años más tarde, en un apartamento de alquiler en West Oakland, donde el tren pasaba velozmente cada veinte minutos rumbo a San Francisco, haciendo temblar la casona destartalada de dos pisos desde sus cimientos. Viví en Nueva York, allá cuando podías comprar una bolsita de hierba en cualquier bodega; bailé enloquecidamente en los conciertos de rock en las viejas pistas barrosas de lluvias de Birmingham. Hay cosas que no te olvidas: el primer día de primavera en Chicago, cuando el invierno recién comienza a aflojar y la gente sale disparada a las orillas del lago Michigan a empaparse de sol. O las noches de karaoke en el casino de la reserva indígena a una hora de Tucson, donde las viejas señoras mexicanas juegan a los tragamonedas entre canciones, tomándose un trago y rezando por la buena suerte. Manejé a través de los Estados Unidos dos veces, una en 1993, crucé Oklahoma justo después de una gran inundación cuando el río se desbordó y el agua lodosa llegaba justo al borde de la carretera; y luego nuevamente, diez años más tarde, camino de Arizona. Jugué un campeonato de fútbol en una base militar en Texas: perdimos vergonzosamente y me senté sobre el duro pasto seco por el sol, transpirando, llorando, seguro de que el calor o la humillación me matarían. Me dormí borracho en un banco de plaza en

Nueva Orleans, y salí de un bar de jazz neoyorquino al amanecer para darme cuenta que había nevado mientras estaba adentro. Ya perdí la cuenta, pero debo de haber visitado hasta ahora treinta de los cincuenta estados, y, excepto por mis primeros tres años en el Perú, un breve período en África y un año más o menos de regreso en Lima, he vivido en los Estados Unidos toda mi vida.

Y aun así, si aquel hombre me hubiera preguntado, yo le habría dicho que no sabía nada de este lugar porque es simplemente imposible conocerlo. Le hubiese dado un pequeño consuelo: donde quiera que vayas en Estados Unidos, no importa cuán lejos vayas, verás el resto del mundo. Donde quiera que vayas, si observas, encontrarás un lugar al cual pertenecer. Este país es gigante. Cincuenta enormes, ridículamente desmedidos estados. Un país de esteroides; una nación multilingüe, multicultural narcotizada con dosis cuasi mortales de televisión y dulces y dinero, y mantenida —apenas— por una gran, inextinguible esperanza. Un país que va a la guerra simplemente porque puede hacerlo. Que se compra a sus enemigos, y los atrae con su prosperidad, real o no. Que intenta avergonzarlos al tiempo que no siente vergüenza propia. Debería haberle dicho que no hay tantas naciones suficientemente grandes como para albergar los sueños de tantos, y que cada día hay menos personas en este planeta que no estén conectadas, de una u otra forma, para bien o para mal, con este gigante del norte. Gente como él. Ya sea a causa de Hollywood, o de las corrientes de inmigración, o de la presencia de soldados americanos en suelo extranjero, o simplemente a causa del comercio transnacional, la imagen de esos cincuenta estados está grabada en la imaginación del mundo. Cuanto más viajo, debería haberle dicho, más claro se me hace: conoces un jordano que tiene un primo en Los Ángeles o un uruguayo que estudió en Ohio o el nieto de un pastor vasco en Nevada. En cada continente, en cada lengua, la gente discute sobre la política norteamericana como si les afectara su vida. Y tienen razón: les afecta. Estos cincuenta estados podrán estar habitados por norteamericanos, pero son propiedad espiritual y emocional del mundo entero.

No sabía cómo decirle todo esto, y quizás no hubiera importado. Ahora que la economía se ha dado vuelta, tal vez el joven haya regresado a su país, con sus bolsillos vacíos, mirando de vez en cuando para atrás, con amargura, su estadía en los Estados Unidos. Ojalá que no. Debería haberle dicho que no perdiera las esperanzas, que dependemos de él. Y si me hubiera preguntado cómo, le hubiera contado la siguiente historia. Hace algunos años, cuando vivía en Arizona, vi un restaurante Thai ubicado en un viejo restaurante de barbacoa sureña. Una pared adentro del local estaba decorada con una gran pintura del Gran Cañón, pero con una alteración. La familia Thai que dirigía el lugar le había agregado su propio toque personal: templos budistas y dramáticos dragones enroscados, en medio del inhóspito paisaje desértico. Me pasé toda la comida mirándolo detenidamente para descubrir lo que habían hecho, y cuando me di cuenta tuve ganas de llorar. Era desconcertante, hermoso. Así es como el mundo reivindica su territorio, una vista, un panorama por vez.

Terror

João Paulo Cuenca

Pedro, 34, e Isabel, 29, duermen en un apartamento espacioso de pocos muebles: cama, mesita de noche, sofá, armario. Hay libros por todas partes y fotos gigantes de otra pareja enmarcadas en la pared —se trata de un apartamento prestado. Al lado hay una gran ventana con papel de aluminio pegado para evitar la entrada de la luz del sol. Vemos una televisión frente al sofá. La cocina está amueblada y consiste en una refrigeradora, un horno y una pileta de lavar. Pedro enciende el velador al lado de la cama y se levanta con alguna dificultad, se pone la camiseta y el calzoncillo; tiene resaca, se lleva la mano a la frente, va con pasitos silenciosos hasta la refrigeradora, abre la puerta, toma una botella de agua y la bebe hasta el final. Busca una pastilla. Se la traga. Isabel se despierta, aún sobre las sábanas.

ISABEL

(desperezándose)

¿Me traes?

PEDRO

¿Qué cosa?

ISABEL

Agua…

Pedro se acerca con una botella y una pastilla.

PEDRO

Tómate esto.

Isabel se sienta en la cama, agarra la botella. Se pone el
calzón y una camisa de Pedro.

ISABEL

¿Qué es eso?

PEDRO

(abre la boca de Isabel con la pastilla)

Toma. Remedito…

Isabel acepta, casi dócil, se termina la botella.

ISABEL

Joder, ayer nosotros…

PEDRO

Así es.

ISABEL

A ver, ven.

Pedro va. Isabel lo empuja de vuelta a la cama. Se besan
y se abrazan y se tocan con alguna voluptuosidad, hasta
que Isabel lo aleja.

ISABEL

Espérate un poco. ¿Ayer nosotros…?

PEDRO

¿Te olvidaste?

ISABEL

¿Usamos?

PEDRO

¿Qué cosa?

ISABEL

Preservativo, joder.

PEDRO

(recoge del piso un envoltorio abierto)

Aquí…

ISABEL

(aliviada)

¿Sabes que casi no me acuerdo de nada…?

PEDRO

¿Te acuerdas de hacer la obra?

ISABEL

Claro.

PEDRO

¿Te acuerdas de la fiesta?

ISABEL

¿En el teatro? Claro que me acuerdo. (se pone la mano
en la frente) Qué dolor terrible…

PEDRO

Salimos juntos.

ISABEL

¿Alguien nos vio?

PEDRO

Bel, sabes que a la salida había unos paparazzi, ¿no?

ISABEL

Qué graciosito…

Isabel va hasta la refri. Toma un pedazo de queso.
Empieza a comer, apoyada en el sofá, mirando la nada.

PEDRO

¿En qué piensas?

ISABEL

En nada.

PEDRO

Mentira. Di.

ISABEL

Nada, Pedro. Qué pesado. Justo a la mañana con ese
tipo de preguntas tontas… no estoy pensando en nada.

PEDRO

Todos piensan en algo. Todo el tiempo. Es imposible parar de pensar.

ISABEL

Cuando tenía seis años la monja de mi escuela me dijo que yo podía rezar en silencio. Sin mover los labios. Sólo con el pensamiento. Porque Dios escucharía igual. Eso fue una de las cosas más terribles de mi infancia. Tal es así que hasta el día de hoy me acuerdo. Incluso me acuerdo de la cara de la vieja. Me acuerdo de la falda plisada azul que yo estaba usando, de mi hebilla en el cabello…

PEDRO

¿Y qué?

ISABEL

Empecé a tener pesadillas terribles después de que pasó eso. Porque, no sé, siempre pensé cosas horribles, todo el tiempo. Y la idea de que alguien pudiera escuchar todo eso…

PEDRO

Alguien que, en este caso, sería Dios…

ISABEL

Esa idea era tan insoportable para mí que preferí dejar de creer en Dios. Porque, si creyese, estaría condenada al infierno. Imagínate ser condenada al infierno todo el tiempo, varias veces al día.

PEDRO

Yo no te voy a condenar. Sólo te pregunté qué estabas pensando. Tenías una cara…

ISABEL

¿Qué cara?

PEDRO

Cara de quien está pensando en cosas terribles.

ISABEL

Por Dios…

PEDRO

A veces pasa. Sales de aquí. Pero regresas enseguida.

ISABEL

Si las personas pudieran oír lo que otros piensan, no habría convivencia posible. Sería el caos. La destrucción de la raza humana.

PEDRO

Tranquila… Sólo estaba curioso.

ISABEL

Y hay otra cosa: el silencio es seductor. Es mejor que te quedes ahí, imaginando lo que pienso, creyendo que son reflexiones superprofundas, para qué decepcionarte con mis tonterías.

PEDRO

Por lo que dijiste, yo nunca me decepcionaría.

ISABEL

Estoy segura que sí. Ahora, por ejemplo, entre mil otras cosas, yo estaba pensando en mis senos. El vestido que estoy usando en el palco muestra mucho aquí de este lado. Me da vergüenza este doblez aquí.

PEDRO

Antes de que nos conociéramos yo estaba loco por ver tus pechos.

ISABEL

Qué tontería.

Pedro se acerca a Isabel, le agarra los pechos con las manos acuencadas y los mira de perfil.

PEDRO

En serio. Por mí, no usabas sostén nunca más. Y mucho menos en el palco. Tus pechos son hermosos, llenos. Y se sostienen. No necesitas de ningún sostén.

ISABEL

Dices eso porque no eres João. Si no usara sostén sería imposible la vida en sociedad.

PEDRO

No, nunca tendría celos de mostrarte. En otro mundo
en que fueras mi mujer, no necesitarías usar sostén.

Isabel se ríe y besa a Pedro. Cuando Pedro se entusias-
ma con las caricias, ella se desenlaza y busca el control
remoto.

ISABEL

Tranquilo. Déjame antes ver qué anda pasando por este
mundo…

Isabel finalmente enciende la TV. En la TV, las
Torres Gemelas se incendian. A partir de este momento
estamos en el minuto 43'45" desde ocurrido el primer impacto. Acompañaremos por la TV —a veces con sonido,
a veces sin sonido— la transmisión en vivo del incendio y
desmoronamiento de las Torres Gemelas en Nueva York.

ISABEL

¿Qué es eso?

PEDRO

Espera que es en vivo.

ISABEL

Sube el volumen de la tele.

PEDRO

¡Mierda, hay algo jodido en los Estados Unidos!

ISABEL

¡Es en Nueva York, sube esa mierda!

PEDRO

¡Tranquila, Bel!

Pedro trata de aumentar el volumen. Isabel se levanta y le quita el control remoto de la mano; finalmente
consigue aumentar el volumen de la TV. En Nueva York,
las Torres Gemelas están en llamas. Escuchamos la voz
de Carlos Nascimento narrando el desastre.

TV

El mundo está perplejo frente a eso que usted telespec-
tador está viendo en la pantalla, lo que Hollywood
intentó retratar en innumerables films, el secuestro del
presidente americano, el ataque contra Nueva York,
misiles en el Pentágono. Todo eso ya fue hecho en el
cine, como ficción, pero hasta ahora nunca nadie había
imaginado que un día eso llegaría a suceder en una
acción terrorista sincronizada hecha con tres aviones
secuestrados lanzados contra dos torres en Nueva York
y contra el Pentágono, que es el centro de defensa e
inteligencia de los Estados Unidos. Las bolsas de valores en el mundo entero, desde São Paulo hasta Londres,
Fráncfort, París, todas las bolsas están con una fuerte
caída en este momento, reflejando esa perplejidad, esa
situación absurda que se vive en los Estados Unidos
cuando las dos principales ciudades del país, las dos
principales ciudades del mundo, fueron blanco de
atentados terroristas.

ISABEL

¡Mierda!

PEDRO

Eso es guerra, Bel. ¡Comenzó una guerra mundial!

ISABEL

Dios mío… João.

PEDRO

¿Pero ustedes no viven en Brooklyn?

ISABEL

¿Qué tiene? Es al lado. ¡Es al lado!

PEDRO

No es al lado.

ISABEL

¡Puta madre! ¡Dame el teléfono!

Pedro encuentra el teléfono inalámbrico en el piso,
le da el aparato a Isabel. Mientras ella marca un número

largo, él anda de un lado al otro, va hasta la refri, agarra un vaso de agua. La TV sigue encendida; Isabel baja un poco el volumen para hablar por teléfono.

PEDRO

Trata de no tardarte.

ISABEL

Si João llama de vuelta aquí, no atiendas el teléfono. No atiendas nunca. ¡Y baja esa mierda!

Pedro baja el volumen de la TV. Isabel termina de marcar. Se pone el teléfono al oído. Cuelga e intenta nuevamente.

PEDRO

¿Cómo voy a saber que es él?

ISABEL

Si es, te vas a enterar.

PEDRO

Sí. Pero para saberlo ya habré atendido.

ISABEL

¡Shhh! Espérate… ahora está llamando.

PEDRO

Puta madre… Qué mierda… Qué mierda…

ISABEL

(al teléfono)

Hola, João. ¡Gracias a Dios! ¿Estás viendo eso? (pausa) Sí, estoy aquí… en la oficina de una amiga. (pausa) ¿Por la ventana? ¡Joder! (pausa) ¿Pero te vas a quedar ahí? (pausa) ¿No los mandaron a ningún lugar? (pausa) Un refugio antiaéreo, qué se yo. (pausa) Dios mío, yo quisiera tanto que estuvieras aquí, ahora. (pausa) ¿Tranquila? ¿Cómo voy a estar tranquila? ¿Y si eso es una guerra? (pausa) ¿Y mi vuelo mañana? (pausa) Okay, atiende a tu madre. (pausa) ¡Quédate en casa! (pausa) Yo también. Un beso.

(Isabel cuelga. Tira el teléfono en la cama.)

ISABEL

No voy a ir.

PEDRO

Yo quería que mostraran imágenes de la calle. ¿Será que ya evacuaron todo?

ISABEL

João está viendo humo desde la ventana. ¿Y oíste lo que dije? No viajaré mañana. No aterriza ningún avión, y no saben cuándo podrán aterrizar.

PEDRO

Dentro de poco podrán. Eso sólo fue en las Torres.

ISABEL

¿Y si es una guerra? ¿Y si el mundo entra en guerra? João…

PEDRO

Mira esto… ¡Debe ser una locura ahí abajo! ¿Y las ventanas? Tendrían que filmar más de cerca.

ISABEL

Ya no voy…

PEDRO

Ni en pelis, una mierda como esa… ¿Te imaginas estar en ese edificio ahora?

ISABEL

No seas demente. ¿Te gustaría estar ahí?

PEDRO

Es histórico este día. Oye.

Pedro aumenta el volumen. Oyen un poco más de la transmisión después del atentado.

TV

Como comenté aquí, ¿no es cierto, Simone?, el cine se especializó en todos estos años en producir varias obras de ficción especulando sobre la posibilidad de que un día llegara a suceder lo que estamos viendo aquí, hoy, claramente frente a nuestros ojos. En verdad, el segundo atentado ocurrió en vivo, cuando transmitíamos aún las informaciones del primero. Ustedes, los que están con nosotros desde la mañana, recuerdan cómo fuimos tomados por sorpresa porque sólo después vimos que se trataba de un avión chocando allí en la torre. Se levantó ese fuego, luego el humo, entonces se confirmó que era el segundo atentado, y ahí llegó esa otra información de que también en el Pentágono un avión terrorista fue lanzado contra la sede de defensa de los Estados Unidos, cerca de la Casa Blanca, esa imagen que usted está viendo en este momento.

ISABEL

Hay cosas que no se pueden transmitir.

PEDRO

¿Estás hablando del periodista?

ISABEL

No. Estoy hablando de la catástrofe. Del terror….

PEDRO

¿Del terror?

ISABEL

No se puede transmitir una catástrofe.

PEDRO

La TV lo está haciendo en vivo. Para todo el mundo.

ISABEL

(baja un poco el volumen de la TV)

Sí, pero algo está sucediendo que no se puede representar. Imagínate estar ahí, ahora, en la parte de arriba de aquella torre… Es imposible.

PEDRO

Debe ser aterrador.

ISABEL

Tú ahí, esperando socorro, agitando los brazos por la ventana, los ascensores todos parados, el humo invadiendo los corredores de la oficina, el suelo temblando… O, qué se yo, en la vereda, en medio de la nube de

humo, corriendo para salvarte. Sabemos que eso todo
está ocurriendo, pero no podemos imaginarlo.

PEDRO

No podemos ponernos en ese lugar.

ISABEL

Ellos pueden filmar incluso de cerca, como quieras… Y
aún así no se puede. Incluso porque, si fuera posible, no
habría más guerras en el mundo.

PEDRO

Debe ser horrible ese momento.

ISABEL

¿Qué momento?

PEDRO

El momento que antecede la muerte.

ISABEL

Creo que temo más eso que la muerte en sí.

PEDRO

Imagínate entregarte al poder absoluto de ese suceso
externo que te llevará. Y, allí, en aquel momento, estar
lúcido: saber que te vas a morir. Esto es, todos sabemos
que nos vamos a morir. Pero, en verdad, no sabemos.

ISABEL

Fingimos que no sabemos.

PEDRO

Sería insoportable saberlo, así, de esa manera.

ISABEL

Es por eso que no se puede transmitir esa sensación, ni
en el texto, ni en el film, ni en la tele.

PEDRO

¿Porque sería insoportable?

ISABEL

Porque la gente saldría matándose. Muriendo antes de
hora.

PEDRO

No creo. Si fuera así, quien sobrevive a una experiencia
de ese tipo también se mataría.

ISABEL

Pero los que sobreviven, sobreviven. Ellos no tienen la experiencia total. En verdad, transmitir esa experiencia de muerte implicaría transmitir la certeza de que también morirás. Es más: sería probar el momento en que tu cuerpo está sin que estemos en él. Sería inyectar la muerte en todos. En todo el mundo, en vivo, por la tele.

PEDRO

Creo que es mucho más simple. Es una cuestión de lenguaje. No se puede porque hay cosas que son irrepresentables y punto.

ISABEL

¡Cállate! ¡Se cayó la torre!
(Isabel sube el volumen de la TV.)

TV

¡Se cayó la torre! Se vino abajo una de las torres del World Trade Center. (Reportero) Una de las torres acaba de caerse. (João Nascimento) Bueno, esto que estamos viendo, vuelvo a repetir, es un hecho extraordinario. En este momento es cuando la torre se cae. Una de las torres alcanzada por el avión se viene abajo en el centro de la ciudad de Nueva York. Lo que usted está viendo allí (INTERFERENCIA CNN) de los escombros del desmoronamiento de una de las torres gemelas del World Trade Center, lo que acaba de pasar en este momento. Una de ellas sigue en pie, la segunda torre alcanzada por el avión terrorista cayó. Se vino abajo. Y es importante saber qué cosa está ocurriendo abajo. Si hubo tiempo, si la policía y los bomberos tuvieron tiempo de aislar la zona y sacar a los moradores. Entonces ustedes vieron, aquí, frente a nuestros ojos, una de las tarjetas postales del mundo entero, de las más famosas, un símbolo de los Estados Unidos, una de las Torres Gemelas del World Trade Center en Nueva York,

símbolo del dominio, del poder económico americano,
se cayó frente a nuestros ojos después de que hoy
hayamos visto un avión estrellarse contra esta misma
torre.

ISABEL

Dios mío…

PEDRO

El mundo cambió a partir de hoy. Nunca más será igual.
Esto es una declaración de guerra… ¡Puta madre!

ISABEL

Dame el teléfono.

Pedro toma el teléfono y se lo pasa a Isabel. Ella marca.

ISABEL

No atiende. No atiende…

PEDRO

Inténtalo nuevamente.

ISABEL

Ni siquiera da tono. Cortó. Dios mío… João, allá…

PEDRO

¡Tranquila! Si por allá estuviese jodida la cosa lo pasarían
por la tele. Ellos están filmando todo.

ISABEL

¿Qué hago?

PEDRO

Nada. Cálmate.

ISABEL

¿Calmarme? ¡Ponte en mi lugar, mierda!

PEDRO

Yo estoy aquí, Isabel. Y estoy contigo.

ISABEL

Estás tan conmigo cuanto estas allá, en aquel edificio.
En aquellas ventanas, agitando los brazos en medio de
la humareda.

PEDRO

No es cierto.

ISABEL

El mundo acabándose y nosotros aquí, hablando sobre
la representación y esas estupideces…

PEDRO

Tienes que tranquilizarte.

ISABEL

Pedro, yo no voy a viajar. Ya no voy…

PEDRO

En poco tiempo irás.

ISABEL

Tú mismo hablaste de guerra. La tercera guerra. ¿Cuándo fue que los Estados Unidos fueron atacados por
última vez?

PEDRO

Última no. Única. Pearl Harbor, por los japoneses.

ISABEL

Entonces entraron en la guerra y salvaron el mundo.

PEDRO

Sí. Y esta vez tal vez entren para destruir.

ISABEL

Voy a tratar de nuevo. ¡Pásame el teléfono!

PEDRO

El mundo entero debe estar llamando allá ahora. Cálmate. Fue sólo a las torres. La ciudad está de pie.

Isabel teclea furiosamente las teclas del teléfono
que Pedro le pasó.

ISABEL

¡Nada, nada…! ¡Mierda!

PEDRO

Voy a prepararte un té. Tranqui.

Pedro comienza a hacer un té. Hierve el agua, busca el té. Hay un breve silencio. Isabel mira la TV encendida con el sonido bajito.

PEDRO

¿Te gusta el té de cidrera?

ISABEL

Ayer, a media tarde, no sé por qué sentí tu olor. (pausa,
se levanta y camina por la sala) Yo estaba en el bus,
yendo al dentista, y vino el olor. El olor de tu cuerpo.
Podría ser el olor de la lluvia allá afuera, del humo del
bus… Pero vino tu olor. Y yo no estaba pensando en ti.
En verdad estaba leyendo un texto sobre la prosopopeya.

PEDRO

¿Prosopopeya?

ISABEL

Sí. Figura de estilo. Cuando dices que el día o el cuarto
o el tiempo está triste… objetos inanimados o entidades
o seres irracionales con sentimientos o acciones humanas.

PEDRO

¿Yo me encuadro en la última categoría? ¿Irracionales?

ISABEL

Aún no… Creo. (sonríe, seca) En fin, tu olor vino, así,
de la nada. Vino de abajo para arriba, como si estuviese
impregnado en todo lo que viera. Hasta llegué a buscar-
te en el bus… ¿Qué loco, no?

PEDRO

Sí…

ISABEL

(pausa)

Me quedé sorprendida. Eso va contra todo lo que está
arreglado.

PEDRO

¿Por?

ISABEL

Porque habíamos quedado que nuestros encuentros
serían restringidos.

PEDRO

¿Restringidos?

ISABEL

Sí. Limitados a los otros y a nosotros mismos. Incluso
ese escenario… ese apartamento prestado, con esa

ventana horrible de papel aluminio que parece una nave espacial de una película de cuarta… Ese terreno de nadie, que no es mío, ni tuyo, nos rodeamos de fotos de otros rostros, de personas que no conozco… es un apartamento con recuerdos ajenos, sin espacio para los nuestros.

PEDRO

¿Y te creíste eso? ¿Realmente no te acuerdas de nada de lo que pasó aquí?

ISABEL

Me acuerdo todo el tiempo. (pausa, camina) Recuerdo la primera vez aquí. Recuerdo la primera vez que me desnudé y mencionaste lo de mi lunar, que tengo en el trasero…

PEDRO

(se acerca, trata de tocarla)

En la curvita entre el trasero y el muslo.

ISABEL

(se aleja)

Tú inauguraste el lunar, Pedro. Y aún está aquí en mi trasero.

PEDRO

Hablas de encuentros "restringidos", pero te quedas inaugurando esas primeras veces todo el tiempo. Y eso es lo mismo que hacer planos.

ISABEL

Yo no estoy haciendo ningún plano. Si yo fuera soltera… nunca funcionaríamos. Nos pelearíamos todo el día por celos.

PEDRO

A no ser que tuviéramos un pacto de infidelidad.

ISABEL

¿Pero no es eso lo que tenemos ahora?

PEDRO

Sí. Bueno…

ISABEL

(interrumpe)

No es para que dure. Eso está totalmente fuera de lo pactado. Yo estoy casada. Y tú…

PEDRO

El té está listo.

El té está listo. Pedro le sirve el té a Isabel. Toman lentamente. Está muy caliente.

ISABEL

En verdad, somos inaccesibles para nosotros mismos. Tal vez nada nunca tenga sentido, yo para el mundo, el mundo para mí. La joda es que tengo esa lucidez.

PEDRO

¿Qué lucidez?

ISABEL

Bueno, lo sé. Yo sé que jamás voy a conseguir ser dueña de mi propia existencia. A veces creo que puedo probar cualquier cosa por tener esta lucidez. Sólo que ésta no es la lucidez del tipo que te hace responsable, sino la del tipo que te hace ver que no hay control sobre mierda alguna en la vida.

PEDRO

Y es por eso que estas aquí conmigo…

ISABEL

Supongamos que João se muere en esa guerra. Que tiren una bomba atómica en toda la costa este. ¡Eso sería un final feliz! ¿Te crees que no amo a João? Me muero de amor por él.

PEDRO

Hay cosas que preferiría no escuchar.

ISABEL

Si yo pudiera, estaría allá, en su lugar. Esperando por una bomba atómica.

PEDRO

No habrá bomba atómica. No habrá ninguna otra bomba atómica, en verdad.

ISABEL

No sabemos.

PEDRO

Eso ya es culpa. Eres más astuta que eso. Y si realmente volasen a tu marido, sobrevivirías.

ISABEL

(pausa)

Yo tengo la impresión de que, a partir de ese momento, cualquier cosa que digamos uno al otro nos va a herir.

PEDRO

Ayer terminé de leer un libro que habla exactamente de eso.

ISABEL

¿De qué?

PEDRO

Lo que estamos viviendo. Las relaciones sólo existen así, de a tres. Siempre es necesario un tercero. Y ese tercero, al ser excluido, es quien establece el lazo entre ambos. Justamente porque no está más ahí.

ISABEL

¿No te da vergüenza hablar una mierda como esa con mi marido allí? ¿Con João allí? (apunta a la tele) ¿En medio de esa cortina de humo?

PEDRO

Bueno, ¿debería entonces esconderte lo que pienso? ¿Debería vivir como tú, con miedo en el colegio de monjas porque alguien estaba oyendo tus pensamientos? ¡Me importa un carajo!

ISABEL

Si empiezo a decir todo lo que pienso, Pedro… (pausa) Si realmente nos conocemos, ya no hay vuelta atrás.

PEDRO

Yo no necesito tener vuelta atrás. Yo te amo.

ISABEL

Déjate de eso.

PEDRO

(la abraza)

Es verdad…

ISABEL

(lo empuja)

¡Para con eso ahora!

PEDRO

Yo te amo, Isabel.

ISABEL

Ese amor no me necesita. Estoy cansada de estar siempre actuando, cada vez para una persona distinta.

PEDRO

Ese amor es más real que yo, que tú, … la tele… la catástrofe…

ISABEL

Me voy. ¡Y no me verás más, Pedro!

PEDRO

¿Por qué?

ISABEL

Porque yo tengo miedo de que me mientas como yo te miento.

PEDRO

(pausa, ablanda el tono)

Pucha, Isabel…

Pedro finalmente consigue abrazar a Isabel. Entrelaza los dedos en el cabello de ella. Pero pronto Isabel se libera como un gato.

ISABEL

¿Y qué pasa luego?

PEDRO

¿De qué?

ISABEL

De nosotros dos.

PEDRO

¿Cómo?

ISABEL

Yo no seré la última mujer en tu vida. Ni tu mi último hombre.

PEDRO

¿Por qué no?

ISABEL

No seas bobo…

PEDRO

No. En serio. ¿Por qué no?

ISABEL

Podrías estar con cualquier otra persona. Podemos amar a cualquiera… Podría ser cualquiera. Podría ser cualquiera todo el tiempo. Puede ser cualquiera todo el tiempo. Será cualquiera todo el tiempo.

PEDRO

Pero estamos juntos. Aquí.

ISABEL

¿Aquí? ¿En casa de otros? ¿Esperando la tragedia en la tele? ¿Y qué? ¿Qué cosa existe en estar juntos? ¿Por qué necesitamos eso? ¿Qué es eso?

PEDRO

Yo te extraño incluso estando a tu lado, Isabel.

ISABEL

No quiero necesitar nada. No quiero querer nada. No quiero nada.

PEDRO

Qué cosa es querer todo, ¿no?

ISABEL

Siempre tienes una respuesta para todo.

PEDRO

Yo no sabría dejar de tenerte ahora.

ISABEL

¿Tener? Deja de ser ridículo; tú no tienes nada. Me conoces mal. No sabes nada de mí. ¿Sabes lo que ya hice y dónde estuve? ¿Sabes qué libros leí y las películas que ví? ¿Sabes cuántos hombres me vieron desnuda?

PEDRO

No me interesa saber cuántos. (pausa, se ríe) Lo que realmente me gustaría saber es cuánto tiempo pasó para que cada uno de ellos te viera desnuda, lo que cada uno necesitó hacer…

ISABEL

¿Quieres saber de João?

PEDRO

¿Qué cosa?

ISABEL

Cuánto tiempo. Cuánto tiempo tardó João para sacarme el calzón. ¿Quieres que te cuente?

PEDRO

Vete a la mierda…

ISABEL

¿Ahora no aguantas?

PEDRO

¿Crees que tengo algún problema con eso? ¿Con esa mierda? ¿Con ese directorcito de mierda?

ISABEL

Fui a hacer una prueba. Para una obra de…

PEDRO

(interrumpe)

Me importa un carajo esa obra. ¡Que se joda de quién es la obra!

ISABEL

Sí, eso realmente no importa. Nunca hubo una obra.

PEDRO

Es siempre así: "Nunca hubo una obra".

ISABEL

Una vez que entré, desde el instante en que me miró, desde los asientos del teatro, yo sabía. Sabía que me iba a acostar con él esa misma noche. Estaba segura. Y mira que ya me había enamorado antes.

PEDRO

¿Y por qué sabías?

ISABEL

Porque João tenía cara de que quería cogerme… siempre que digo eso me preguntan cómo es, cómo es esa cara de quien quiere cogerte. Y… qué se yo. Yo creo que el ojo bajaba un poco, casi sin pestañear, y él se quedaba con una sonrisa que está por suceder pero no sucede. Y todo desaparecía a su alrededor y yo me sentía como si fuera la única frente a él. Ese tipo de expresión es el mayor catalizador de deseo que existe.

PEDRO

¿Y te acostaste con él ahí mismo, en el teatro?

ISABEL

Yo le pedí que habláramos después de la prueba. Esperé unas dos horas. Fue un cliché… Fumamos porro, apenas conversamos y ya le estaba abriendo el pantalón. En realidad la pregunta que deberías haber hecho era: cuánto pasó para que yo viera a cada uno de ellos desnudo. Para que tuviera a cada uno de ellos en mi mano, aquí, Pedro.

PEDRO

Puta…

ISABEL

¿Qué?

PEDRO

Puta. Eres una puta. Una putita. Una actriz puta que se queda esperando la gran oportunidad, la gran pija premiada para chupar. Para ver si sale alguna cosa. Eres una chupadora de talento. En ambos sentidos, claro. Chupas bien y chupas a quien tiene talento. Trata de chupar el talento de quien tiene. Chupar así, mira, por la boca. Puta.

ISABEL
(se ríe, sarcasmo)
Ah, si fuera así, mi querido, yo no me hubiera acostado contigo ni una sola vez… Mierdita… ¡me voy de este chiquero!

Isabel empieza a recoger sus cosas. Pedro se pone frente a ella, le quita las cosas de la mano, tira todo al piso con violencia.

PEDRO
E incluso así, mírate cómo estás, ¿no? ¿Cuál fue la última cosa buena que hiciste? ¿Aquella propaganda de cerveza en que haces de estrellita? Putita…

ISABEL
No te permito que me hables así… ¡Mierdita! ¡No eres hombre!

Isabel se agacha para recoger sus cosas del piso. Pedro la sigue y la abraza por atrás. Ella se resiste, le pega; él la inmoviliza con violencia. Y la besa. La besa con fervor. Hasta arrodillarse en el piso y la abraza a la altura de los muslos, como un niño.

ISABEL
Pedro, búscate otra…

PEDRO
No tengo elección.

ISABEL
"Lo que no te libera, te aprisiona…"

PEDRO
Yo quiero estar preso.

ISABEL
No se puede querer eso. ¡Es idiota!

PEDRO
Yo soy idiota.

ISABEL
Yo no sirvo para ti. Y aún están las otras, ¿no? Guarda tus energías para ellas.
(Pedro se levanta.)

PEDRO

No hay otras.

ISABEL

Van a haber.

PEDRO

No quiero.

ISABEL

¿Qué harías si muriera ahora?

PEDRO

Me enterraría adentro de ti.

ISABEL

Eso es mentira.

PEDRO

Me moriría para estar contigo.

ISABEL

Qué tontería. ¿Sabes qué haría si te mueres?

PEDRO

¿Qué?

ISABEL

Si te murieras, hoy mismo, en este martes, me bañaría, me pondría una falda y me iría sola al teatro. Me iría sin calzón. Me encanta no usar calzón. Los hombres siempre vienen a hablar conmigo en el teatro…

PEDRO

Es por esas cosas que te amo.

ISABEL

Nunca vas a entenderme. ¿Cómo puedes amar a alguien que no conoces? (pausa, camina) Lo gracioso es que es siempre así. Por lo menos conmigo. Siempre me enamoro cuando me doy cuenta que aquel tipo sabe algo de mí que, hasta ese momento, yo no sabía. Él es dueño de un secreto. Él me enseña sobre mí.

PEDRO

¿Y yo perdí el secreto?

ISABEL

Y cuando termina siempre me encuentro diciendo las
mismas tonteras: "no me conoces", "no me entiendes".
Es siempre el mismo leruleru. Cuando comienza y
cuando termina.

PEDRO

Termina. Pero si ni siquiera comenzamos.

ISABEL

¿Comenzar? ¿Para que pase qué después?

PEDRO

Quedarnos juntos.

ISABEL

Infelices. Fantaseando sobre otras vidas, otros mundos,
mientras yo cocino y tú lees el periódico en la sala. Aquí
o del otro lado del mundo… No quiero esa vida. Yo
preferiría estar allá. O recibir un tiro ahora.

PEDRO

Cada cosa a su tiempo.

ISABEL

Lo que llamas amor es cobardía. Tienes miedo de
perderme. Eso no es amor.

PEDRO

No tengo miedo.

ISABEL

¿No tienes miedo? ¿Crees que soy idiota? Estás eufórico
con esa mierda ahí, con el hecho de que yo no puedo
volar mañana. Yo no dudaría si estuvieras deseando que
todo Estados Unidos explotase y el mundo entrase en
guerra sólo para que yo me quedara contigo.
Pedro agarra el control remoto de la TV y aumenta el
volumen.

TV

…Ésa es la torre que aún sigue en pie. (pausa) Mira ésa,
¿ésa es la otra torre ahora? Es la otra torre que se está

cayendo ahora. ¿Se cayó la otra torre? ¡La otra torre, la otra torre, la segunda torre se está cayendo! Como espejo de la primera. Imágenes en vivo desde Nueva York, está en el suelo el World Trade Center, uno de los mayores símbolos de poder económico de los Estados Unidos, en el corazón de Manhattan, el World Trade Center está en el suelo. Primero, una de las torres, ahora, la segunda. Estás viendo, ahí, delante de tus ojos, el mundo entero está perplejo, parado ahora frente a la televisión, viendo aquello que nadie jamás podría haber imaginado suceder. El World Trade Center en Nueva York no existe más después que dos aviones fueron lanzados… Mira ahí, ahí ves lo que quedó…

ISABEL

Dios mío… Se cayó… Se cayó todo…

PEDRO

¡Deja! Deja que se caiga… ¡Deja que esa mierda se caiga!

ISABEL

¿Estás loco?

PEDRO

(se ríe)

¿Cuál es el problema, Isabel?

ISABEL

¿Esto te parece gracioso?

PEDRO

¡Nunca más regresarás allá! Te vas a quedar aquí, conmigo.

Isabel está perdiendo el control. Se aleja. Abre los brazos. Sube el tono.

ISABEL

(desesperada, llorosa)

Estoy vacía… ¿No ves? No hay nada adentro de mí. No hay nada.

Pedro pone el volumen de la tele en mudo. Se aproxima a Isabel.

PEDRO

¿Ni yo?

ISABEL

¡No! Sólo vacío.

PEDRO

(cariñoso)

No digas vacío, Bel…

ISABEL

Soy sólo un eco…

Pedro la toma por los brazos. Isabel cierra los ojos y se deja llevar.

PEDRO

Pero qué eco lindo… El eco más bonito del mundo…

ISABEL

"El eco más bonito del mundo".

Ahora, Pedro la abraza por la espalda. Le habla sobre el hombro derecho.

PEDRO

¿Ahora me vas a empezar a repetir?

ISABEL

"¿Ahora me vas a empezar a repetir?"

PEDRO

Yo te amo.

ISABEL

"Yo te amo".

PEDRO

Tú eres…

ISABEL

"Tú eres…"

PEDRO

¡El hombre de mi vida!

ISABEL

"El hombre de mi vida…"

PEDRO

Por tí hago cualquier cosa.

ISABEL
"Por tí hago…"
PEDRO
(interrumpe)
Lo que me mandes.
ISABEL
"Lo que me mandes".
PEDRO
Por favor, no me abandones.
ISABEL
"Por favor, no me abandones".
PEDRO
Bésame ahora.
ISABEL
"Bésame ahora".
PEDRO
Quítame la ropa.
ISABEL
"Quítame la ropa".
PEDRO
Yo quiero todo lo que tú quieras.
ISABEL
"Yo quiero todo lo que tú…"
PEDRO
(interrumpe)
Quiero tocarte ahora.
ISABEL
"Quiero tocarte ahora".
PEDRO
Por favor.
ISABEL
"Por favor".
PEDRO
Moja mi cara.

ISABEL

"Moja mi cara…"

PEDRO

Mi boca es tu boca.

ISABEL

"Mi boca es tu…"

PEDRO

Mi cuerpo es tu cuerpo.

ISABEL

"Mi cuerpo es tu cuerpo".

PEDRO

Mis pies, mis codos, mis rodillas, mis muslos, mi
trasero, mis pechos…

ISABEL

"Mis pies, mis codos, mis rodillas, mis muslos, mi
trasero, mis pechos…"

PEDRO

Y mis hombros, brazos, rostro, boca, ojos, nariz,
orejas…

ISABEL

"Y mis hombros, brazos, rostro, boca, ojos, nariz,
orejas…"

PEDRO

Hazme tuya.

ISABEL

"Hazme tuya."

(Pedro comienza a desnudarla y besarla.)

ISABEL

Calma. Con cariño… Sin fuerza…

Antes de ceder totalmente a las caricias de Pedro, Isabel
agarra el control remoto sobre la cama.

ISABEL

Quiero oír.

PEDRO

¿Qué cosa?

ISABEL

¡Quiero oír!

Isabel aumenta el volumen y apaga la luz del velador.

En la oscuridad, apenas con la luz de la TV, ambos se desnudan y hacen el amor. La TV muestra Nueva York cubierta de humo.

TV

Estás viendo aquí las dos imágenes simultáneas, lo que ocurre en el Capitolio, perdón, en el Pentágono, en Washington, allí a la derecha, la sede del sistema de defensa americano, a su izquierda, en Nueva York, el humo y el polvo que quedaron después del desmoronamiento de la segunda torre del World Trade Center. Son escenas, Ana Paula, que yo decía aquí absolutamente impensables, inimaginables, jamás alguien podría, por más exagerado que fuera un autor de obras de ficción, prever que un día esto fuera a pasar. Este es el desmoronamiento de la segunda torre, y eso muestra, Ana Paula, como la gente viene comentando aquí, la fragilidad del sistema de defensa americano frente a una acción terrorista como esta… Mira, Nascimento, quien vive en los Estados Unidos sabe que puede ser víctima de ataques terroristas en cualquier momento. En cierto modo, las personas viven un tanto aprehensivas con eso, en el año nuevo del año pasado.

La pareja sigue haciendo el amor. La TV sigue encendida.

Cuchilleros

Joaquín Botero

A Jorge Humberto Botero, mi viejo *brother*

I

Hace veinte años iniciaba mis estudios en sociología leyendo a un tal Augusto Comte, padre de esta disciplina. Desde hace varios años, el Comte que leo es una marca impresa en la corteza del queso francés de leche de vaca cruda que vendo para ganarme la vida. En Nueva York he pasado de ser un periodista con aspiraciones a un *cheesemonger* hastiado. Estoy harto de la industria alimenticia que me da de comer. Sísifo tenía una roca; yo debo rodar hormas de queso.

Durante la universidad, en Colombia, mi camino laboral fue previsible e ideal. Me empleé varios años en una pizzería hasta que empecé a trabajar como periodista mientras adelantaba la carrera. Me gradué pero no conseguí trabajo. Colombia entraba en una gran crisis económica y decidí que lo mejor sería probar suerte en Estados Unidos. Era 1999 y, apenas puse un pie en Nueva York, aún sin papeles en regla, conseguí trabajar como reportero de tiempo completo en el ya desaparecido diario *Hoy*. Fueron tres años magníficos. Asistía acreditado a los juegos de los Knicks, comía *roast beef* en ruedas de prensa y hasta le estreché la mano a Mike Tyson. Empezaba a sentirme como esos banqueros de inversión camino a la cúspide de Wall Street. No lo podía creer.

Pero todo tiene un fin. Un día, la jefatura llamó a todos los sin papeles y nos mandó a la calle con disimuladas maneras gringas: "Encontramos algunas inconsistencias en sus números de seguridad social, por favor averigüen qué ocurre, resuelvan el asunto y vuelvan". Me largué tranquilo sin mirar atrás porque siempre supe que la falta de papeles me ponía en un piso frágil. Por fortuna, no tardé en conseguir nuevo empleo. Por poco más de un año fui redactor primero en un semanario y luego en un quincenario bajo las órdenes de dos vendedoras-editoras hondureñas que me hicieron hartarme del oficio, del idioma español y de los problemitas de los hispanos en Estados Unidos. Esta vez fui directo al piso: decidí intentar mejorar mi inglés en las calles y pedí a un amigo que me llevara al restaurante donde trabajaba.

En el asfalto empecé a repartir paquetes de comida *kosher*. Luego caí otro poco más: fui lavaplatos en una escuela de culinaria en Chelsea. Pero una vez que comenzó a pasar comida por mis manos, logré hacer carrera en la industria alimentaria. Me convertí en un asistente de mercados gastronómicos. Vendí comidas preparadas, cafés africanos y caribeños, y treinta tipos de pasteles y de panes. Finalmente, hace cuatro años, me convertí en cortador de quesos.

No desafío la lógica: mi mundo es una horma, redondo como el de cualquiera.

II

Trabajo en Murray's, la tienda de quesos más famosa de Estados Unidos. Murray's está en Bleecker y Cornelia, entre las 6ª y 7ª Avenidas, en el Greenwich Village. Se llama a sí misma "La meca de los amantes de quesos", y pese a la inmodestia de la frase, los críticos de comida le dan la razón. La tienda tiene cavas acondicionadas en el sótano para añejar los quesos. Allí también funcionan el departamento de ventas al por mayor y se despachan las cajas de quesos a restaurantes, bares, palcos de estadios y hogares de todo el país. En el segundo piso, una sala que de día usan los principales cuchilleros de la compañía para apuñalar el escaso tiempo libre de que dispone el personal, en las noches se convierte en salón de clases sobre quesos y vinos. En un espacio contiguo se apretujan los escritorios y las computadoras de las veinte personas que empujan el lado corporativo del negocio. Una bella y eficiente empleada a la que perseguí sin éxito una vez me dijo que no entendía cómo el dueño esperaba que un negocio de más de doce millones de dólares creciera apropiadamente con tan pocos empleados.

El primer piso, la zona de ventas, es apenas un poco más grande que una cancha de voleibol. Hay estantes, góndolas y refrigeradores con cortes de manchego, emmentaler y gouda rojo, algunos de los quesos más vendidos. Hay frutos secos, aceites, vinagres, mostazas, pepinos, olivas, pastas y muchos otros productos para comer con quesos. También hay otros lácteos, comidas preparadas y carnes. En una sección se preparan sándwiches calientes y se sirven sopas. La gente circula libremente. Da vueltas con sus canastas o con las mercancías en una mano o debajo del brazo, sin soltar los Blackberries de la otra. El epicentro de la tienda es la vitrina, con la mayoría de los quesos y carnes junto al extenso tablón donde se cortan los productos y se grita *next, next, number twenty, twenty one, twenty two...* Alrededor de trescientos tipos de quesos de dos continentes se rotan durante el año dependiendo de la estación, la demanda y los cabildeos de los productores. Un consumidor puede resolver toda su nutrición en esta tienda. Sospecho que hay clientes que no compran comida más que en Murray's.

El verdadero Murray's estaba unas calles más arriba del actual. La historia oficial dice que Murray Greenber, un judío español, veterano de la Guerra Civil, abrió una venta al por mayor de mantequilla y huevos en Cornelia Street en 1940. Murray Greenberg era comunista pero los vecinos lo recuerdan como un comerciante inteligente que solía comprar hormas de queso barato que cortaba y vendía en trozos para hacer más dinero. En los setenta, Murray Greenberg traspasó el negocio a un inmigrante calabrés, que luego lo transfirió a Robert Kaufelt, su dueño actual. Kaufelt movió Murray's a la intersección de Bleecker y Cornelia, conservando el nombre.

Por un tiempo, la tienda fue usada como bodega o como un *deli* coreano. Vendía queso pero también aceite barato y tomates a los vecinos, en su mayoría inmigrantes italianos. Con el tiempo, Kaufelt lo convirtió en el lugar de referencia para comprar quesos en Nueva York. Entre los clientes están Marisa Tomei, Helena Christensen, viejo ángel de Victoria's Secret, y la jueza suprema Sonia Sotomayor. Algunos clientes se dirigen a nosotros con respeto. Uno, al fin y al cabo, es parte del show de Murray's.

Y cuando digo show digo un *Survivor* con cuchillos.

III

Entré a trabajar a Murray's en septiembre de 2010, y pronto descubrí que el queso es capaz de movilizar pasiones extremas y establecer relaciones de poder con jerarquías de acero inoxidable.

Kaufelt, el propietario, es un sesentón con aires de bohemio que viste bluyines y chaqueta de cuero. Hijo y nieto de inmigrantes judíos de la vieja Rusia, es una especie de celebridad en el mundo culinario de Ciudad Gótica. Va ocasionalmente al trabajo, pero cuando lo hace recorre los tres niveles saludando a todos por su nombre y sonriendo como nadie. Su nombre está presente en muchas de las conversaciones, y todos los empleados con poder se mueven a su alrededor.

A poco de entrar a la empresa tuve oportunidad de observar su comportamiento de primera mano. Kaufelt me llamó a su oficina y se puso a mirar con lupa mi currículum y a cuestionar por qué había tenido cinco empleos los últimos ocho años. Me justifiqué un poco en el deseo de ascender y le mencioné al paso los libros que había publicado y mi pasión por el cine y la crítica. Dijo que pediría al administrador que me echara un ojo porque creía que podía escalar en la compañía. Como tengo por costumbre traicionarme a mí mismo, de inmediato apliqué un correctivo de honestidad: le dije que yo era como una oveja, sin capacidad de liderazgo ni don de mando, que sólo sabía manipular quesos y vender con sonrisas.

Nunca más me llamó a su oficina. Nuestro segundo intercambio llegó una vez que Kaufelt entró a la tienda y yo, al verlo, me quedé estático como un guardia británico al paso del primer ministro o de la reina. Yo no quise ofender sino presentar respetos, pero lo que Kaufelt vio, en cambio, fue un quesero quieto detrás de la caja registradora. Se puso sarcástico. Me preguntó si no había nada que hacer y, aunque yo intuí el fondo retórico de la pregunta, dije que no. Entonces derrumbó una pirámide de cajas de chocolates.

La experiencia con Kaufelt me obligó a aprender rápido la cartografía de poder y que en una quesería lo único que permanece relativamente inmóvil son los quesos que se añejan. Los capataces dan órdenes como si fuera una plantación. Por el ritmo de trabajo y por los juegos de poder los empleados andan a veces rabiosos, ocultando la amargura para servir a la orden de "primero, el cliente". *A lot of micromanagement*, egos, malos hábitos, velocidades personales a las que adaptarse. La pirámide en exhibición: Rob, el dueño; Frank Meilak de Malta, su mano derecha, los ojos y la voz de Kaufelt cuando Kaufelt no está; Liz Thorpe, la vicepresidenta, la que viste bonito, sonríe y trabaja en la expansión del negocio; Steven Millar, el *store manager*, maratonista y exmarino que habla bajito aunque haya sido miembro de un grupo SWAT; un *assistant manager* y un *second assistant manager*.

En la cocina, al otro lado del espectro del poder, en las áreas no accesibles al público, está el mexicano Chiquito, Joel Velázquez, veinte años, natural del estado de Guerrero, de donde llegó hace tres años hablando nada más que mixteco y un español enredado. Chiquito, que apenas se separa del piso metro y medio, es el tercer hombre en jerarquía en la cocina de cuatro. Sus dos superiores son también mexicanos y el cuarto hombre es un negro cincuentón del Bronx, el más nuevo y, por lo tanto, el condenado a lavar platos y a las labores malqueridas de la cocina.

Por su juventud, docilidad y falta de destreza con los lenguajes, podría pensarse que Chiquito es el individuo menos poderoso del trabajo, pero quizás sea uno de los imprescindibles. Chiquito es una máquina de trabajo. Nunca falta, nunca llega tarde, no se emborracha ni el Cinco de Mayo, hace su trabajo a la perfección y de memoria, gana poco y hace todo lo que se le pide y de buen humor. Va y viene con canastos pesados como un burro de carga. Acepta todas las chanzas. Jamás gasta dinero en objetos o entretenimientos que no requiere. Sólo tiene un iPhone con más de mil canciones que nada más se enchufa a los oídos cuando sale del trabajo con la cara lavada y el cabello flechudo con gel, como si debiera continuar concentrado, ajeno al mundo que lo rodea.

Fuera de ellos, mi tribu, una docena de *cheesemongers* comunes y corrientes. El dominicano Cielo Peralta y yo somos los únicos hispanos. Cielo es el vendedor estrella, el más antiguo y uno de los más apreciados por Kaufelt. Suele decirme, sin sombra de dudas, que él ha hecho millonario al dueño de Murray's. Por encima de nosotros, dos *head cheesemongers*, Andrew Perlgut y Sydney Willcox, apasionados por los quesos, las comidas exóticas, las fiestas pesadas y las órdenes. Andrew y Sydney, judíos ricos de Queens y fanáticos de los Mets como Jerry Seinfeld, agitan el látigo en voz alta, sin sonrisas, como quien tiene poder por primera vez. Sydney a veces es tierna y noble pero Andrew es un pichón del Mister Burns de Los Simpson. Le digo que Chiquita, la bananera, está buscando mayordomos en sus fincas en América Latina y que él es el apropiado.

Cielo vende más que nadie con su *let me know* "si" *you need any help.* Lo buscan hasta chefs famosos de la TV como Mario Batali y Bobby Flay. Posee un conocimiento enciclopédico sobre quesos y si de alguno no hay, sabe a ciencia cierta cuál es el más parecido del inventario. Trabaja sesenta horas a la semana y más si así lo quiere. Cielo, el cuchillero que más corta y más grita números, es una rueda suelta en el tope de la estructura de poder, que no recibe ni da órdenes. Sin ser un *storyteller* sabe qué quesos debe ofrecer según la información que recibe del cliente o cuáles empujar para evitar que no envejezcan más de lo que deben. Cielo ha visto pasar a racimos de *managers* y con todos dice llevarse bien. Es un sobreviviente, como no muchos. Según él, demasiada poca gente aguanta el ritmo de la tienda y la presión de Kaufelt. La mayoría aprende algo y se va a otros negocios.

IV

Lo que más abunda en Murray's, después de los quesos, son las estrategias defensivas. Hay una bodega repleta: cada hispano soporta y a su manera combate las fuerzas del poder que le caen. Y cada uno, también, tiene su parcela de poder, como en una manada. Chiquito en la cocina; Cielo como líder de cuchilleros. Todos sabemos qué juego jugamos. La manada tiene el territorio delimitado. Si en el corre-corre diario un compañero gringo daña la armonía en el espacio hispano —las áreas de producción donde se reempacan muchos alimentos que vienen en recipientes grandes o donde se cortan los quesos de más consumo o donde se preparan las bandejitas de quesos, frutos secos y carnes, las cavas, el almacén—, éstos raramente dicen algo. Tienen tanto miedo al gringo como al *lost in translation*. En cambio, si soy yo u otro hispano quien cruza la frontera, la manada ataca. Hace no mucho, tomé el carro gris que utiliza Salvador, un empacador y acomodador de estantes. Salvador nació en Puebla, habla un español de reportero de televisión y es relativamente calmo, pero esta vez se me acercó con celo, como si el vehículo fuera de su exclusiva propiedad. "Para la próxima, mejor vas y te chingas a tu madre", me dijo bien de cerca, sin levantar la voz pero con la mirada sangrando furia.

Entre Kaufelt y sus esbirros, las parcelas de poder y las pequeñas disputas terrenales al pie del mostrador, la paranoia me eriza los pelos. A algunos les molesta mi personalidad y mi humor sudamericano, veloz e incisivo. No logro combinar con algunos de mis compañeros gringos ni consigo una empatía total con el lado hispano. Me siento en un sándwich de razas, incomprendido, desajustado. Un *outsider*. A veces pienso que algunos de los latinos me ven como un trepador que tuvo suerte de ser contratado y que gana más de lo que se merece. Los gringos me deben ver como un tipo que se vendió mejor de lo que es. Es posible que yo no haga demasiado por ayudar a mi imagen. Puedo ser displicente, además de desobediente. Y soy más bien lento y torpe para manejar la caja registradora, por ejemplo.

James Stahl, uno de los cuchilleros gringos de la tienda, es uno de los que no vacila en amargarme la jornada. Stahl, además de cuchillero, es guionista y actor de reparto. Viene de Chicago y tiene una maestría en escritura. No hace mucho tiempo escribió y protagonizó un corto cinematográfico, *First Kiss*, que ha sido exhibido en varios festivales. Es posible que fuera de Murray's hasta sea buen tipo, pero dentro y conmigo, no tiene demasiada consideración. Una tarde que estaba con la mente en la luna, Stahl me mostró su costado de cuchillero de Murray's, el menos artísticamente humano. El asunto es que olvidé la pierna de *prosciutto* de Parma en la cortadora de carne, y mi colega me las cantó de inmediato y a los gritos.

A la noche, al llegar al apartamento, me senté a cenar un bocado frente a la tele. Cambié canales hasta que encontré *Law & Order*. Para mi sorpresa, allí estaba Stahl como extra de TV y yo no supe si sentir orgullo por ver a mi compañero en uno de los programas más famosos de Estados Unidos o si amargarme por lo mismo. Por suerte, no debí decidirme: a los pocos segundos, el que hacía de su *roommate* lo mató de un balazo.

V

Los jefes nunca dejan de presionar al galeón, echando látigo sobre cada remero. Por primera vez en mi vida laboral noto que aprietan para que ejecutemos la mayoría de las funciones, cubriéndonos unos a otros. Es un ritmo insoportable, donde todos siempre estamos haciendo algo. En días como Acción de Gracias y Navidad, o durante el Super Bowl, empuñamos los cuchillos al límite de la presión. En esas jornadas la clientela enfrenta a diez queseros tras el mostrador, cobayos de un laboratorio de tolerancia y paciencia. La gente llega, se agolpa frente al mostrador y espera por el show de cuchillos. Participan de las batallas, preguntando, degustando y rechazando cuanto les viene en gana. Nos calientan la sangre. Luego se apeñuscan como pueden, ansiosos de que su número de turno sea gritado a voz en cuello por su cuchillero.

De nuestro lado, el comportamiento es similar. Una tarde detrás del mostrador, con sala repleta, es una danza de zigzagueos y contorsiones. Abundan los *excuse me* y los *sorry* y los *watch out*, los "cuidado" y los *sharp behind* por detrás, todo mientras los cuchillos van y vienen por el aire a un ritmo frenético. En medio del fragor hay clientes que preguntan demasiado o quieren probar diez quesos sólo para llevarse una minucia. Los maldecimos en voz baja; yo, en español, a sus madres.

Sí, estoy harto de la industria alimenticia que me da de comer pero me chupo los dedos por sus quesos. Soy un nieto de carnicero al que las carnes no le quitan el sueño. Con rabia y estrés, con hambre y gula, degusto tanto un exquisito cheddar Tickler de Devon como un intenso Adelegger alpino. Lo hago con cualquier tipo de galleta, con trozos de carne, mermeladas, *chutneys* o solos.

Algún día, ojalá no muy lejano, no los tendré al alcance de mi mano y los extrañaré. Recordaré con nostalgia este oficio que me permite vivir a fuerza de limarme los dedos hasta ver desaparecer mis huellas digitales.

Antes, sin papeles, no podía trabajar como periodista o redactor. Ahora, con ellos, encuentro que mi profesión casi ha desaparecido. ¿Algún día dejaré herrumbrar mis cuchillos en este país y será mi verbo el que tenga filo?

Hoy como ayer (La Gata)

Gabriela Esquivada

I

En 2004, Julienne Gage, una periodista y documentalista independiente de Washington, reunió un equipo y partió a Miami a filmar la vida de una cantante de tangos de voz entabacada. El video se llamó *La Gata: The Nine Lives of a Tango Singer Called 'The Cat'* y muestra cómo una mujer en sus largos años setenta se las arregla para vivir limpiando baños de día y desgarrar músicas del arrabal por las noches. *La Gata* ganó el premio al mejor documental de Estados Unidos durante el Women's International Film Festival, 2008. Su protagonista apenas ganaba lo suficiente para andar a salto de mata.

El tráiler de presentación de *La Gata* es una declaración de principios. Una noche, en un pequeño y oscuro restaurante, La Gata se pasea entre las mesas apenas iluminadas por unas velas y luces de poco voltaje. Va de un lado a otro, copa de vino en mano, exhibiendo las uñas brillantes, el pelo blanco de rubio, los ojos con el mar Caribe dentro y unas pestañas postizas grandes y negras como abanicos de viuda. De tanto en tanto, como al pasar, mueve la mano libre: la luz rebota sobre dos anillos de piedra, probablemente vidrios baratos como botellas.

Lo que importa de ese video es la convicción: cuando entona una milonga, La Gata frasea, no canta. Ella lo dice de otro modo: interpreta. Interpretar, en el sentido más estricto, es personalizar algo: ese algo no es sino una idea expuesta por alguien. El sentido de una vida, por ejemplo.

Esa noche, entre mesa y mesa, como si anduviera al borde del llanto, La Gata parece dispuesta a una declaración —una interpretación más— sobre su vida.

—"Hermano, yo no quiero rebajarme, ni pedirle, ni llorarle, ni decirle que no puedo más vivir" —clama sin mirar a nadie y viendo a todos a los ojos.

El lugar donde La Gata fue a cantar —interpretar— su vida se llama Hoy Como Ayer y está en la Pequeña Habana, en el corazón de Miami. Es un sitio oscuro, decorado con madera, espejos y fotos en blanco y negro de músicos latinos. Años atrás el club se llamaba Café Nostalgia. No es casual que lleve casi el mismo título de la canción de Enrique Cadícamo que La Gata arrastra por el salón. Todo en ella parece tejer la red de un pasado que fue, un futuro que no existe y un presente en suspenso.

—"Desde mi triste soledad veré caer las rosas muertas de mi juventud" —interpreta.

La gente hace silencio. En la barra del bar, alguien apoya una copa que acaba de vaciar.

II

La Gata se siente única. "Yo soy un ser especial", se presentó en una de sus últimas actuaciones en el Hoy Como Ayer, a mediados de 2010. "Yo soy distinta a todos", me interpeló semanas después en un restaurante argentino más al norte de Miami, donde alguna vez había ofrecido su espectáculo de tango. "A mí me suceden cosas que a los demás no les suceden", la escuché luego en el teléfono que me traía su voz desde Buffalo, en el norte helado, donde Estados Unidos se convierte en Canadá.

La Gata, argentina, habla casi siempre en primera persona del singular. Es ella, en toda la extensión de la idea. Evoco —ésta es la voz de alguien a quien molestaba esa inclinación por el yo— el regreso del escritor argentino Jorge Luis Borges de un viaje al Japón. Apenas arribado a Buenos Aires le preguntaron: "¿Qué piensan de nosotros allá?". La respuesta de Borges, otro gato, levantó polvareda: "Nada".

La Gata vive envuelta de su idea —y verdad— de un pasado original que desea extender hoy. La Gata siente que su vida es única, dolorosamente única. Mejor ni le digo que cuando entró a los Estados Unidos hizo lo mismo que tantos, que hoy los hispanos son la primera minoría étnico-cultural del país —la sexta parte— y protagonizan una enorme transformación política y social. Tampoco que su manera de cruzar la frontera —vadeando el Río Grande— ha logrado el estatus de clásico de la migración ilegal desde México. Mucho menos que su historia, la de la pesadilla americana, ha sido extraordinariamente narrada por el chileno Alberto Fuguet en su novela de no ficción *Missing*.

Fuguet reconstruyó el destino de su tío Carlos, que había emigrado a Estados Unidos con sus hermanos por decisión de su padre y que no hizo su primer millón ni encarnó la epopeya del explotado feliz. Su inadaptación nunca llegó a rebeldía y apenas lo condujo a la cárcel primero y por último a perderse en una inmensa geografía. La Gata lo sabe: dijo a la cámara de Julienne Gage que el sueño americano es muy elástico y muy —le costó hallar la palabra— amargo. Que la gente cree que viene a Estados Unidos a descubrir alguna cosa pero que se encuentra ante un camino de amargura. Un gran camino de amargura. Supone que su caso es el de mucha gente. Pero la gente no se da cuenta hasta que ve la realidad, como la vio ella.

Una prosa poética reconstruye la voz del Carlos de Fuguet: "Tampoco soy el único / que ha cambiado de idioma / de país, de cultura, / de estatus, de grupo, / todos los exiliados, refugiados, / todos los millones de inmigrantes".

No me atrevo a inspirarle una duda a La Gata, a cuestionar su maullido de singularidad, mientras la imagino en el invierno del norte más norte del estado de Nueva York. Al teléfono ha repetido demasiadas veces que está feliz, que no sufre el frío, que no le importa que la luz se vaya temprano. Para qué fastidiarla con el cuento de Borges y los japoneses. Es verano en Miami e invierno en todas partes.

III

La Gata nació hace 84 años en algún lugar de Buenos Aires. Su madre la abandonó tres días más tarde y un juez le puso el nombre: María Angélica Milán. Para cierta gente, sin embargo, el nombre es lo de menos.

—Yo nunca me llamé nada, por eso me gusta La Gata, nomás. Yo me bauticé —dice, la voz ronca y firme.

Al salir del convento de monjas donde se crió conoció la noche de Buenos Aires. En un cabaret le explicaron que debía hacer alguna cosa para ganar dinero. Cine, pensó. Eran los años del primer peronismo. Haciendo honor a la fama populista del gobierno, la recibió un funcionario de Presidencia. "Vengo a ver al señor Juan Duarte, el cuñado del presidente, para que me ayude a hacer películas", dijo La Gata, fresca, porque así imaginaba que sucedían las cosas.

El hombre la invitó a almorzar. Aceptó aterrada: La Gata tenía unos ojos encendidos y una buena figura, pero temía que sus modales de mesa se llevaran todo al demonio. El tipo, al cabo, terminó siendo su amante. Fue una relación larga, en la que los aspectos abusivos a veces se diluían en las actitudes de un hermano mayor o de un padre vigía. Como sea, el tipo le abrió el mundo del cine de época. La Gata, todavía María Angélica Milán, trabajó en *El seductor* con el cómico Luis Sandrini, en *Fascinación* con el galán mexicano Arturo de Córdova y en *El último perro* con el cantante peronista Hugo del Carril. Dice que China Navarro le robó el papel que Ulyses Petit de Murat había escrito para ella en la película *Marihuana*.

Sus historias de los años en la Argentina parecen veteadas de sueños. Hay presentadores de publicidad de Jabón Federal que la llevan al *nightclub* más famoso de la ciudad, hay un bandoneonista celebérrimo que la bautiza María de Buenos Aires. Hasta aparece Juan Domingo Perón, no como el presidente del país lejano sino como el hombre que casi la lleva a la tumba. "Cuando la Eva se le murió, un abogado de su círculo me dice: 'Gatita, hemos decidido que vas a ser la mujer del general Perón'. Pero yo no quería terminar como la señora. No me gusta que me saquen la vida, viejo. Decían que ninguna mujer más que yo podía suplantar a la Eva".

—¿Por qué? —quiero saber.

La Gata ya no fuma —apenas enciende cigarrillos para cantar "Fumando espero"— pero mantiene la voz impositiva, que llama a todas las demás a callar. Está desgastada pero aún conserva la fuerza. Cuarteaduras y brillos, brillos variados por la cantidad de matices que la adornan.

—Decían eso —repite, con desinterés.

—¿Pero qué argumentaban?

—Que yo tenía el carácter de la Eva.

La Gata dice que trató a Eva Duarte en el club de los artistas antes de que se convirtiera en la mujer de Perón que precedió al mito. Unos años después, pisó la Casa Rosada pero ya no estaba Eva —y Evita no atendía. Su vida artística iba en ascenso. Conoció a Fernando Lamas, estrella argentina en Hollywood, a Elina Colomer y Fanny Navarro, que saboreaban la miel del poder como amigas de Juan Duarte, de profesión hermano de la Primera Dama. En el Tabarís, una noche cenó con Cantinflas y otra con María Félix.

Años antes, un bailarín de tangos famoso tropezó con La Gata mientras dormía en las bambalinas del Teatro Astral. Se hicieron muy amigos; tanto que un día ella descubrió que estaba embarazada. El 11 de agosto de 1948 le nació una niña. Se la quitaron las monjas. Nunca supo más de ella. No quiso o no pudo saber.

La Gata empezó a cantar. Coplas españolas, hasta que el compositor de tango Ángel D'Agostino la capturó para el tango. "Vos tenés voz para esto", le dijo. D'Agostino la llevó a su departamento en el Centro de Buenos Aires, y se sentó al piano. La Gata empezó a cantar lo que él tocaba. D'Agostino no estaba equivocado: sin escalas, La Gata ascendió a las grandes ligas tangueras y tejió un mundo de lentejuelas. Alberto Marino, cantante de Aníbal Troilo, lloró cuando la vio; el propio Troilo y Edmundo Rivero la apadrinaron.

En 1963, convencida de que con su arte triunfaría en Europa, La Gata partió en barco a España. Llegó a Las Canarias, donde se halló plena de autorreferencialidad: también allí hablaban de vos, como en el Río de la Plata. Aquellos fueron años muy llenos, los mejores. Se hablaba de ella como de una gran estrella, ganaba buen dinero, le auguraban un futuro único. Único como ella.

Lola Flores y Rocío Jurado, la actriz Zully Moreno y todo el entorno de Perón la conocían. Viajaban a Las Canarias desde Alemania para entrevistarla. Un fotógrafo italiano la retrató con su guitarra. Sentada y desnuda.

—¡Yo fui primera figura en España, flaca! —reclama hoy, en el restaurante— Aunque la gente no lo crea: ¡primera figura!

El mesero del restaurante argentino se da vuelta. Él le cree. Le ofrece otra copa. "Vinito", dice ella, y agradece con una inclinación de cabeza. Perder —escribió Elizabeth Bishop— no es un arte difícil.

IV

La Gata siempre quiso ser artista. De pequeña, se escapaba del internado de monjas y se iba a caminar por los teatros de la calle Corrientes. "Toda la vida quise ser la gran famosa, algo tenía adentro desde chiquita", dice La Gata en el restaurante. "Quería ser feliz, que la vida me sonriera".

Vivir, en boca de La Gata, tiene un sentido único: es ser mejor a algo más. Una argentinísima competencia —la más americana de las competencias— consigo misma y cuanto la rodea. Vivir, para La Gata, es ser coqueta, estar bonita, que la gente diga "ahí pasa la Gatita". Que mujeres como yo —que visto un *little black dress* del que saca todo tipo de conclusiones— le miren el atavío de gasa rosa y el sombrerito de red metálica y el maquillaje y los zapatos dorados. Que mujeres como yo la miren, otra vez, de arriba abajo y no puedan sustraerse a la idea de preguntarse quién es ésta. Y entonces La Gata empieza a cantar —a realizar su vivir— y al cabo de una hora, dice, nos deja a todas besando la lona.

—Eso es lo que me gusta a mí. Soy un poquito superficial. Posiblemente.

La posibilidad de la superficialidad se disipa. Por lo menos para quienes la escuchamos —y vemos— desgarrarse, o desgarrada. Demasiados versos de tango podrían definir la esencia y la experiencia de La Gata. Recita a Alfredo Le Pera: "En cada vuelta dejaba pedazos de corazón". Así es y así ha vivido. La voz cascada se suma al valor infrecuente de su autenticidad para seducir uno a uno a los que la escuchan en el Hoy Como Ayer, aquella noche en Miami. Yo también caigo ante el embrujo de su fuerza. La veo marearse en el carrusel del ego insaciable del artista, exigir la energía ajena cuando interpreta. Así se extingue en cada nota, y resurge cada vez.

La Gata tiene la edad de una abuela. Bebe sin parar. Trasnocha. Tiene siete vidas en castellano y nueve en inglés. Aunque ella no atiende a esa marca, el nombre la define.

Se equivoca pero se cree. Se basta, sola. Se sobra. Por no haber tenido más nadie en quien confiar, cree en ella. Y al escucharla cantar, le creemos.

V

En la Biblia Jacob regresa y Dios lo bendice y le dice que en adelante se llamará Israel y que la tierra que le dio a Abraham y a Isaac es para él y que debe engendrar descendencia cuanto antes ya que de sus entrañas saldrán reyes. Jacob obedece. Desde ese texto se sabe que el viaje no termina hasta que uno regresa a casa.

Desde España, La Gata volvió a Argentina en 1973. Pero la cosa se le puso más difícil que a Jacob. De Dios, ni noticias. Y estaba Perón.

El exiliado más famoso del momento había superado su proscripción política de casi dieciocho años. Las esperanzas que alentó se extinguían rápidamente en un juego político desquiciado; poco después murió y dejó el país en llamas. En esos momentos, La Gata estaba en un cabaret de Córdoba donde porfiaba que nunca saldría después de la chica del *striptease*, que no iba a desperdiciar su interpretación en una horda jadeante. De golpe, una banda parapolicial irrumpió en el antro y sonaron las ametralladoras. La Gata no sabía qué pasaba, no entendía nada de política, pero sí sabía lo que hacían los tiros. Hizo lo que cualquier felino: se escabulló por los techos.

Al día siguiente viajó a Buenos Aires y, como allí la situación no se presentaba más tranquila, volvió al camino: la Patagonia, Chile, Perú, Ecuador, Panamá y México, donde se quedó siete años. Cantaba y viajaba, cantaba y viajaba. Vagó despacito tres años, desde el 76 hasta el 79, los tiempos más intensos de la represión en Argentina. Miles se exiliaron.

En México, La Gata lamió sus heridas. Llegó a levantar su propio club en Cuernavaca, Tango Bar, pero la estancia le duró sólo algunos años. La Crisis del Tequila la expulsó del país. El peso mexicano se devaluaba veintitrés centavos al día, recuerda con precisión, y ella ya no sabía qué cobrar.

Era la mitad de diciembre de 1994 cuando cruzó la frontera norte de México y entró en Estados Unidos. Una semana después tenía trabajo: lavaba, planchaba, cocinaba y limpiaba por setenta y cinco dólares a la semana. Tenía 59 años.

VI

¿Será el mundo? ¿Será que los Estados Unidos pueden ser un lugar difícil para muchos? "Mi tesis de sobrino es que los Estados Unidos arruinaron a mi tío", escribió Fuguet. "Quizás eso es injusto, es lanzar la culpa lejos. Pero el factor América tiene que ver en la ecuación. Mucho, quizás demasiado."

Washington decide buena parte de la política mundial, Wall Street es el casino de las corporaciones trasnacionales y Hollywood da forma a los sueños de millones. Y aún así, los Estados Unidos no son para todos. Samuel Huntington, en *El desafío hispano*, implicando lo opuesto:

"No existe el *Americano Dream*. Sólo existe el American Dream creado por una sociedad angloprotestante".

Whatever.

En 1960, apenas trascurrida la mitad del siglo XX, las tres cuartas partes de los emigrados a Estados Unidos provenían de Europa y los latinoamericanos eran un millón, cuarenta veces menos que al inicio del siglo XXI Sólo un tercio de esos hispanos se ha nacionalizado. Mantener nuestro idioma nos retiene en una franja de ingresos inferior a los angloprotestantes de Huntington. Los latinos se gastan las manos en la gastronomía, la agricultura y la construcción: emigramos porque somos pobres para hacer el trabajo de los más pobres de la rica casa nueva.

El personaje de Fuguet en *Missing* piensa: "los inmigrantes hablan del sueño americano, / a veces pienso que más que un mito, / una quimera o una mentira, / es una pesadilla, / una pesadilla de la cual / aún sigo intentando despertar".

VII

Entonces empezaron veinte años duros que hoy están marcados en la cara de La Gata; arrugas como cicatrices. Antes de llegar a Miami consiguió empezar a cantar en Nueva York en clubes pequeños, empapados de olor a cigarro. Su vida profesional y nocturna, sin embargo, no distaba de la que llevaba a diario, por oficio.

Pasaba, sin transición, de quitarse los volados de gasa a las tres de la mañana, satisfecha de aplausos, con el aliento perfumado de alcohol, para levantarse a las seis y ponerse los guantes de goma y empujar el carrito con el lampazo, los cepillos, la lejía.

Una síntesis de ese esfuerzo está en el tráiler del documental de Gage. En una secuencia, La Gata aparece desinfectando unos sanitarios. La filman sin maquillaje, con una camisa blanca. Tiene la mirada cansada —mala noche o demasiada vida— pero la voz conserva el tono aguardentoso y duro. La producción le ha pedido que envíe un mensaje a los nuevos inmigrantes, y La Gata parece haber aceptado, entre el desgano y la derrota, las manos enlazadas sobre la falda, los hombros derrumbados.

—Que siempre sean perseverantes, porque es muy difícil —dice, y mira directo a los ojos de la entrevistadora y hace una pausa.

—Muy difícil —repite, y mueve la cabeza y toma aire.

—Yo triunfé una vez, allá en España y en otros lados… —dice, y hace otra pausa y se moja los labios y se adelanta hacia la cámara: mira otra vez a la interlocutora.

—…pero viste cómo me caí también.

Un par de años después de ese *footage*, La Gata declaró perdida la batalla. Sus presentaciones se volvieron demasiado esporádicas, su dignidad no le permitía alternar en un escenario con jovencitos que bailan perreo. Sin escándalo, buscó la puerta de salida.

—¿Para qué quieren una vieja chota que canta? —dice al teléfono.

En Miami me hablaron de ella como el secreto mejor guardado de la colectividad argentina, y fue allí donde se filmó el documental sobre su vida, su obra y su filosofía, pero La Gata no se lleva bien con la ciudad. Allí parece haber hecho carne su idea de que el mundo no se interesa por el arte, idea que, dice, la acabó "desplazando". Es posible, pero también hay una razón más terrenal. Fue en Miami donde sus archivos —los recortes del diario *El Pueblo* y la revista *¡Hola!*, sus álbumes y vestidos, una buena proporción de su *memorabilia* europea— acabaron en manos ajenas: alguien forzó la puerta del *storage* que había rentado y se robó todo. La Gata perdió lo único que siempre había tenido: el pasado.

Comento la primera entrevista con La Gata. Arriesgo ante Roberto Blanco que, para mí, el asunto principal de su derrota es que está muy sola.

Blanco me mira como si me hubiera jactado de descubrir la pólvora.

—Aquí, muchacha, eso se da por descontado.

Roberto es cubano y su respuesta es una lección. Aun en una ciudad donde dos de cada tres habitantes son hispanos, la vida no transcurre en el dulce montón que acostumbramos los latinoamericanos, tan familieros, tan amigosos. Ni siquiera las facilidades migratorias extraordinarias que se ofrecen a la gente nacida en la isla socialista cambian el eje de la dificultad principal del emigrado. No es el trabajo. No es la vivienda. Es la soledad.

Sola fue La Gata hasta el lugar donde la entrevisté por primera vez. Sola se sentó hasta que otros argentinos la invitaron a mirar un partido de la selección de fútbol. Y sola volvió a quedarse cuando terminó. Sus amigos la quieren mucho pero el modo de vida americano no les deja tiempo. Todos viven en casas lindas, manejan automóviles del año, mandan a sus hijos a escuelas decentes, usan su seguro de salud, fatigan sus tarjetas de crédito, se divorcian, van de vacaciones a las montañas y trabajan horas interminables para pagar sus casas, sus automóviles, la escuela, el seguro, las tarjetas, los abogados, las vacaciones. Cuando debió mudar sus cosas del *motorhome* donde vivía al departamento que le alquilaron por menos dinero en Little Haiti, nadie pudo asistirla. Una turista le ofreció su automóvil alquilado y con el GPS hicieron, una más perdida que la otra, una travesía de diez cuadras.

VIII

A fines de 2010, con más de 80 años, La Gata dejó Miami para volver a empezar en Buffalo. Después de la ciudad de Nueva York, Buffalo es la segunda ciudad más poblada del invernal estado de Nueva York. Poco tiene que ver con la capital latina de Estados Unidos. Con los condados adyacentes reúne algo más de millón y medio de habitantes, menos de un tercio que Miami. La comunidad latina es módica: apenas tres personas de cada cien hablan español. Sin embargo, cuando la llamé a su nueva casa, La Gata me lanzó:

—Aquí causo sensación —una definición artísticamente argentina.

La Gata dice que la ciudad tiene una buena atmósfera, bohemia y creativa. En un almacén vacío han montado un teatro y su propietaria le ofreció el espacio para cantar. La muchacha asiática del *coffee shop*, que no habla palabra de castellano, ya le ha hecho saber que quiere escuchar sus tangos. En Buffalo, además, ha decidido explotar otra faceta: la pintura. La ciudad parece tener varias galerías de arte. La Gata vive en los fondos de una, donde montó un atelier que guarda las obras que pintó en Miami. Le gusta mucho su retrato de Diego Maradona y confía en que pronto acumulará nuevas creaciones.

La escucho decir estas cosas y me asalta el recuerdo de su sombra cantando "Nostalgias", aquellos versos de Cadícamo que le escuché en Miami: "Y aquí vengo para eso / a borrar antiguos besos / en los besos de otras bocas".

La Gata vive en la casa de Peter Carusso, un anticuario hijo de sicilianos que la escuchó arrastrar fraseos hace dos años. Casi sin percibirlo se acercaron hasta que supo la última de sus tribulaciones cotidianas: que ya casi no conseguía lugares donde presentarse, que doscientos cincuenta de los trescientos dólares que cobraba de la seguridad social se iban en la renta, que por cierto no estaba al día y siempre acechaba la amenaza del desalojo. Peter le ofreció llevarla con sus dos gatos a Buffalo y emprendieron la travesía de dos días y dos noches en una van. Peter pasaba en Miami los meses del invierno y se volvía con la primavera al norte del norte. Le prometió que no tendría que pagar nada.

El dinero, en esta historia, es tremendo asunto.

El dinero rasga hasta la descripción del paisaje que La Gata ve desde su ventana en Buffalo. Me dice que deberían cobrar veinte dólares por mirarlo. Que es una postal.

¿Será el dinero la manera de medir la integración?

¿Me estaré olvidando del arte?

IX

Dice La Gata, al teléfono, que todo podría haber sido de otra manera.

Siempre todo puede ser de otra manera: ¿o hay mucho más en la vida que Planes B, que la adaptación más o menos inteligente a la incertidumbre, a la contaminación entre acontecimientos, al sinsentido? Pero cuando uno deja un lugar para ir a otro, se cristaliza la duda de cómo hubiera sido si se quedaba: la geografía fortalece la fantasía de la patria abandonada.

—De otra manera. Todo.

Pero eso no incluye volver. Volver, ni con la frente marchita. Ahora dice que, si le dan la residencia, viajará a Argentina pero sólo para regresarse a Estados Unidos. (Volver para volver: un *loop* que no lleva a ninguna parte.) Como sea, La Gata quiere reproducir un daguerrotipo mental: ver los teatros de la calle Corrientes, mojar los pies en el océano frente a Mar del Plata, cantar en San Telmo.

Quiere que le hagan una interviú. Y ya, se acabó Argentina: después se volvería a Buffalo o donde sea.

—¿De qué voy a vivir allá? —dice, como si yo supiera. No hay lugar en Argentina para una argentina especial.

X

Especial. Especial entre especiales. La Gata está convencida de que su singularidad es una marca sobre la que ya distingue al ADN criollo, una especie de gentilicio cultural. Al teléfono, con ganas de hablar, me cuenta su vida, mil vidas, un país.

Narra:

«Dijo la madre directora que yo era hija de una mujer de la alta sociedad, porque yo tenía cosas de niña muy especial. Yo me imagino que ella conoció a alguien fuera de Buenos Aires y que cuando descubrieron que tenía "el regalito" —yo—, a lo mejor la llevaron a Europa. Y después me dejaron a mí en el hospital.

«Te voy a contar una cosa que me pasó en Inglaterra, cuando fui a ver a los Beatles. Yo estaba en París. Me vestí toda de cuero, me puse el sombrerito, agarré un paragüitas y me fui a Londres. Empieza a decolar el avión y empiezo a sentirme mal, y a sentirme mal, y a sentirme mal. Todo lo que se te ocurra que pueda sacar el cuerpo de adentro, lo saco yo. Cuando llego al aeropuerto de Londres estoy que no sé ni cómo me llamo. Me llevaron en camilla a la enfermería de Inglaterra y ahí estoy y abro los ojos y veo a una mujer sin cara, con una capellina blanca, los guantes blancos largos y un vestido floreado, que me acaricia y me dice que me quede tranquila.

«Cuando yo estaba en el colegio, chiquita, las señoras de la sociedad venían siempre. De las novecientas chicas que estábamos ahí, a la única que llamaban para cantar y bailar era a mí. Y una de ellas siempre iba con capellina blanca, con guantes blancos largos.

«No me acuerdo de su cara, es borrosa la imagen. Ella siempre me hacía mimitos. Para mí que ella era mi madre o algo parecido, algo muy cercano a mi madre. Pero debe haber sido mi madre porque me fue a consolar allá. Sin decírmelo, porque en aquella época no se podía tener un niño así nomás y menos la gente de la alta sociedad nuestra, que es tan jodida. La sociedad más extraña que conozco es la nuestra. Somos muy diferentes a todo lo que yo he conocido en el mundo. Los argentinos tenemos una calidad que no sé si es buena, mala, peor, que no tiene nada que ver con toda la gente. No sé. Somos únicos nosotros, somos… Distintos, no hay vuelta que darle.»

Mientras, espera, sola, en Buffalo, el fin del invierno. Los fantasmas que la acompañan van ocupando toda la casa: nadie los echa de las habitaciones, la cocina, el atelier. Avanzan. Hablan. Arañan el presente y lo arrastran al pasado. Los fantasmas de una ficción, o de un mundo que ya no es, o de una idea —la que se necesita— para estar vivo.

¿Será negra y sin estrellas, como en "Nostalgias", la noche de La Gata en Buffalo?

Miami

Claudia Piñeiro

Andrea me dijo que entrara a Google Map, que pusiera la dirección en el buscador y que imprimiera el mapa que indicaba cómo llegar. Debe haber sospechado que yo no lo iba a hacer porque insistió varias veces. Aun así, no lo hice. Además, yo confiaba en mi buena orientación; suele ser difícil que me pierda. Supuse que con eso alcanzaría, a pesar de que me encontraba en una ciudad en la que sólo había estado una vez y apenas durante dos días. Sí había tenido la precaución de anotar en mi agenda la dirección y las indicaciones que Andrea misma me había dado unas horas antes por teléfono. Y cuando pasé por la recepción del hotel me dieron un fax de mi amiga con más indicaciones, esta vez en inglés. No sé si en 2004 ya existían los GPS, pero el auto que yo había alquilado, bastante mejor que el que usaba en Buenos Aires, no lo tenía. "No puede ser tan difícil llegar, si en esta ciudad todo el mundo habla español", pensé. Pero me equivoqué.

Para los argentinos la palabra Miami suena conocida, tanto, que hayamos o no estado allí creemos que sabemos lo que ella nombra y abarca. Y lo que no. Sin embargo no lo sabemos. Metemos dentro de "Miami" demasiadas cosas. Para nosotros Disney es Miami, los Estudios Universales son Miami, Key West es Miami. Y aunque ese día yo tenía un mapa de la ciudad y sus alrededores, el sitio a donde iba no estaba incluido en él. Yo creía que Andrea y su familia se habían ido a vivir a Miami. Pero el lugar específico donde ellos tenían su casa se llamaba Weston. Y Weston, me enteré recién entonces, queda a unos 70 kilómetros del hotel donde yo estaba hospedada, en South Beach. O a poco más de una hora de auto si uno hace el viaje durante la *rush hour* y un poco menos de una hora cuando la carretera está tranquila. Lejos también de cualquier playa, lo que me sorprendió aun más.

Mis amigos se habían ido a vivir allí después de la crisis que en 2001 afectó a la Argentina. Como lo hicieron tantos otros. Aquella no fue la primera crisis política y económica que afectaría a mi país, ni sería la última. Pero algunas de sus características la hicieron inolvidable: inexistencia de efectivo; prohibición de sacar dinero de las cuentas corrientes bancarias, cajas de ahorro, o plazos fijos; saqueo a supermercados, casas de electrodomésticos y otros comercios; un presidente que da un discurso en el que asegura que no va a renunciar y unas horas después huye de la casa de gobierno en helicóptero; gente en la calle golpeando cacerolas y gritando "que se vayan todos"; cinco presidentes distintos en poco más de diez días; declaración de *default* financiero. Y 39 muertos. Incluso aquellos a los que no se nos cruzó por la mente irnos de la Argentina, entendíamos a los que buscaban otro rumbo. No se trataba de si era valiente el que se iba o el que se quedaba, no se trataba tampoco de quién era más capaz, o más inteligente, o más "vivo" (una palabra que tanto nos gusta a los argentinos). Cada uno hacía lo que podía. Y los que se iban lo hacían con esperanza, aunque de lo que terminaran trabajando en sus nuevos destinos fuera de algo muy distinto a lo soñado, algo de lo que no habrían aceptado trabajar en su propio país. Si era necesario bajar de nivel, era mejor hacerlo lejos de casa, donde no hubiera testigos.

Sin embargo ése no era el caso de mi amiga Andrea y de su familia. Ni de los amigos de mi amiga. Ellos tenían dinero y lo que querían era conservarlo. Más aún, si era posible querían hacerlo rendir o crecer. Se fueron contentos, con tiempo, a ver qué "nicho" aparecía, a "armar empresas"; casi todos desarrollaron negocios inmobiliarios a los que ellos llamaban, aún hablando en castellano, negocios de *real estate*. Para muchos argentinos, en 2001 Miami fue Ítaca, a pesar de que no supieran lo que Ítaca significa, ni nunca hubieran oído hablar del poema de Kavafis.

En uno de sus primeros *e-mails* Andrea me sugirió que lo mejor era que dejara la visita a su casa para el día en que fuera a Sawgrass. "¿Cuándo vas a Sawgrass?", preguntó, y yo hasta ese momento no sólo no tenía pensado ir sino que no sabía qué era. "¿Porque vas a hacer compras, no?", escribió unas líneas después, y entonces entendí. Odio los *shoppings*, en Argentina, en Miami o donde sea. Me agobian, me expulsan como un implante rechazado. Sin embargo, como tantos argentinos que viajan a Miami, terminé yendo.

Trabajé tres días completos y el cuarto día lo dediqué a Sawgrass y a Andrea. Salí después del almuerzo, a eso de las tres de la tarde. Llegar no fue fácil. Algunas vueltas de más, la sensación de que pasaba varias veces por el mismo lugar, hasta que por fin llegué. Creo que a los quince minutos ya estaba de mal humor, a los veinte me dolía la cabeza, y un rato después estaba comprando tres musculosas Nike de otra temporada que no necesitaba y que seguramente nunca iba a usar. Caminé por un pasillo, por otro. Un rumor de palabras en español pronunciadas con distintos acentos me acompañaba. Me parecía que iba en sentido contrario al resto de la gente. Tenía la sensación de que debía recorrerlo todo, como si estuviera tomando lista de cada local, de cada marca. Iba por el medio del pasillo y giraba la cabeza de izquierda a derecha, cada vez que un local terminaba. La gente a mi alrededor parecía feliz, algo que me molestaba profundamente.

Cuando salí ya había oscurecido. Intenté llamar a Andrea para avisarle que llegaría un poco más tarde, pero nadie contestaba en su celular. Probé con su casa, seguramente yo había anotado mal el teléfono porque una cinta en inglés decía que ese número no existía. Saqué el fax con las instrucciones y lo puse sobre el asiento del acompañante. Antes que nada tenía que cargar nafta. Mientras llenaba mi tanque, le pregunté a un empleado de la estación de servicio hacia dónde me convenía salir para ir a Weston. "¿Weston?", repitió con una entonación que me hizo pensar que nunca había escuchado la palabra. Le preguntó a uno de sus compañeros; tampoco sabía. "En el *drugstore* venden mapas de distintas zonas", me dijo. Y por primera vez sospeché que necesitaría alguna ayuda adicional a la poca que llevaba conmigo. Entré al negocio y busqué sin encontrar el que quería: un mapa que dijera la palabra WESTON, bien grande. El vendedor me aconsejó llevar uno que, si bien no tenía la zona de Weston en detalle, la abarcaba. Subí al auto y leí el fax de Andrea con atención por primera vez: eran indicaciones copiadas de un sitio web, en inglés, punto por punto para llegar desde Sawgrass a Weston. Mi inglés alcanzaba para entender lo que decía, pero antes de terminar de leer me sentí mareada. Me pregunté de dónde habría sacado Andrea un listado tan detallado. Yo misma me respondí cuando leí un poco más abajo la opción a un link: *Show on Google Maps.*

Pero ya era tarde. El listado no incluía el mapa. Y un papel no tiene *link* a nada. Había dejado la computadora en el hotel y me tendría que arreglar con lo que llevaba conmigo. Miré los primeros tres puntos de las indicaciones y otra vez me dirigí al empleado que me explicó cómo subir al Sunrise Boulevard. A pesar de sus indicaciones, no fue sencillo. Primero di varias vueltas por bulevares iluminados, parquizados, prolijos y todos iguales, sin encontrar la salida. Pasé dos veces más delante de la estación de servicio. Sentí otra vez que daba vueltas en redondo. Finalmente vi un cartel que decía "Sunrise" y subí. Manejé con la vista fija en una ruta que me era totalmente desconocida. Manejé demasiado tiempo. Al rato de andar los edificios se fueron escondiendo, sabía que estaban pero no podía verlos, a un lado y al otro sólo había vegetación alta y terrenos ganados a los pantanos. Ninguna entrada a un pueblo, ningún cartel que dijera Weston. La sensación que tenía en esa ruta desierta era que siguiera conduciendo el tiempo que siguiera, sólo vería vegetación y pantanos. Decidí volver por si me había saltado la entrada. Pero eso tampoco funcionó. Me pareció mejor tomar un desvío a una zona donde hubiera alguien a quién preguntarle. Así llegué a otra estación de servicio. Gracias a un cartel entendí que estaba en Opa-Locka. En mi vida había escuchado ese nombre. "¿Estaré todavía en Miami?", me pregunté. La estación de servicio era bastante parecida a cualquiera que yo pudiera encontrar en el conurbano bonaerense. Sólo que el lugar donde trabajaba el personal estaba enrejado. Te atendían para cobrarte o para venderte productos del pequeño *drugstore* a través de esas rejas. Nadie, ni vendedores ni ocasionales visitantes, hablaban español. Nadie sabía dónde quedaba Weston. Sentí que, además, con cada pregunta pronunciada con mi mal inglés ellos me empezaban a mirar de un modo extraño, como invitándome a que me fuera. No era una amenaza, más bien un consejo. Y eso hice. Dejé un último mensaje en el buzón de voz del celular de Andrea: "Me vuelvo al hotel; si puedo".

Comprobé que es mucho más sencillo preguntar cómo llegar a South Miami que cómo llegar a Weston. Cuando entré a mi habitación tenía un mensaje de Andrea: "Estamos todos brindando en tu nombre. ¿Estás bien, no?" Había escuchado alguno de mis mensajes y sabía que me había perdido pero que no estaba en peligro. "Nosotros ya comimos tu barbecue, cantamos, nos reímos, la pasamos genial". Más tarde me mandó en otro *e-mail* una foto del grupo que me había estado esperando esa noche en su casa. Yo no lo sabía pero Andrea había invitado para agasajarme a varias parejas argentinas que se habían ido a vivir a Weston como ellos. Todos exitosos como Andrea y su familia, según detallaba en el epígrafe de la foto que incluía, además del nombre de cada uno de los invitados, a qué se dedicaba: ningún lavacopas, ningún cadete, ninguna niñera, ningún indocumentado. A algunos los conocía y a otros no. En la foto, según ella, todos brindaban por mí. Se los veía sonrientes, demasiado sonrientes. Con gorros y collares de cotillón. Me quedé mirando la imagen un rato largo. Empecé a sospechar que tal vez había sido mejor que no hubiese encontrado el camino. No sé si hubiera soportado tanta felicidad. No sé si ellos hubieran soportado que a mí, por otra parte, me fuera bien en Argentina. Y que quisiera volver.

Antes de dormirme entré en Internet y busqué Opa-Locka. Según Wikipedia es una ciudad que fue desarrollada bajo un lema temático: "Noches árabes". No pude apreciarlo cuando estuve allí unas horas antes. Para mí Opa-Locka era una estación de servicio. También decía Wikipedia que en un informe de 2004 figuraba como la ciudad de Estados Unidos con la tasa más alta de crímenes violentos. Y sí, la página confirmaba que Opa-Locka pertenece al Miami-Dade County.

Tomé el avión al día siguiente; una vez en el aire y desde mi ventanilla, miré la ciudad. Algunos de mis prejuicios se habían afianzado, otros habían desaparecido. Aunque mis amigos estaban bien económicamente, "la felicidad es otra cosa", pensé, "algo que no se logra con gorros y collares de cotillón". Y confirmé que el Miami de muchos argentinos es una construcción teórica, una abstracción donde incluimos y excluimos los conceptos que se nos antojan: playa, *shopping*, Ocean Drive, el imperio, los cayos. Conceptos que hasta en algunos casos extendemos a todo el territorio de los Estados Unidos de América. Porque si alguien en una charla de amigos nos apura, para muchos argentinos Estados Unidos es Miami. Para otros, Nueva York. Para pocos, el resto. A pesar de que, ahora yo lo sabía, ni siquiera todo eso que veía por mi ventanilla era mi Miami.

Debajo de la línea de sombra

André de Leones

I

Fue hace cuatro años, en Silvânia; fui para encontrarme con él y luego escribir al respecto para un periódico de la ciudad, o no.

Él estaba sentado en un costado de la silla; la pierna derecha enyesada reposaba sobre un banquito de plástico y los ojos miraban hacia fuera. A través de la ventana veía el patio cubierto por una nube pesada, baja: era todo sombra.

Me aproximé: ¿Puedes hablar ahora?

Sin desviar los ojos —no los dirigió para adentro, para mí—, dijo: No es verdad que me rompieron la pierna allá. No fue allá arriba. Me rompí la pierna aquí; ya había vuelto, ya estaba de regreso. Es lo primero que necesitas saber.

No me importaba que se hubiera roto, o que se la hubieran roto, sea aquí o allá; su pierna no me interesaba, sus ojos no me interesaban, aunque, claramente, sería un detalle sórdido si se la hubieran roto allá arriba, como dijo él, del otro lado, cuando, o un poco después de, temerariamente, en aquella desesperación de irse, de cruzar la frontera y de ser atrapado, agarrado, hecho prisionero y, unas cuantas semanas después, deportado; pero la pierna en sí, lo que le podría haber sucedido, era poco en comparación con el viaje en su totalidad, en su fracaso, y yo le dije: Me importa muy poco tu pierna.

Esta gente de aquí habla demasiado, prosiguió él como si no me hubiera oído, y luego: ¿Y qué es lo que te importa? ¿Qué quieres saber?

Me encogí de hombros: Lo que me quieras contar.

Tal vez deberías oír a alguien que se fue y se quedó, que está allá.

Me encogí de hombros otra vez: Creo que eso tampoco me interesa, ya que nunca estuve allá. Aquí sí. Sé lo que es escaparse, querer irte, lo mismo que tú quisiste, yo ya me fui tantas veces de aquí, pero nunca para allá. Si me parara para oír a los que están allá, no sabría pesar lo que dicen, comparar con cualquier otra cosa, tendría que creer lo que me dijeran, y sólo porque nunca estuve allá. Eso es muy poco para mí. Casi nada. Prefiero oír de ti, oír lo que tienes para contar.

Él meneaba la cabeza, no parecía convencido.

Insistí, reiteré: Yo realmente prefiero oír lo que tú tienes para contar, pues sé lo que es estar aquí y querer huir y tú sabes lo que es huir y ser obligado a regresar.

Por primera vez, dirigió los ojos para adentro, hacia mí, y dijo: Pues yo no quiero irme nunca más, de ningún modo.

II

La frontera como línea de sombra, como lugar común de nuestro tiempo, construcción precaria, espacio por naturaleza conflictivo, incompleto o por completar, siempre carente de afirmación, de que sea afirmado y reafirmado, marcado y demarcado por otro y a cualquier costo. Era en eso que pensaba al entrar en su casa para entrevistarlo, para oír lo que me quisiera contar. Yo pensaba, un viaje tan largo e incierto y peligroso para cruzar una línea como esa, semejante espacio de sombra, ¿y luego? ¿Una vez en los Estados Unidos de América, abrasileñarse aún más, o no, inmiscuirse en la "colonia", en la masa indistinta de latinos, la verdadera sal de la tierra, algo así?

O: Ganar dinero, dijo.

No.

Lo que dijo fue: Juntar dinero.

Cruzar la frontera, aquella frontera, establecerse del otro lado como pudiera, sobrevivir, juntar dinero y, luego, volver. El camino a la inversa, mucho menos arriesgado. El camino a la inversa, de un lado al otro de la sombra, a través de la línea, de la frontera. La frontera (pensé, me acordé, leí en algún lugar) es la relimitación de la base física de un país, sí, los extremos de su cuerpo, pero no de su organismo.

Él no lo dijo, pero inferí a partir de su charla (factual, lineal, poco imaginativa, victimista) que el problema fue, al cruzar la frontera, haberse llevado consigo algo de aquella línea de sombra, haber sido contaminado por ella, marcado, y que, no por casualidad, ser apresado justo después, capturado, rendido, atrapado, no decir nada, no reaccionar, acostado en el suelo, la boca llenándose de tierra y de terror, puede ser que me maten y me tiren por aquí, me conviertan en un ejemplo.

Nunca sentí tanto miedo, me dijo. Nunca me sentí tan mal.

III

Desde el punto de vista de quien se aventura a cruzar una línea de sombra así, de esa manera, ilegalmente, existe la América del Norte y lo que promete: hay desde una idea muy vaga y romántica hasta otra, muy clara y amarga, dependiendo de la inexperiencia de quien internaliza esto o aquello otro. Nada que se pueda comparar con la Zona Sur de "el Río de Janeiro de las telenovelas", ése sí, un espacio etéreo, despegado de la realidad, violentamente *fake*. Hollywood tal vez sea más libre, ya que permite, aunque raramente, alguna autoironía, sea buena o mala, no importa.

No era como en una película de acción, dijo. Estaba más cerca de una película de terror.

Terror: Él usó la palabra dos veces.

Pero, ¿viste la frontera?

No elaboró una respuesta, se limitó a erguir los hombros y mirar nuevamente hacia fuera, la misma sombra de antes, pero era evidente que la frontera había quedado inscripta en él, como una marca. No irse nunca más, de ninguna forma.

¿La idea que te haces de Estados Unidos cambió después de lo que te pasó?

Seguía mirando hacia fuera. Nunca me hice ninguna idea de los Estados Unidos, ni buena ni mala, nunca compré nada de eso. Pero, bueno, es un lugar donde las cosas medio que funcionan un poco mejor, ¿no? Entonces pensé: me voy allá a ganar dinero y después me regreso. Me quedé parado tanto tiempo, nada pasa por aquí, nada aparece; por el contrario, las cosas van desapareciendo y nosotros, digo, yo y tú, gente joven, nos quedamos perdidos, no logramos ver nada en ningún lado, ninguna salida, ni mierda. ¿Qué más podía hacer? Tenía que irme, intentarlo por lo menos.

¿Y después volver?

Volver cuando tuviera alguito, sí, después de un tiempo.

¿Nunca se te cruzó por la cabeza irte para no volver más?

No.

¿No?

Me gusta estar aquí. Aquí no hay nada. Pero me gusta.

Se quedó callado por un momento, no sabía que más preguntarle. No sabía cómo escribir sobre lo que me había dicho, no tenía mucho que contar. Intenté irme, pero no lo logré.

Aquel árbol de mangos allí es muy viejo, comentó después de un rato. Creo que fue mi abuela quien lo plantó. Ella sí tiene un montón de historias. Deberías entrevistarla a ella y no a mí.

¿Y qué me contaría? ¿Sobre el día en que plantó ese árbol de mangos allí?

No sé, respondió encogiendo los hombros, encogiéndolos como si en verdad dijera: No importa, solamente escucha. Enseguida continuó: Creo que al fin y al cabo no hace ninguna diferencia. Estar aquí o allá, ¿entiendes? Irse o quedarse.

Porque somos desterrados e hijos de desterrados, estaremos siempre en el destierro, pensé, y mientras pensaba, cogité, se me pasó por la cabeza decirle, tú y yo: desterrados, pero no se lo dije, ¿cómo podría?, ¿por qué diría una cosa así?, incluso porque no haría la menor diferencia, aquí o allí, arriba o abajo de la línea de sombra, sí, fue lo que dijo, lo que acababa de decir, aún resonaba en mis oídos, irse o quedarse, estar aquí o allá no hace en verdad la menor diferencia, ¿no es cierto?, de este o de aquel lado de la frontera, cualquier frontera, no importa: todo es sombra.

Y entonces Dios

Diego Fonseca

1

Nada en el plato parecía prometedor. El pescado llegó montado sobre una luna de aceite y la campana de arroz se desmoronó apenas el mesero depositó la vajilla en la mesa. Pero Alberto lo comió todo y limpió con el pan los restos y hasta se bebió el vino blanco con el ansia desbocada. La angustia, debo decir, tenía domicilio en su rostro.

Yo comí poco. Mi estómago me tiene a mal traer. Mis intestinos se han declarado en rebeldía franca después de años de maltrato. Lo que me echo a la boca se va tras vueltas y revueltas. Pedí una ensalada: lechuga, atún, tomate: decente. Condimenté con oliva, bebí agua.

Alberto ordenó café. Lo seguí. Era una tarde sabrosa.

El Villagio solía ser (es) un restaurante concurrido pero ese mediodía languidecía. De espaldas a S. Le Jeune Road, ocupa una de las esquinas del disciplinado patio interior del Village of Merrick Park, un centro comercial de fastos en Coral Gables, pensado para una Miami que sólo existió unos años, un rato.

Fuera de la que ocupábamos con Alberto, nada más había otro par de mesas con gente. En una de ellas unas señoras mayores se hundían en esos *bowls* de ensaladas muy americanos, un cazo profundo que guarda los restos de una fronda talada. Extraño para un mediodía de esos en que el sol templa el almuerzo y la brisa de otoño trata a la Florida con mano suave. Miami a pleno, dejándose querer.

Alberto era (es) casi el mismo Alberto de siempre. El rostro tostado al caramelo, esas dermis angelicales sin siquiera un primer pasto de barba. Los ojos vibrantes, oscuros como un pozo. El cabello negro y espeso, tirante y húmedo, peinado hacia atrás, afinándole los rasgos a la calabaza que tiene por cabeza. Alberto es más bien retaco y barrigón y porta el bulbo del estómago con distinción: su Polo está siempre planchada. Ese mediodía vestía pantalones gris perla de algodón fino, aéreo, muy de él, y zapatos náuticos azules que, con seguridad, debía haber comprado un tiempo atrás —cuando la perfección era posible— en Cole Haan, a unos metros del restaurante.

Pasamos un buen rato sin hablar. Yo con los codos sobre la mesa, Alberto balanceando la pierna. Se había echado contra el respaldo de la silla, la vista por ahí, como si estudiase el pelo del tronco de las palmeras o la curvatura de los neumáticos de los pocos autos que cruzaban (cruzan) San Lorenzo Avenue o la parsimonia vacuna de la gente que pastoreaba con bolsas de Jimmy Choo y Nordstrom.

Su café se quedó allí, frío; yo acabé el mío. En la última hora su celular vibró cinco o seis veces largo tiempo: la señal del impaciente. Nunca atendió.

En un momento unos pájaros trinaron demasiado alto, un auto rugió de manera propia y nuestras burbujas hicieron pop y nos miramos a la cara con el rostro sobresaltado de quien sale de una siesta a empellones. Alberto llamó entonces al mesero y pidió la cuenta; y es allí, en el tiempo que separa su pedido del arribo de la charola con el ticket, cuando le hago una pregunta, una sola, final, definitiva. Quise saber si, después de todo el asunto, iba a poder arreglar su vida, ordenar sus cosas, volver a la normalidad.

—Después de todo el asunto —digo—, ¿vas a poder arreglar tu vida, tus cosas, ser normal? ¿Vas?

Alberto se tomó el tiempo y, al final, dijo que sí, pero ambos supimos (sabemos) que la respuesta era (es) incompleta, que carecía de cierre, que aún faltaba un remate. Me lo dijeron su mirada perdida, el pie revolviendo el aire como una cuchara marea el café, la respiración contenida, las manos trenzadas tras la nuca. Me lo dijo mi expectativa —o mi deseo o mi oficio.

Entonces llegó.

Alberto chupó oxígeno, avivó el nervio, buscó su tacita helada y tragó de una sola vez el tintico amargo. Se dejó caer otra vez en la silla, la misma posición: un cuerpo vencido.

—¿Vas a arreglar tus cosas? —digo, y mi mirada pregunta con más fuerza.

—Si Dios quiere —dijo él, y sus ojos volvieron a la nada.

II

Hubo un tiempo en que Alberto creía que podía doblarle el brazo al mundo, empezando por *Corporate America*. Ese tiempo duró poco menos de dos años, un suspiro para el pulmón de la historia. Hoy mi amigo teme que los bancos lo lleven a la quiebra de por vida, lo demanden hasta quitarle los dientes y lo hundan en el fango de una humillación universal.

Alberto, que una vez tuvo algo, está perseguido por la idea de quedarse en nada. Para cuando el siglo se había tragado un quinquenio, y medio mundo creía vivir la boba felicidad millonaria de *The Beverly Hillbillies*, Alberto compró una casa en Doral, un barrio de latinos de clase media en las afueras del condado Miami-Dade. La casa le costó casi medio millón de dólares. En un momento dado, él, como muchos, no pudo sostener más la hipoteca, y con la deuda impaga se fue la casa. Alberto dejó su mundo dorado, su creencia en la riqueza perpetua y se convirtió en una caricatura estadística: un nombre en el formulario de propiedad de una casa de cartón desahuciada por un banco.

Alberto amaba esa casa. Dos plantas, cuatro habitaciones, comedor, sala, cocina y garaje para dos autos. Techos de teja española, una estructura sólida de soportes con paredes falsas de mampostería, pisos de falso parqué y falsas molduras prefabricadas. Un artefacto de paneles de yeso, Durlock y papel piedra. Una impostación, una simulación de hogar, pero era suyo. A Alberto poco le importaban mis burlas: vivía en esa casa de muñecas, una McCasa más costosa que su vida, en un McCondominio de Legos idénticos, serializados como envases de Coca-Cola de un modo que yo nunca comprendí. Había trabajado para eso: quería aquello. No era su culpa que Estados Unidos hubiera hecho de un sueño una fórmula de factoría.

—Esto es la sovietización de la arquitectura gringa —le decía yo.

—Es mi casa —me respondía.

—Sos Ronald McDonald: ponele una M al techo y vendé hamburguesas.

—Es mi casa.

Era su casa.

III

Otra vez: hace años, cuando todo era normal, Alberto creía en la acumulación perpetua del capital, y el mundo le daba la razón. El planeta había abandonado las leyes gravitacionales de Newton y flotaba en un mar de dinero. Todos entendíamos de finanzas —o eso creíamos.

Alberto trabajaba en una cadena que vendía e instalaba equipos de audio y video de alta gama, caros y pretendidamente exclusivos. Era uno entre una docena de vendedores que rondaban los cincuenta años, a sus cuarenta y pocos, el más joven de todos. Alberto era —es— un hombre de rutinas. Llegaba al trabajo cinco minutos antes de abrir, el último en irse. La misma camisa azul los lunes, el mismo pantalón gris el miércoles, los mocasines café el viernes. Hincaba la rodilla a diario, solo y antes de las ocho, en la iglesia de los Ministerios del Buen Pastor, en Doral. Con la familia sólo asistía a la ceremonia de media mañana del domingo. Se había convertido al evangelismo, agotado por la demanda pastoral de suplicio y calvario terrenal de los católicos. Los otros, cuanto menos, no sentían culpa por forrarse.

Estaba casado con Andrea, una rubia de ojos grises muy luminosos y picardía en la voz y el trato. Alberto y

Andrea eran padres de Melina y Linda, las mellizas, el rostro de la madre, el color cobrizo del padre. Melina estudiaba Mercadotecnia en la Disney University, en Orlando; Linda se había anotado en University of Miami School of Business. Eran dos muchachas simpáticas y relativamente bellas, especialmente atractivas para los estudiantes gringos. Melina salía con uno de los gigantones que vestían el traje de Pluto en Disney; a su hermana la coqueteaba otro tan alto como un corredor de los Hurricanes.

Alberto siempre trabajó duro. Cuando llegó a Miami, su primera vivienda estaba en Hialeah. Duró poco: mucho cubano, poco Colombia. Un departamento horrible que olía a aceite quemado, apenas apto para el tipo de solteros que gastan South Beach vendiendo un pasado glorioso improbable en las tierras donde los bien parieron. Como materia y como símbolo, el departamento no lo representaba. Alberto había cursado mercadeo en la Universidad Javeriana y, aunque nunca terminó los estudios, aprendió rápido y supo aprovechar cada clase. Pero eran los noventa y Bogotá estaba agujereada por la narcoguerrilla. Los coches bomba, esa imprevisible y ubicua amenaza urbana, acabaron por agotarle la paciencia y, como sus hijas eran aún pequeñas, decidió marcharse. Llegó a Miami con un capital complejo: pocos ahorros, muchas expectativas y ningún deseo de regresar a Colombia.

Su primer trabajo fue como *valet* de autos. Era un tipo solícito que debía buena parte de su fortuna al trato agradable, la ropa en perfecto estado y la sonrisa de almirante. Cuando entró como *valet* en Segafredo, el café del área financiera de Brickell, se convirtió en uno de los aparcacarros más requeridos. Allí condujo por primera vez un Ferrari y un Aston Martin. Le gustó el aroma del cuero caro y nuevo, la agresiva dulzura de sus motores, el ícono.

Para cuando logró hacerse con la posición en la tienda, mudó a la familia a Doral. Allí sí, empezó a sentirse casi como en casa: poco cubano, mucho venezolano.

La tienda de electrónica fue su Trump Tower. La Reserva Federal había abierto el grifo para los créditos baratos y la economía encontró allí el combustible para recuperarse del pinchazo de la burbuja de Internet y de los atentados del 9/11. Los bancos abrían sus puertas sin restricciones, como supermercados en rebaja. Sin pensárselo dos veces, Alberto montó la ola, la segunda en llegar a Miami poco más de dos décadas después de que el dinero del vicio pavimentase la ciudad.

Aquellos años que alumbraron *Miami Vice* —los duros años— no fueron del todo ajenos a Alberto, sin embargo. Fred y Jameson, hijo de judíos cubanos uno y de una empleada postal de Coconut Grove el otro, ambos vendedores rapaces, contaban que a la tienda llegaban sujetos morosos con valijas hinchadas de efectivo que abrían directamente en las cajuelas de los autos. La cocaína electrizaba el cuerpo de Fred durante el día y Jameson se ahogaba en vodka por las noches. De lunes a lunes, jóvenes y poderosos, los dos cerraban tratos en *disco parties*. Un cliente le regaló un Lexus usado a Fred nada más que porque le agradaba su trato simplón; a Jameson le entregaban fajos de billetes de cien dólares sólo porque, a pedido del cliente, conseguía adelantar uno o dos días la instalación de un equipo de audio.

En cada conversación con sus nuevos colegas, Alberto fue presentado con aquel mundo de deseos posibles, y lo incorporó a su vida. Por eso cuando le llegó la oportunidad del gran dinero no se sintió extraño ni incómodo: la Miami de la plata suculenta era parte de su memoria emotiva. Al segundo año en la tienda, la familia se compró un pequeño departamento en Vero Beach, un área con potencial al norte de Miami Beach. Era otra casa de zapatos —las ventanas daban a techos grises donde se secaba ropa recién lavada y los vecinos eran jubilados malhumorados—, pero era también el primer pie de concreto en su sueño. Se mudaron de inmediato.

Al tiempo comenzaron a entrar los bonos gruesos. Jugadores de los Heat y los Dolphins, Lenny Kravitz y Ricardo Arjona se equipaban en la tienda. Una multimillonaria italiana, un pintor argentino, un sujeto que decía representar a Ricky Martin. Decenas de rusos se hicieron *habitué*. Alberto, que era un vendedor especialmente esmerado con los mayores, tenía su público entre la antigua comunidad judía de Miami-Dade. Los sabía dinero viejo. Sus primeros grandes bonos provinieron de ancianos que adquirían televisores monumentales que no precisaban y equipos de audio cuyo manejo les resultaba incomprensible.

En el momento en que la comunidad latina hizo su ingreso al consumo por la puerta grande de la fiesta, Alberto se convirtió en una estrella refulgente de la tienda. Los clientes le referían nuevos prospectos; sus ingresos explotaron. Miami seguía engordando con el dinero inyectado por los créditos de los bancos y la bondad de la Fed. Era su turno, el de la ciudad y el del vendedor colombiano. El tren estaba detenido, esperaba por él.

IV

Una segunda hipoteca permitió refinanciar el departamento de Vero Beach a una tasa menor y a treinta —y no veinte— años. Alberto se compró un BMW y regaló a Andrea una Toyota 4x4. Su mujer también se había zambullido en la cornucopia. Tenía ya una licencia de agente de bienes raíces y, aunque su negocio era marginal, generaba comisiones de miles de dólares vendiendo propiedades a inversores de Bogotá, Cali y Medellín. Las niñas crecían sanas y la familia fue por más: la casa con patio, la McCasa de dos plantas que yo conocí.

Alberto tomó un crédito especial muy común en aquellos años llamado *subprime*. La familia tenía ingresos suficientes y empleos fijos pero El Banco —como lo llamaba Alberto, acentuando su importancia, como si las mayúsculas pudieran oírse— no pidió mayores referencias ni papeles. La cuota de la hipoteca se ajustaría en función de varios índices. La casa estaba construida en el McCondominio de Doral y la familia, como hizo antes con la cajita de zapatos de Vero Beach, se mudó allí sin pérdida de tiempo.

La vivienda, en términos generales, era una verdadera necesidad pues el departamento de Vero Beach resultaba ya pequeño para dos adultos y dos adolescentes crecidas. Pero en vez de opciones más razonables en precio y cercanía en la misma zona, Alberto y Andrea se dejaron tentar: querían darle un buen masaje al estatus. Doral se valorizaba a base de emigrados latinoamericanos de relativo buen pasar, entre ellos una multitud de venezolanos que repartían su tiempo echando pestes a la Revolución Bolivariana, tostándose en las playas de arena suave y comprando indumentaria cara con intragables logotipos gigantes.

Una segunda razón se llama "racionalidad de la irracionalidad", y es un asunto más complejo, pues interviene un estimulante puro, la materia del deseo. En menos de una década, el valor de las casas se había multiplicado en el país hasta cinco veces. Manadas de consumidores regaban saliva, el riesgo suplantaba a la cocaína, a las mucamas les brillaban los ojos. Muchas familias refinanciaron sus hipotecas y muchas otras compraron segundas y terceras —y hasta cuartas— viviendas para incrementar su capital. Demasiados creyeron que el cohete que se llevaba los precios a otro planeta jamás bajaría a la Tierra.

Pero entonces comenzaron a asomar los pies bajo la manta corta. Muchos hipotecados no pudieron hacer frente a sus cuotas y dejaron de pagar. Un nuevo grupo —dueños de casas que ahora valían menos que sus deudas— amplió la onda expansiva. La explosión de la burbuja inmobiliaria reveló, de súbito, la irracionalidad de suscribir créditos millonarios cuyos pagos demandarían dos o tres vidas consecutivas de trabajo. Muchos descubrían del peor modo una pesadilla escondida en el sueño americano: antes que comprar una casa, eres comprado por una deuda.

Fin de época: ardió Roma.

Wall Street. Cataclismo bancario. Puestos de trabajos que se evaporan. Caída libre. La confirmación de que las hegemonías se destruyen en ciclos cada vez más veloces.

Ardió Roma.

La crisis fue la mayor vivida por Estados Unidos, aun más nociva que la Gran Depresión de 1929. En aquellos años, el país iniciaba el proceso de construcción de su primacía como potencia dominante, la que consolidó a partir de la Segunda Guerra Mundial. Ahora, la racionalidad irracional aceleró el proceso de su excesiva dependencia del gasto, su competitividad abollada. Antes América simbolizaba el triunfo de Occidente; ahora el balance se trasladaba al Asia y China presentaba credenciales para discutir en el centro del *ring*. Aquella nación dinámica, muscular, veloz como un atleta de élite comenzó a parecerse al Estados Unidos a pie de calle: hipertenso, enfermo de obesidad, venido a menos, fofo, el corazón en un puño.

God Bless America. Adiós Roma.

Para Alberto, el proceso equivalía a enfrentarse a sí mismo: había escapado de Colombia —del desastre, de la ausencia de expectativas— corriendo en una pista circular. El pasado era el presente; la historia, un eterno duplicado.

Pronto, la matriz de la cadena notificó que comenzaría con cierres programados de sucursales en diversos estados. El humor en la sucursal de Miami se agrió. Jameson llegaba a trabajar oliendo a vodka barato, Fred maltrataba a la gente.

Alberto trató de mantener el tipo. Se ocupaba de los clientes heridos, pero su situación también era compleja pues había comenzado a demorarse en los pagos del departamento de Vero Beach. Después de unos meses sin noticias, cuando todos esperaban que la calma no fuera preanuncio de nada, la matriz de la casa central informó que también clausuraría la filial en Miami. Tras eso, cada noticia fue un largo descenso al ahogo. Andrea dejó de vender propiedades. Los gastos de escuela de las mellizas Melina y Linda y el nivel de vida que llevaba la familia no dejaban mucho margen para ahorrar. Cuando la sucursal finalmente cerró —no era un día gris ni tormentoso: era una tarde húmeda e infernal—, Alberto y familia ya estaban demorados tres meses con la hipoteca de la McCasa de Doral. Unos días después, el correo golpeó a la puerta con una notificación de *foreclosure* del banco.

Todo sueño tiene un anverso odioso y pedestre malamente llamado vida real.

V

Yo dejé Miami por un trabajo en Washington, D.C.

Poco tiempo antes de la mudanza, en un último encuentro en un restaurante indio de South Beach, Alberto me contaría que habían dado con un abogado especializado en arreglar deudas pesadas como las hipotecarias. Saltaron mis alarmas: la economía ya olía mal y mi amigo me señalaba con inocente fascinación el perfecto descenso circular de un pájaro carroñero en sobrevuelo.

El abogado se comprometía a gestionar descuentos sobre la deuda de la casa a cambio de una tarifa de gastos mensual y un porcentaje de la reducción de la deuda una vez que el banco aceptase el acuerdo. Trasladar la gestión con un banco, preparado de antemano para lidiar con malos pagadores, fue suficiente para Alberto, que habló con Andrea y decidieron contratar al tipo. En la primera reunión, el abogado les ordenó que detuvieran todo pago al banco mientras él se ocupaba de la negociación. La familia obedeció y, por alguna razón, las comunicaciones de los dueños del crédito se detuvieron.

Mi mudanza a Washington fue tranquila y, ocupado como estaba con hallarme en las nuevas coordenadas, durante los primeros meses no supe de Alberto. Un día, nadando en Facebook, un amigo en común de Miami publicó en su estatus algo que picó mi atención: "Albertito", decía, "se caga en la crisis". Debajo venía una foto, que de inmediato me ilustró sobre su displicente nueva vida. Allí estaba él, siempre con sus Polos y los pantalones de capitán de barco. Había perdido peso y entre la mayor delgadez, el barnizado perpetuo y la sonrisa equina daba la impresión equivocada: no un sujeto en serios problemas económicos sino un millonario en vacación a perpetuidad.

La historia es que Alberto y Andrea se habían quitado de los hombros y los bolsillos la presión de las hipotecas e iniciado una serie de viajes propios de una época de bonanza económica. Pasaron por Italia un mes, con estadías en Roma, Milán y Florencia y largos paseos por los viñedos de la Toscana. Fotos fechadas unos meses después documentaban un segundo viaje con comidas y bebidas en el Var francés, alojados en una *petit maison* de Niza, en París y, unos días después, montados a un catamarán en Amsterdam y frente a la Puerta de Brandeburgo. Otras decían "Praga", "Un paseo rápido por Grecia" y "Rusia"—dos de ellas llevaban la etiqueta "El Cremlin", con ce. Y más: luego vino Texas, en casa del novio de una de las hijas; y Orlando, durante el receso universitario de la otra. La Navidad de 2009 la pasaron en Colombia y el año nuevo de 2010 y todo enero en Saint-Martin. Leía los planes para el año siguiente: crucero por Alaska, una probable visita a amigos en Madrid, el Gran Cañón durante la primavera y, si dios ayudaba —siempre dios—, las playas de talco de las Seychelles.

Era una actividad maratónica, toda en poco más de año o año y medio, que demandaba cantidades de dinero que no podía imaginar. Andrea contaba en Facebook que seguían viviendo en la McCasa de Doral y que llevaban largo tiempo sin pagarle un centavo al banco. En su muro, respondió a la consulta de una amiga informando que el abogado estaba tras El Banco: procuraba probar que había concedido el crédito a Alberto y Andrea con la intención de estafarlos, abusando de su buena fe.

Intrigado por la maniobra, escribí a Alberto, sin esperanza de respuesta, pero me sorprendió con un *e-mail* inmediato. Me contó que había leído en *Time* diversos casos de expedientes de clientes con créditos similares al suyo que habían sido extraviados por los bancos. Tenía sobradas expectativas en que su abogado —al que parecía considerar el súmmum de la sagacidad— pudiera determinar lo mismo. Según él, si su expediente estaba perdido, se libraría del crédito de por vida o, como mínimo, podría ampliar el tiempo de gracia.

Tras ese intercambio, volví a perderle la pista. Mi nuevo trabajo me absorbía, había sido padre y debía ocuparme de mi familia. Cada cierto tiempo volvía a su página de Facebook, que dejó de actualizarse con frecuencia. A cuentagotas y luego de varios meses supe que Alberto y Andrea no hicieron el viaje a Europa ni tomaron el crucero a Alaska aunque se movieron por el país. Yellowstone, por ejemplo; Los Ángeles y Las Vegas. De las Seychelles no había menciones. Seguían en el aire, una idea inconclusa.

VI

Regresé a Miami a mediados de 2010 y fuimos a comer al restaurante del centro comercial en Coral Gables.

Alberto ya no tenía cuenta bancaria y su *rating* de crédito se daba palos con el de un balsero cubano. Pagaba todo en efectivo y escondía el dinero, sin sorpresa, en la McCasa de Doral. El grueso estaba tras un muro falso del sótano y otro tanto en casa de la suegra.

Al tiempo que dejé Miami, Alberto montó su propia venta de equipos de audio y video, que manejaba desde la casa con el teléfono celular y una digna página en Internet. El negocio vivía de la comunidad judía y de los latinos —hormigas indestructibles.

Supe en Miami que, tras su muda desaparición, El Banco había regresado con una carta poco amistosa. De un día para el otro, el antiguo crédito de la McCasa había pasado a un *debt collector*, un despacho de abogados especializado en retorcer el pescuezo financiero de los individuos con deudas de plomo.

Alberto sospechaba que El Banco había contratado un detective para investigar su vida. Había vendido los dos autos y comprado uno usado, de menor calidad, que compartía con Andrea. Estudiaba escribir a las universidades para solicitar una reducción en la matrícula de las mellizas. Estaba eliminando de Facebook las fotografías de sus viajes y Andrea cocinaba más en casa pues ya no podían justificar las comidas diarias en los restaurantes. La familia no dejaría la McCasa de Doral aunque los servicios del McCondominio hubiesen empeorado y el mantenimiento fuera más costoso. Los intentos por desprenderse del departamento de Vero Beach, para terminar, acababan siempre en un callejón sin salida: nadie quería pagar lo que pedía y él no deseaba aceptar ofertas menores al valor de adquisición.

De repente, el abogado dejó de devolver las llamadas.

Luego una de las muchachas debió dejar los estudios.

La ansiedad engordó a Andrea y la gordura reveló diabetes.

La segunda hija perdió el pelo.

A Alberto lo visitaron dos veces los paramédicos por una hipertensión y un ataque de pánico.

En el restaurante, a media comida, le pregunté si era ciertamente consciente de todo por cuanto había pasado. De su responsabilidad en el asunto.

Pensó un poco: dijo que sí. Me costó creerle.

—¿Quién podía imaginarse que este país era tan parecido a los nuestros? ¿Por qué tenía que asumir que esto también es Belindia?

El sol asomó tras una nube náufraga y golpeó a Alberto en el rostro. Él se devolvió y yo le sostuve la mirada.

Alberto sonrió un poco. Muy poco, y volteó a la calle.

El mediodía se mantuvo amable y poco más se movió alrededor. Los *valets* conversaban entre ellos: no había autos para acomodar. De cuando en cuando pasaba alguna pareja de señoras o una madre paseando su niño en el *stroller*. Podría quedarme aquí toda una vida: el silencio, el sol perfecto. Una pecera.

Es en ese instante que quiero saber si Alberto todavía se siente con confianza, si tiene fe, si cree que puede salir de ésta.

—¿Vas a arreglar tus cosas? —le digo.

Y entonces el café frío, el trago seco y amargo, el suspiro largo, y dios.

Dicho hacia el sur

Eduardo Halfon

Días de disparos

El día después de cumplir diez años me partí en dos. Era agosto del 81. Eran días de disparos. Guatemala era un caos político y social. Recuerdo tiroteos, disparos sueltos, combates en las calles y barrancos y hasta uno enfrente del colegio, con todos los alumnos recluidos. Recuerdo al nuevo guardia de seguridad que llegaba a la casa en las noches y se sentaba al lado de la puerta principal envuelto en un poncho, con una enorme escopeta sobre el regazo y un tibio termo de café en las manos. Recuerdo cuando mis papás nos anunciaron que nos iríamos del país. Yo estaba en la orilla de mi cama, recién bañado, con el pantalón del pijama aún en las manos. Tardé en comprender. Tardé en terminar de vestirme. El día después de mi décimo cumpleaños, entonces, salimos huyendo con mis papás y hermanos hacia Estados Unidos, y yo me partí en dos.

Madre y madrastra

Volamos al sur de la Florida. Fue exactamente el mismo vuelo de siempre —mismo avión de Pan Am, mismas dos horas y pico de Guatemala al Aeropuerto Internacional de Miami, misma sonrisa de la aeromoza y alitas de plástico y libro y crayones para colorear, mi misma náusea y arcadas en la bolsa de papel. Pero esta vez había algo distinto. El sentir era distinto. Aunque mis papás nos habían dicho que sólo estaríamos fuera del país hasta que se calmara un poco la tensa situación política y social, que sería una mudanza temporal, no parecía muy temporal. Mi papá había vendido la casa. Mi mamá, mientras la vaciaba y empacaba todo en maletas y grandes cajas de cartón, nunca paró de llorar. Me convencieron de regalarle mi bicicleta a mi mejor amigo. En el colegio hubo una fiesta de despedida, con pastel y aguas gaseosas y canciones en inglés. Parecía más como el inicio de una gran aventura, como si nos estuviéramos alistando para unas vacaciones muy largas. Yo no sentía nervios, ni ansiedad, ni miedo. No sé por qué. Quizás porque nos estábamos yendo al mismo apartamento donde cada año solíamos pasar las vacaciones escolares, en un suburbio de Fort Lauderdale llamado Plantation.

Mi papá era golfista. Llevaba una vida de golfista. Tenía allí, en Plantation, amigos golfistas. Y pues, unos años atrás, había decidido comprar un apartamento donde pasar todos juntos las vacaciones, un apartamento pequeño, con dos dormitorios y dos literas y un porche encerrado que daba justo al green del hoyo dieciocho de una cancha de golf. Mi hermano y yo creíamos que era nuestro propio hoyo dieciocho, nuestro propio green. Sólo teníamos que empujar la liviana puerta de cedazo del porche, tomar dos o tres pasos, y practicar allí nuestro poteo, o jugar unos cuantos partidos de canicas, o acaso, tras un día entero nadando en la piscina del club, acostarnos boca arriba y medio desnudos sobre el césped fresco y sedoso.

Pero este viaje fue distinto. Todo se sentía más pesado —el aire, la humedad, los minutos, las maletas, los semblantes de mis papás, sus gestos y ademanes, hasta sus palabras habían perdido esa ligereza que siempre las teñía de blanco durante nuestras vacaciones en Plantation. Había prisa. Prisa por llegar a las reuniones y pruebas de aptitud de mi nuevo colegio privado. Prisa por tallarme el nuevo uniforme y comprar mis cuadernos y lapiceros, mis nuevos libros en inglés.

Y así, en nada, antes de entender realmente qué estaba pasando, inmerso ya en un nuevo idioma que aunque no me era tan ajeno tampoco era el mío, me encontré bien sentado en el pupitre de un aula perfecta, solemne, artificialmente fría.

De ese día en adelante pertenecería yo indistintamente a dos mundos, a dos países, a dos culturas, pero sobre todo a dos idiomas. Mi lengua materna le iría cediendo espacio a esa lengua intrusa, bárbara, a esa mi nueva lengua madrastra. Aprendería, con los años, a amar y odiar a las dos.

Periférica, extranjera, flotante

Mi abuelo materno era de Polonia. Llegó a Guatemala en 1945, después de la guerra, después de Auschwitz. Jamás, en los siguientes sesenta años hasta su muerte, quiso volver a Lodz, su ciudad de origen.

Mi abuela materna era de padres sirios, quienes huyeron de Alepo y llegaron a América y, debido a una vida itinerante y llena de naipes —mi bisabuelo, entiendo, era un jugador empedernido que despilfarraba todo el dinero de la familia en apuestas—, sus hijos fueron naciendo en México, en Panamá, en Cuba, en Guatemala. Ninguno de ellos, jamás, volvió a Siria.

Mi abuelo paterno era de Líbano. Él y sus siete hermanos y hermanas huyeron de Beirut a principios del siglo XX (mi bisabuela murió en esa huida, y quedó enterrada en algún cementerio de Córcega). Quizás empleando una estrategia comercial de sobrevivencia, ellos decidieron que cada hermano y hermana se instalaría en una ciudad distinta: en París, en Guatemala, en el Distrito Federal mexicano, en Cali, en Lima, en La Habana, en Nueva York, en Miami (el tío abuelo que más recuerdo, guapo, cantante de ópera, hacedor de negocios con la mafia italiana de Miami, pasó tiempo en una cárcel de la Florida por ser un gigoló). A mi abuelo libanés, tras un tiempo en París, le tocó rescatar de la bancarrota a su hermano en Guatemala. Allí conoció a mi abuela. Y allí se quedó. Y nunca más, en medio siglo, volvió a Beirut.

Mi abuela paterna nació en Alejandría, Egipto. Con sus padres y hermanas, zarparon cuando ella tenía siete años. El barco, tras varios meses en altamar, finalmente ancló en el primer puerto de Centroamérica y, según la leyenda familiar, mi bisabuelo creyó que estaba llegando a Panamá, donde vivía uno de sus primos lejanos. Se bajaron. Y allí permaneció mi abuela, en Guatemala, hasta su muerte.

Yo soy el nieto de cuatro inmigrantes. De cuatro inmigrantes judíos. De cuatro inmigrantes que de pronto se insertaron en un país nuevo, en una cultura ajena, en una lengua extraña. Pero también soy nieto de cuatro inmigrantes que, por alguna razón, se sacudieron de sus países de origen como uno se sacudiría el polvo de las manos o de los pantalones, depende. Jamás volvieron. Jamás quisieron volver. A lo mejor, encerrados en sus respectivas comunidades judías, jamás se sintieron parte de esos países, de esas culturas, y entonces les fue fácil sacudirse de ellas. Pero jamás —y este detalle cierra o acaso abre el círculo— llegaron a formar parte de su nuevo país centroamericano. Mis cuatro abuelos vivían en Guatemala de una manera periférica, extranjera, flotante, desde afuera, en una especie de limbo cultural. Estaban allí pero no estaban allí. Parecían de allí pero no lo eran. Puros fantasmas. Puros camaleones. Pienso en el arte de la mímesis de los judíos. Pienso en el personaje Zelig, de Woody Allen. Pienso, claro, en la palabra diáspora. Pero la palabra diáspora, me parece, ya no alcanza, o ya es muy pequeña, o ya no sirve sólo para describir al pueblo judío.

Pese a que desde que salimos, en agosto del 81, he vuelto a vivir períodos de mi vida en Guatemala, podría admitir sin ningún titubeo que, al igual que mis cuatro abuelos, yo realmente nunca he regresado ni regresaré a mi tierra natal.

La marea

La primera pregunta que yo les hacía a mis abuelos era por qué Guatemala. Y sus respuestas, más allá de cualquier lógica o simpática leyenda familiar, siempre contenían un elemento de azar. Ninguno de ellos sabía realmente qué lo había llevado hasta Guatemala (la marea, me respondió alguna vez mi abuelo polaco, que supongo es la mejor respuesta que puede dársele a un nieto curioso). Pero estoy seguro de que los cuatro responderían lo mismo a la otra pregunta, la indecible, la irrefutable, la única que siempre ha sido y siempre será la misma para cualquier migrante del mundo: por qué salir, por qué huir, por qué dejar todo atrás. Y supongo que, a esta pregunta, la respuesta de mi abuelo polaco sería la misma que la de mi abuelo libanés; y sería la misma que la de un inmigrante ilegal latinoamericano aquí en Nebraska (donde ahora vivo y escribo estas líneas); y sería la misma que, hace más de un siglo, hubiese dado también aquí en Nebraska un vaquero cabalgando hacia el Oeste, o un italiano llegando a Ellis Island, o un irlandés llegando a Fell's Point en Baltimore. No es una respuesta filosófica, ni profunda, ni política, ni literaria, ni poética. Al contrario. Las personas se mueven, las personas nos movemos, aunque éste sea un tópico, en búsqueda de algo mejor. Esa búsqueda es la fuerza —para recurrir a un término más científico, de la primera ley de movimiento de Newton— que nos levanta y nos impulsa a movernos, a migrar. Pero ésa no es la única fuerza. Por toda fuerza que actúa sobre un cuerpo —aquí sigue la tercera ley de movimiento de Newton—, este cuerpo realiza una fuerza igual y contraria. Dicho de otro modo: las fuerzas siempre se presentan en pares de igual magnitud y opuestas en dirección. Dicho de otro modo: el movimiento del migrante no es rectilíneo. Dicho aún de otro modo: en el migrante ejerce otra fuerza, igual y contraria a esa primera.

Parménides y Heráclito

Alguna vez intenté hacer un recuento de todas mis casas, de todas mis ciudades, de todos los números de teléfono que he tenido en mi vida. De niño en Guatemala, de adolescente en el sur de la Florida, de universitario en Carolina del Norte, de ingeniero en Guatemala, de escritor en La Rioja española, y ahora de no sé qué en Nebraska, en el corazón más plano y árido de Estados

Unidos. Siempre envidié a esas familias que echan raíces y viven en una sola casa toda su vida. Las rayitas en la pared del niño que va creciendo. El inmenso roble del jardín cuya sombra ha refrescado y protegido a varias generaciones. El aroma de un hogar que sólo se gesta a través de décadas de alegrías y tristezas, de nacimientos y muertes: el inefable y denso aroma a familia. Pero al mismo tiempo yo no podría quedarme quieto. Nunca supe cómo. Algo me mueve. Algo siempre me ha movido. No sé por qué me he mudado tanto en mi vida, por qué me he sentido siempre como un extranjero en cualquier parte. Quizás mi búsqueda o migración permanente surge de algo íntimo, de una insatisfacción personal. Quizás es algo que aprendí de mis abuelos. Quizás desde niño, desde el día que cumplí diez años, fui educado así. Quizás es parte de mi herencia, de mi genética, de mis defectos de fábrica. Porque no es sólo que quiera irme —es que a la vez también deseo intensamente quedarme. Hay dos fuerzas simultáneas en mí: una que me mueve, y otra que me hace añorar no moverme, echar raíces, sembrar un roble, hacer rayas en la pared para marcar el crecimiento de un hijo o un nieto. Vivo, en fin, como tantos otros migrantes, repartido entre esos dos polos, desgarrado entre esas dos fuerzas de quietud y movimiento, aún chapoteando en las aguas del viejo río de Parménides y Heráclito.

Dicho hacia el sur

Recuerdo a un tipo gordo y de piel rosácea sentado en una silla de playa, sobre el césped crecido y seco del jardín frontal de su casa. Tenía puesta una playera sin mangas, una vieja pantaloneta de lona, y una gorra como de pescador, color militar. Estaba descalzo. En una mano sostenía una lata de cerveza, y en la otra una cartulina blanca y arrugada. Yo lo miraba desde el asiento trasero del carro, sentado entre mi hermano y mi hermana menor, y tuve que inclinarme un poco hacia delante para poder leer, en grandes letras negras: «Parking Ten Dollars». Empezaba a anochecer en Plantation.

Mi papá bajó su ventanilla, saludó al tipo, y le preguntó en inglés dónde podía estacionarse. Los carros parecían amontonados en el jardín y la acera.

—Allá —gritó en inglés desde la silla de playa.

—¿Dónde?

—Allá, allá —señaló el tipo con su lata, perezoso, como si esa lata le pesara—, atrás del azul.

—No sé si hay suficiente espacio —le dijo mi papá.

El tipo bebió un buen sorbo de cerveza.

—¿Cómo atrás del azul? —susurró mi mamá en español, por si acaso el tipo pudiera entenderla u oírla desde la silla de playa—. Pero quedará medio carro en la calle.

—Mejor andá, querés, y pagale al señor.

Mi mamá soltó algo similar a un bufido. Buscó su cartera.

—Y usted —agregó mi papá, viéndome por el espejo retrovisor—, acompañe a su madre.

Yo era el mayor. Me tocaba, supongo.

La brisa seguía húmeda y caliente. El tipo parecía hundido en su silla de playa. Nos miraba hacia arriba. Olía a alcohol y tabaco. Había más latas de cerveza en el césped, junto a sus pies rechonchos e inmundos. Noté que la casa tenía dos ventanas rotas. El cedazo del porche estaba rasgado. Un muro lateral lucía esa mancha oscura de óxido que por alguna razón siempre tienen las casas de la Florida.

—¿Diez dólares, entonces? —le preguntó mi mamá, volviendo la mirada hacia nuestra camionetilla Chevrolet color marrón ya perdida entre tanto carro, mitad encaramada en el jardín, mitad sobre la calle. Aunque era nueva, ahora me pareció cansada y triste. Como si la estuviéramos abandonando para siempre en una chatarrería.

El tipo agarró el billete con su mano sudada.

—¿Ustedes no son de aquí, verdad?

Mi mamá se mantuvo en silencio unos segundos, quizás confundida, o quizás la respuesta, tras pocos meses de haber huido nosotros de Guatemala, aún le era difícil.

—No —dijo—, no lo somos.

—Ya decía yo —empinándose su cerveza.

—Somos de Guatemala —continuó mi mamá, pronunciado el nombre del país con exagerado acento norteamericano: la G convertida en W; la T ahora mucho más suave; la E breve y atenuada. Sentí raro. De pronto, dicho hacia el sur, mi país era otro.

Incómodo, el tipo gruñó en su silla de playa. Aplastó la lata vacía en su puño, y la tiró sobre el césped.

—¿Por qué pregunta? —indagó mi mamá, su tono amigable.

El tipo se ladeó y recogió una lata nueva y la abrió y ésta pareció estallarle encima. Rápido sacó su lengua. Se puso a lamer la espuma derramada en sus dedos y en su muñeca. Luego, viendo a mi mamá hacia arriba, su mentón babeado, su lengua blancuzca aún de fuera, se quedó jadeando como un perro con sed.

Venimos como una gran familia

Guillermo Osorno

I

En una tarde asoleada de abril de 1997, cuando yo vivía en los Estados Unidos, los equipos nacionales de México y Estados Unidos fueron al estadio de Foxboro, sede de los Patriotas de Nueva Inglaterra, a jugar un partido de la ronda de eliminatorias para la Copa del Mundo de 1998. Los jugadores americanos entraron al campo, y la porra mexicana los abucheó, tan fuerte, que no era extraño preguntarse si había gringos en las gradas. El equipo mexicano apareció, y el abucheo fue todavía más fuerte. A los gritos de "¡U-S-A! ¡U-S-A!" le siguieron gritos de "¡MÉ-XI-CO! ¡MÉ-XI-CO!", y luego hubo aplausos feroces en los dos campos.

Los números importan. El equipo de *soccer* de Estados Unidos, que no tiene un estadio nacional, podría haber jugado este partido en cualquier parte; escogió Foxboro, un suburbio de Boston, porque en todo Estados Unidos probablemente no había otra arena tan alejada de una concentración importante de mexicanos.

Así, la porra mexicana tuvo que viajar desde lugares distantes. Por todo el estadio sostenían letreros donde se leía, en español: "L.A. apoya al equipo mexicano" o "Chicago está aquí".

Cuando el partido estaba a punto de comenzar, dos tipos blancos de aspecto *preppy* buscaban su lugar en la sección 320, fila seis. Después de cierta confusión, confrontaron a un par de mexicanos sentados en sus lugares. *"Sorry guys, but you have to move"*, dijo uno enseñando su boleto.

Los mexicanos estaban perplejos. Sacaron sus boletos del bolsillo y compararon los números de asiento con los americanos. Los mexicanos —morenos, bajos y en sus veintes, más o menos de la misma edad que los gringos— tenían la fila siete, los asientos tres y cuatro. Miraron hacia atrás. Otros mexicanos ocupaban sus lugares.

"¿Cuáles son sus asientos?", preguntaron en español. En la fila siete, que estaba repleta, nadie sintió la necesidad de mirar su número. Simplemente, la gente se movió para acá y para allá creando dos espacios libres para Saúl Gómez y David Sierra. Saúl, que llevaba una camisa polo beige, *jeans* y una gorra negra, miró a su izquierda y le sonrió a un amigo. En la fila estaba la mayoría de la gente con la que abordó un autobús a las nueve de la mañana en la ciudad de Nueva York. Algunos de ellos son sus parientes.

Héctor Gómez, el primo de Saúl se había pintado la cara con los colores de la bandera de México, rojo, blanco y verde. Usaba un sombrero gigante, con un letrero en el ala que decía "¡Viva México, cabrones!". Sergio Gómez, otro primo, también se había pintado la cara y, adicionalmente, llevaba una peluca negra y una camisa de algodón sin cuello. Había decidido verse como un indio tarahumara de Chihuahua. Era un aspecto extraño para un partido de fútbol, pero como explicó en el autobús, quería salir en la televisión.

Saúl Gómez mostró un delgado bigote y una línea vertical de vello que se extendía de su labio inferior hasta la punta de su barbilla. Esto le daba un cierto aire de líder guerrillero y por eso sus primos le decían Fidel Castro. Pero también tenía un aspecto neoyorquino, espabilado y consciente de la moda de la calle. Tocó el hombro de uno de los *preppies* que le habían pedido que se moviera. *"We're gonna win and that's for sure"*, dijo.

"¡De pie!", dijo alguien detrás de Saúl. "Saluden, saluden a la bandera. Quítense la gorra."

Una cantante de ópera gorjeó una versión lenta del himno nacional mexicano. Saúl y su grupo trataron de cantar, pero como están acostumbrados al tempo de la versión estándar, terminaron más rápido que la cantante. Un momento de orgullo nacional se convirtió en un momento de confusión. "La próxima vez voy para allá y canto yo mismo", dijo Saúl un poco disgustado.

El himno de las barras y las estrellas reventó en las bocinas del estadio. Toda la porra americana cantó en perfecta sintonía y la canción terminó con un despliegue pequeño de fuegos artificiales que dieron energía a la audiencia. Parecía un poco injusto, pero así son los deportes. En un par de meses, México iba a recibir al equipo de Estados Unidos en el estadio Azteca, la meca del *soccer* en ciudad de México.

El árbitro hizo sonar el silbato y el partido comenzó. La gente tomó sus asientos, pero casi de inmediato estaba otra vez de pie. "¡GOOOOOL!", gritó la gente.

El extremo izquierdo Carlos Hermosillo anotó un gol extraño. Interceptando el saque del portero Kasey Keller, Hermosillo paró la pelota con la cabeza y ésta pasó encima de Keller hacia la red. La porra mexicana bailaba y cantaba: "¡MÉ-XI-CO! ¡MÉ-XI-CO!" El juego tenía menos de un minuto de haber comenzado.

Una vez más, Saúl tocó el hombro del *preppy*: *"And you have not seen the best"*, dijo en inglés.

Diez minutos después, México estuvo a punto de meter el segundo gol. "Saben", dijo alguien del grupo de Saúl orgullosamente, "los mexicanos son buenos en todo, pero en hacer dinero estamos jodidos".

II

Debido principalmente a esta diferencia de ingreso, México ha sido el principal proveedor de inmigrantes a los Estados Unidos en los últimos años. Algunas personas en Estados Unidos piensan que, a diferencia de otras olas migratorias, esta es especial pues los mexicanos permanecen cerca de su cultura de origen.

Poco antes del partido de fútbol, por ejemplo, leí un texto en *The Atlantic Monthly* del historiador de la Universidad de Stanford David Kennedy, donde argumentaba que los mexicoamericanos tendrán abiertas posibilidades cerradas a grupos de inmigrantes del pasado. "Tendrán suficiente coherencia y una masa crítica en ciertas regiones, así que, si así lo deciden, podrían mantener su cultura de manera indefinida. Podrían con el tiempo emprender lo que ningún otro grupo ha soñado: desafiar el actual sistema cultural, político, legal, comercial y educativo para cambiar fundamentalmente no sólo el lenguaje, sino también las mismas instituciones en las que hacen negocios".

Desde 1997, no sólo la migración aumentó (de hecho, la década siguiente vio un crecimiento inusual en el cruce de mexicanos a Estados Unidos. En 2008, el número de indocumentados mexicanos llegó a un techo histórico de siete millones), sino que también los argumentos contra los mexicanos se hicieron más fuertes y audibles. El profesor de la Universidad de Harvard Samuel Huntington publicó en 2004 *Who Are We?: The Challenges to America's National Identity* donde argumenta que la creciente migración latina amenaza en dividir a Estados Unidos en dos naciones. Y poco después, el historiador militar Victor D. Hanson argumentó en *Mexifornia: A State of Becoming* que la gestación de una entidad independiente por obra de la migración ya estaba teniendo lugar. Todos estos pensadores señalan que California o Texas, por ejemplo, podrían convertirse para los Estados Unidos en lo que Quebec es a Canadá.

Y en el estadio de Foxboro, en 1997, uno podía mirar un poco de eso que les preocupa a estos pensadores. La selección de Estados Unidos, jugando en su propio país, perdía, y su porra estaba superada por la de los mexicanos.

III

El largo viaje en autobús desde Nueva York le dio a los mexicanos del grupo de Saúl tiempo de sobra para empaparse de fervor nacional. El camión fue contratado por el dueño de una tienda de Brooklyn que vende productos mexicanos, desde comida hasta CDs. La tarifa incluía transporte y entradas para el partido. Aunque Saúl vivía en Queens, la mayoría de sus primos vivían en el Bronx, y ellos tomaron una *van* rentada que los llevó hasta Queensboro Plaza, el punto de embarque. Apenas ocuparon sus asientos en la parte de atrás del camión, desempacaron cervezas y refrescos, los depositaron en una nevera portátil de *styrofoam* y los colocaron en una mesa del camión.

"¿Quieres algo de desayunar?", preguntó Francisco Gómez, tomando la primera cerveza antes de que el motor del camión encendiera. Francisco es el más viejo de los Gómez, y tío de todos ellos. "Mata parásitos", añadió pasando una botella. Mientras la cerveza comenzó a fluir, la bandera mexicana fue desplegada.

¡Flash! Alguien tomó una fotografía de uno de los Gómez enseñando la bandera. Héctor, el miembro del clan más alto, grande y guapo, sugirió que debería pegarse la bandera a una ventana al frente del autobús.

Las banderas desempeñarían un papel importante en el viaje. "Ey, ey, pon la bandera de nuevo en su lugar", dijo Sergio una hora después mientras el camión se acercaba a Connecticut. La bandera se había caído y alguien en el autobús había notado la presencia de un grupo de motociclistas en la carretera, como treinta de ellos, que se veían poderosos, sexys y amenazantes. Sergio quería que los motociclistas se dieran cuenta que el autobús era mexicano.

"No seas estúpido", dijo Leobardo, un amigo de los Gómez que vive en el Bronx y es padrino de un hijo de Francisco. "Podrían ser racistas. Ven la bandera y vienen a patearnos".

"O tal vez son maricones", añadió Sergio.

"Miren, nos están escoltando", observó Héctor.

"¡Esconde la bandera! Nos van a venir a madrear", insistió Leobardo.

"Sólo son unos pinches riquillos", dijo el tío Francisco, rompiendo de alguna manera la amenaza de los motociclistas.

De vez en cuando, el autobús pasaba otros camiones llenos de aficionados mexicanos. Cuando esto sucedía, había gritos, bailes y movimientos de bandera.

Pasó un carro blanco con un niño que sostenía una bandera de Estados Unidos. "Pinches gringos", gritó Sergio, mirando fuera de la ventana. Parecía que iba a comenzar a intercambiar señas obscenas con el niño, pero lo pensó mejor.

A medio camino, Leobardo desempacó tres pequeños frascos de pigmentos para la cara, rojo, blanco y verde, que uno de los hijos de Héctor compró en una tienda en el Bronx. Los frascos causaron gran alboroto y Sergio fue uno de los primeros en formarse para que lo pintaran. Pidió que su cara fuera dividida en tres secciones de color, con un punto negro en la nariz. "El escudo nacional", dijo, refiriéndose al águila que come a una serpiente en la bandera mexicana.

"No va alcanzar", dijo Leobardo después de pintar la cara de Sergio y a otros seis o siete más. Algunos pasajeros —gente que los Gómez veía por primera vez— se formaron para su untada de colores nacionales en la mejilla.

Entonces, el camión se paró de manera violenta. Sergio, que estaba parado en el pasillo, perdió el equilibrio chorreando la botella de cerveza en su asiento (que, como el autobús, parecía nuevo) y se mordió el labio inferior por la sacudida. Se paró inmediatamente, pero sangre, sangre real y no pigmento, chorreaba por la parte blanca de su cara. Para Sergio, el resto del día fue un largo batallar para recuperar el buen humor.

Conforme el autobús entró al estacionamiento del estadio, el asistente del organizador del viaje —un hombre robusto en sus treintas que los Gómez llaman Brazo de Plata por su parecido con un luchador profesional mexicano— tomó el micrófono y advirtió a los pasajeros: "Venimos como una gran familia", dijo. "No queremos problemas. Si nos empujan, no vamos a empujar de vuelta. Tenemos que enseñar que somos gente educada. Todo el mundo manténgase en calma y ¡Viva México!"

IV

El mediocampista estadounidense Claudio Reyna obtiene un tiro libre después de que el mexicano Duilio Davino, en la disputa por la pelota, le clavó los tacos en la espinilla.

El tiro de Reyna cae en Alexi Lalas, la estrella de su equipo, quien a su vez da un pase a Wynalda, quien encuentra a Eddie Pope en el área. "¡GOOOOOL!", el estadio ruge. "¡U-S-A! ¡U-S-A!", cantan los aficionados americanos. Ellos también ondean la bandera y tienen la cara pintada. Ellos también tienen confeti y fuegos artificiales, apagando a la porra mexicana.

El buen humor de los Gómez parece desertarlos. De vez en cuando, tratan de animarse cantando ¡MÉ-XI-CO! pero el estado de ánimo ha cambiado así como el progreso del partido. Le tomó a los americanos algún rato, pero ahora están protegiendo la pelota mejor, manteniéndola lejos de los mexicanos.

La primera parte del partido termina en un empate —no es algo que los mexicanos esperaran. Saúl se para y unos minutos después regresa con dos vasos de cerveza, uno para él y otro para su mejor amigo, David. Explica cómo fue que compró la cerveza sin identificación. Se la pidió a un vendedor de cerveza hispano, invocando solidaridad de sangre.

Sergio, que dejó de beber después de su accidente, parece aburrido —un indio tarahumara aburrido con la bandera de México pintada en su cara. Héctor también se ve aburrido. Cuando la segunda parte comienza, Saúl y David beben sus cervezas y llenan los vasos de otras personas.

En el campo, Benjamín Galindo arrebata un pase fallido del jugador americano Thomas Dooley. Galindo patea el balón a Rafael Hernández, encontrándolo en un claro. Hernández maniobra y mete el segundo gol de México.

"¡GOL!", canta el grupo de Saúl, resucitado.

Frente a ellos, en un área más cara, otro grupo de aficionados mexicanos también bebe y corea. A diferencia de Saúl, ellos sí tienen identificación. Tienen muchas credenciales. Son miembros de la Sociedad Mexicana de la Universidad de Harvard (son más de doscientos y llevan las camisetas de la sociedad), junto con gente del Boston College, Tufts y el MIT. Chic mexicano.

El grupo de Nueva York está dominado por los hombres; sólo una mujer, la esposa del organizador, estaba en el autobús. Las esposas y las hijas se quedaron atrás. Entre el grupo de Harvard hay mujeres hermosas, altas, con cabelleras sedosas. Los aretes de perlas son comunes. Hombres y mujeres se ven como si fueran a presenciar una corrida de toros en ciudad de México —una actividad extremadamente popular entre las clases altas. Ellos hablan y se ríen del chiste que alguien oyó de un inmigrante mexicano. Sonríen ante la inventiva de gente común como Héctor, con su gran sombrero y su letrero de viva México cabrones. Llevan banderas en el hombro y también se han pintado la cara, pero sus banderas de alguna manera se ven perfectas, como mascadas de Hermès, y en vez del pigmento grueso y pastoso, aquellos con la cara pintada muestran un polvo fino distribuido de manera uniforme.

Ellos son o serán miembros de las clases profesionales en las grandes metrópolis de Monterrey, Guadalajara y ciudad de México. Nunca emigrarán. Algunos ya tienen trabajos esperando en casa. Los primos de Saúl, por otra parte, están aquí para quedarse. Son de Tulcingo, un pequeño pueblo del sur del estado de Puebla que desde los años cuarenta, cuando comenzó la revolución industrial en México, ha estado exportando campesinos, primero a la capital del país y luego a Estados Unidos.

La mayoría de los mexicanos en Nueva York son de esta parte. Las autoridades locales de Tulcingo calculaban en 1997 que 4,000 tulcingueños vivían en Nueva York y que sólo 11,000 quedaban en el pueblo. Saúl Gómez y el tío Francisco se fueron directamente de Tulcingo a Nueva York. Las familias de Héctor y Sergio vivieron primero varios años en las afueras de ciudad de México, pero ahora ambos tienen hijos que nacieron en los Estados Unidos. Héctor nunca regresó a vivir a México. Dio un gran paso adelante cuando se mudó a los Estados Unidos, pero culturalmente quedó en un limbo. Sus hijos Christian, de quince años, y Danny, de ocho, iban a la escuela en Nueva York. Christian y Danny se convirtieron en americanos.

"No somos ingratos", dijo Héctor hablando de las oportunidades que tenían sus hijos en Estados Unidos. Añadió que si el equipo de Estados Unidos estuviera jugando contra cualquier equipo menos México, él estaría de su lado. Sin querer, él y otros tulcingueños tenían probablemente más cosas en común con los aficionados americanos que con los mexicanos de Harvard.

Pero aquella tarde, la distancia entre Tulcingo y Harvard estaba enmascarada. No es que hablaran entre ellos, pero ambos grupos gritaban las mismas cosas: ¡CUUU-LEEE-ROOO! ¡CUUU-LEEE-ROOO!, le decían al árbitro. Lo mismo hacía la gente de Chicago y Los Ángeles que estaba distribuida por todo el estadio.

V

El mexicano Luis Hernández le hace una entrada fuerte a Lalas. El árbitro saca la tarjeta roja: está fuera. Fue una expulsión injusta. Incluso algunos gringos están de acuerdo.

En el campo, sin un jugador, los mexicanos se ven vulnerables. En las gradas, el contingente de Nueva York apenas presta atención al partido. Alguien ha tratado de comenzar una ola, una ola mexicana. Saúl es un gran entusiasta. Se para, levantando las manos, pero la ola se detiene en la sección a su izquierda que está llena de estadounidenses enojados con el marcador.

Y de repente, la ola se levanta, espléndida, majestuosa. Es un espectáculo extraño. Una fuerza de la naturaleza. Mientras Saúl se concentra en la ola que se acerca, algo sucede en el campo. La ola se para en seco. Accidentalmente, Ramírez ha cabeceado la pelota en la portería de su equipo. Estados Unidos empata a México, 2-2.

"No lo vi", se queja Saúl en medio del barullo provocado por el autogol. "¡Carajo!"

Minutos después, el partido termina. Es un empate, pero para muchos mexicanos, una derrota.

VI

De regreso a Nueva York, Saúl y su amigo David bebieron brandy que Héctor vertió en una botella de Coca Cola. El empate no fue un buen resultado. El autobús iba callado. Saúl, acariciando la botella de Coca en sus manos, bebía por el gusto de beber y contaba historias de su vida en Nueva York. Trabajaba como ayudante de cocina en un restaurante de Manhattan. Una vez fue enviado a la cárcel después de que la policía lo sorprendió aventando piedras a la casa de unos puertorriqueños que lo habían estado molestando. Saúl tenía problemas con los puertorriqueños. Desde el *high school*, dijo, lo miraban para abajo. Tenía el mismo problema con los dominicanos y con los negros americanos, sin mencionar a sus empleadores, que son la mayoría blancos.

Las relaciones dentro de la comunidad mexicana en Nueva York tampoco eran fáciles. Las pandillas iban en aumento. Algunas eran organizaciones criminales que distribuyen drogas entre los inmigrantes. Algunos eran simplemente adolescentes que pelean contra otros adolescentes por el mismo territorio. Saúl tenía amigos que han sido golpeados por los miembros de estas pandillas, conocía algunas personas que fueron asesinadas. Y el SIDA había pegado a la comunidad mexicana, dijo. Uno de sus amigos, Homero, había muerto en Tulcingo de una enfermedad relacionada con el SIDA; eso le contó su hermana, que vive en Tulcingo.

"Si pienso en las mujeres con las que me he acostado", dijo Saúl, "no estoy muy seguro de mí mismo". No había tomado precauciones.

Mientras más bebía Saúl, más hablaba. Asumió la custodia total del brandy, y de vez en cuando lo derramaba de manera descuidada.

"A nosotros los mexicanos nos gusta beber", declaró Saúl, las sílabas gateaban en su boca. "Es algo que llevamos en la sangre".

Pero nadie en el autobús está bebiendo como él. Después de un par de vasos de brandy con cola, sus primos estaban viendo una película de acción en las pantallas de TV que colgaban desde el techo. Ni el mismo David, que había estado bebiendo con Saúl, pudo consumir tanto licor como su amigo. El cuello de Saúl no pudo sostener su cabeza por mucho tiempo más. Divagaba un poco antes de perder por completo el poder del habla.

Abandonó su asiento y dio bandazos hasta el frente del autobús, golpeando a otros mientras pasaba. "¡Papi, papi!", gritó, abrazando a su tío. Luego se paró de nuevo y caminó por el pasillo hasta la parte de atrás del autobús, donde dio de puñetazos a la puerta del baño.

"¿Por qué te volviste tan bravo?", gritó Francisco. "¡Contrólate, m'hijo. Si no sabes beber, no bebas!"

Brazo de Plata tomó a Saúl por atrás y lo tiró en un asiento vacío mientras la película de acción pasaba por las pantallas del camión, creando un *soundtrack* perfecto a las peleas.

Saúl logró evadir a Brazo de Plata, sólo para lanzarse sobre Héctor, a quien agarró y besó. Héctor dijo algo sobre maricones, pero esta vez su chiste tuvo giribilla. Brazo de Plata dominó a Saúl en un asiento. Luego saltó sobre él. Saúl trató de pelear, pero pronto se rindió.

"Creo que ya se le paró", dijo Brazo de Plata después de unos minutos de yacer sobre Saúl. Los Gómez rieron de buena gana.

A medio camino, el autobús se detuvo en un McDonald's. La mayoría de los pasajeros, bajos, morenos, con cara indígena, se mezcló con la gente de los suburbios de Connecticut. Saúl se durmió en el camión, exhausto.

Del McDonald's a Nueva York, el viaje fue tranquilo. Ahora que Saúl dormía, la furia se fue de su cara. David, su amigo, hablaba en lugar de Saúl, contando sus historias. Tenía veintidós años, estaba casado, tenía un hijo. Trabajaba en una tintorería en el Upper West Side de Manhattan, encargado de manchas difíciles. En Tulcingo, aprendió el oficio de la sastrería, y soñaba con regresar a México, donde pensaba que podía practicar su oficio.

Después de una breve parada en el Bronx, donde los Gómez se bajaron, el autobús cruzó el Triboro Bridge hacia Queens. La vista de Manhattan por la noche era espectacular. Una ciudad soñada, con rascacielos brillantes.

"Se ve preciosa", dijo David. "Pero no es tan preciosa cuando has vivido y trabajado allí".

I Am Magical

Yuri Herrera

Para que se entienda lo que sigue, posteo aquí una historia previa a mi experiencia americana en Berkeley: el día de los avionazos en el World Trade Center yo estaba en El Paso y me enteré del ataque primero por una llamada de Florencia, que lo veía por la televisión en México, luego a través de la radio de mi despertador. Me vestí, fui a la oficina y alcancé a ver cómo las torres se desplomaban sobre sí mismas sin resistencia, pero todavía no veía los choques; esa noche fui a casa del poeta Miguel Ildefonso, que sí tenía televisión, y miramos una y otra vez las imágenes de los aviones estrellándose, y cada vez que los Boeing se incrustaban en las torres me llevaba las manos a la cabeza, incrédulo cada vez, una y otra vez, quince, veinte veces incrédulo no de que a alguien se le hubiera ocurrido, sino de que alguien finalmente se hubiera atrevido. Bebíamos bacardí limón, terciado.

Al día siguiente alguien nos vio el semblante y referimos los tragos. Una muchacha que escuchó la historia dijo que Miguel y yo nos habíamos emborrachado para celebrar el ataque; no era cierto, por supuesto —el ron estaba ahí porque solía estar ahí—, pero justifiqué la infamia como una respuesta a la frustración: ese día me pareció que los gringos no sólo estaban razonablemente encabronados por el ataque, sino doblemente encabronados porque podía sentirse, entre la mayoritaria población mexicana, que aunque había expectación, miedo, solidaridad, no había —en realidad no— rabia, ni reaccionábamos como si eso hubiera sido la peor ignominia en la historia de la humanidad, porque no lo era.

Tuve la oportunidad de observar esa independencia de criterio en El Paso los siguientes meses y años: me parecía que ahí había una población que pensaba libremente (es una de las pocas ciudades texanas donde W. nunca pudo ganar); sin embargo, el discurso público era el mismo que permeó todo el país a partir de esa mañana: martirologio colectivo, nacionalismo militante, suspicacia, arrogación del derecho a meterse donde fuera y secuestrar a quien se les ocurriere. Casas y casas y casas —y por supuesto, todos los edificios públicos y todos los bancos— ostentaban mantas donde se manifestaba apoyo a las tropas, o se rendía homenaje a las víctimas del 9/11, o se pedía venganza; cualquier acto oficial dentro de la universidad se convertía en un espectáculo de pleitesía al presidente y los patriotas que lo rodeaban. Y la prensa, por favor ¿algún día habrá un mea culpa por la manera en que la prensa estadounidense en su conjunto renunció a su tradición crítica para convertirse en una repetidora de la propaganda del Ejecutivo? Parecía una población afásica, que simplemente no podía identificar lo que estaba ahí, frente a sus ojos, y gracias a ello el resto del gobierno de W se convirtió en un festín para la organización criminal reaganiana que se dedicó a devastar países, instituciones y el menor asomo de decencia en el gobierno.

Después de casi tres años, me mudé a·Berkeley, que era como una especie de aldea de Asterix resistiendo el mal: heroica aldea ecologista, multiétnica, pacheca, liberal y deambulable y tan *in-your-face!* En la universidad había todo el tiempo clases o conferencias de gente inteligentísima hablando claro y alto y proponiendo formas de resistencia ante la operación mafiosa de los republicanos; fuera del campus parecía como si todos hubieran pasado por la universidad, desertado de ella y puesto en práctica lo que discutieron ahí.

Fue en Berkeley donde por primera vez oficiales de gobierno pidieron enjuiciar al presidente, fue en Berkeley donde surgió Move On, una de los organizaciones clave para el triunfo de Obama años después; de Berkeley salió Green Day. Había gente de todas partes, comida de todas partes, muchas bicicletas y en los autos, bumperstickers que decían If You Are Not Outraged You Are Not Paying Attention. Pero, también, muy pronto comencé a escuchar las críticas de algunos, en especial amigos que vivían a unas cuadras, en Oakland, quienes odiaban la autocomplacencia berkeleyana, el solipsismo que a los locales hacía imaginarse que el mundo iba cada vez mejor porque en Berkeley todo se hacía mejor; acusaban que el progresismo de la ciudad se hubiera convertido en eso, un *bumper sticker* efectista; se me señalaba la hipocresía de que la ciudad había prohibido que se hiciera investigación armamentista dentro de los límites de la ciudad, mientras la universidad mantenía fuera de ella laboratorios que trabajaban con la Secretaría de la Defensa; se me informó que el jefe del Departamento de Leyes, John Yoo, era el psicópata que había diseñado la justificación legal del uso de la tortura en los sospechosos de terrorismo. Hice caso omiso porque así es cuando uno se enamora y porque esas faltas me parecían muestras de humanidad en un remanso utópico, y porque sostenía que eran algo que no tenía que ver con el espíritu de la ciudad. Pero es justo ahora dar cuenta de lo que la exacerbación de ese espíritu, como la de cualquier ficción metafísica, puede generar.

Un día contemplé —bear with me— el lado oscuro de la fuerza.

Sucedió tras una visita a Todd, The Bubbleman. Solía ir a lo de Todd con Heather McMichael o con Pablo Guerra (que también gozaban de años de lectura y escritura en aquel oasis californiano); ahí, mientras uno miraba las pequeñas ramitas cristalinas bajo un microscopio, y mientras uno jugaba con Captain Jack, un gato gordo y como circunspecto y flojo, y mientras uno cataba y cataba y cataba, Todd comentaba las noticias, o el campeonato de básquet o de beisbol, más frecuentemente, las películas indispensables en cartelera; lo cual era muy útil porque saliendo de lo de Todd, The Bubbleman, lo mejor que uno podía hacer era irse a comer o a mirar una película animada. Ese día Heather no pudo ir, con lo cual la actividad pos-Todd se reveló claramente gastronómica (en esa época Heather se alimentaba básicamente de power bars, así que los restoranes no le interesaban mucho).

Decidíamos —o tratábamos de concentrarnos en decidir— hacia dónde movernos cuando Pablo dijo Ya sé, hay un lugar que quiero que conozcas. Bajamos hacia la zona del gourmet ghetto, en Shattuck Avenue, y en el camino no quiso revelar nada acerca del sitio al que nos dirigíamos. Cuando llegamos, el lugar, fuera de tener un color un tanto demasiado folk, no me pareció que entrañara nada extraordinario. O quizá es que he contado tantas veces esta historia, enfatizando siempre algunos elementos de ella, que hay otros que se me olvidan. No recuerdo, por ejemplo, la actitud de la anfitriona que nos condujo a la mesa —lo cual debió haber sido importante—, sin embargo recuerdo el color rosado de la mesa, alargada y con bancas de ambos lados, que debíamos compartir con quien quisiera ir a comensalizar a nuestro lado. Desde ese primer momento hubo algo que no me gustó. No es que no hubiera compartido antes una mesa con extraños (montón de comidas corridas en el D.F. se consumen en mesas compartidas, y en más de una ocasión lo había hecho en taquerías en Juárez), pero había algo en el modo en que la mesera te sonreía al aprobar tu existencia, y había definitivamente algo en los precios, que a uno le indicaba que eso no era por necesidad ni por comodidad sino por sépala qué experimento sociológico: en el centro de la mesa había una caja con tarjetitas como las del Maratón que proponían interactuar con el prójimo; la que saqué pedía: "Dile a la persona que está a tu lado qué es lo que te parece más hermoso de ella". ¿Qué chingaos es esto?, pregunté, mirando de soslayo a un matrimonio probablemente cincuentón de vestimenta über colorida que desde otra mesa enviaba buenas vibras y que sin duda esperaba que volteáramos a mirarlos francamente para invitarnos a compartir con ellos el pan y la sal (orgánico y de mar, sin duda y respectivamente). Oh, espera, decía Pablo, y yo insistía ¿Qué mierdas vamos a comer aquí? y él repetía Que esperes, te digo.

Vino la mesera. Preguntó cómo estábamos ese día, dijimos que Fine y pareció alegrarse mucho porque respondió, moviendo la cabeza y mostrando todos todos los dientes Oh, that's won-der-ful!, articulando cada sílaba con medida energía. Luego dijo Les voy a dejar el menú y regreso, tómense su tiempo.

Entonces fue cuando vi los nombres de los platillos. La comida no había merecido aquí nombre de comida. Todos los platos habían sido nombrados en honor de algún sentimiento positivo que uno se atribuyera a sí mismo, sin importar —creo— la relación del sentimiento con los ingredientes. Así, por ejemplo, el I am Thankful era una ensalada de aguacate con champiñones, el I am Insightful unos rollitos con montón de verduras y especias (¿necesito subrayar que éste era un restorán vegan?), el I am Sensational era algún tipo de pizza, el I am Fortified una hamburguesa vegetariana, etcétera. Por alguna razón misteriosa, la gente que diseñó originalmente esa carta había decidido que una parte de sus platillos eran "mexicanos", pero una lectura de la descripción de sus ingredientes revelaba que aquello era la negación de todo lo puro y bueno que hay en la comida mexicana (es decir: el picante, la grasita, la carne): el I am Transformed era un "taco plate" con ensalada y aderezo balsámico, el I am Wise era un "quesadilla plate" con macadamia y col. Afrentado, decidí pedir una lasaña y un jugo energético, pero cuando volvió nuestra mesera y debimos ordenar, no registró mis deseos cuando dije Quiero lasaña y jugo, puso cara de incomprensión y preguntó ¿Cuál? así es que tuve que decirlo: quiero un I am Fabulous y para beber un I am Worthy. Pablo, si no me equivoco, pidió un sushi I am Accepting y de beber un té de ruibarbo I am Precious. Antes de irse, la mesera dijo Ahora voy a hacerles la pregunta del día, reflexiónenla y cuando vuelva con sus platos díganme lo que han encontrado dentro de ustedes; la pregunta del día es ¿qué tengo en abundancia?

Nos quedamos en silencio un buen medio minuto después de que se hubo ido. Ahí fue que le dije a Pablo: Éste es un lugar malvado. No sabía por qué, pero me daba escalofríos pensar en lo que podía estar sucediendo en aquella cocina. Tanta bondad, tanta buena vibra, debían estar ocultando algo horroroso; en algún momento entreví a los cocineros por entre el parpadeo de la puerta batiente y me pareció que también ahí sonreían, no como uno puede sonreír en un trabajo que le gusta, sino como sonríe un conductor de televisión, entusiasmándose ante cada estupidez que tartamudea el respetable. Y ahora tenía que abrirle mi corazón a esta gente, Y además nos van a cobrar, añadí. Pablo se reía de modo malsano y decía A ver, reflexiona, reflexiona. Supongo que podría haber elegido como respuesta: amibas, o vello púbico, pero —ya he mencionado todos esos dientes— la sonrisa de la mesera transmitía a la vez hospitalidad y autoridad, así es que cuando llegó, Pablo dijo que lo que tenía en abundancia eran palabras (y ciertamente, cuando andaba de buenas, no se le podía callar) y yo dije que tenía proyectos —hágame usted el cabrón favor— y la mesera nos miró con una mirada profunda y significativa a cada uno y nos dijo, como si de veras de veras lo sintiera: That's awesome. Sólo entonces regresó a la cocina y trajo lo que habíamos ordenado, diciéndonos al entregarlo: You are fabulous, you are accepting, you are worthy, you are precious.

Inapetente, comencé a aventurarme en mi lasaña vegetariana con desconfianza, como quien picotea un animal a ver si está muerto. Estaba buena. No muy buena, ni muy insípida; muy saludable, eso sí, nada que uno no hubiera podido cocinar en casa, pero quizá el precio incluía la exclusiva de que hubiera sido preparada por una especie de Asmodeo de la bahía. Terminamos pronto, en mucho menos tiempo del que habíamos aguardado, porque la experiencia había perturbado el viaje pos-Todd. Pedimos la cuenta, la mesera preguntó si habíamos disfrutado nuestros alimentos y, para mi vergüenza, contagiado por el tonillo bien vibroso, dije que todo había sido una delicia. Ah, great, dijo ella. Al salir, caminando bajo el macabro escrutinio amigable de la comensalidad del Café Gratitude, recordé a los muchos iluminados de distinto cariz que en algún momento habían pasado por la ciudad, entre ellos a los del People's Temple de Jim Jones que luego se suicidaron en Guyana; también a los del Ejército Simbiótico de Liberación, que alguien me había dicho habían planeado el secuestro de Patty Hearst en un café frente a mi departamento. Así de cerca está uno de la historia y de la ignominia.

Desde hace tiempo quería traerte porque sabía que ibas a odiar este puto lugar, dijo Pablo, una vez fuera del restorán.

Ésa es la clase de amigos que tengo.

Renuncio

Hernán Iglesias Illa

El único rastro visual de mi ceremonia de juramento a la Constitución de Estados Unidos es una foto que me sacó mi mujer y que tengo colgada en Facebook. En la foto estoy sonriendo pero haciendo una mueca extraña, con los brazos levantados y alzando, como si fuera un trofeo, encima de mi cabeza, el certificado de naturalización. Tengo puesta una camisa celeste, un saco finito de lana azul y *jeans* grises. Del hombro izquierdo me cuelga una cartera de cuero bastante poco masculina. Detrás de mí se ve un día hermoso de primavera, el vidrio-y-metal burocrático del edificio gubernamental, en Brooklyn, y un puñado de transeúntes distraídos.

Miro la foto, casi un año más tarde, y me doy cuenta de que la mueca de mi cara y mi gesto de celebración irónica reflejan bastante bien los sentimientos contradictorios de aquel día. Por un lado, no quería aparecer frente a mis amigos y contactos como alguien demasiado

contento con la idea de haber obtenido una nueva nacionalidad. Pero tampoco quería ser percibido como un frí-
volo o un cínico o un amargo. De ahí aquella postura
intermedia, un poco sobradora y un poco genuina, a mitad
de camino entre el expatriado pragmático y el inmigrante
emocionado, entre el ciudadano del mundo y el ciudadano de su barrio. Juzgándome ahora, con la perspectiva y
la ventaja que da la distancia, elijo ser piadoso conmigo
mismo: no sólo creo que la foto fue una operación exito-
sa —en los veintipico de comentarios en Facebook nadie
se burló de mí ni me acusó, como dirían mis compatriotas
argentinos peronistas, de "vendepatria"— sino que también fue una operación sincera, porque mi apariencia en
aquella foto se parece bastante a lo que sentía realmente.

En las semanas siguientes, ofrecí a varios editores
de revistas latinoamericanas una crónica sobre mi flamante doble nacionalidad y sobre los supuestos cambios on-
tológicos que aquel mojón administrativo había operado
en lo más profundo de mi ser. A ninguno de ellos le interesó demasiado, quizás porque yo mismo tenía bastante
poco para decir al respecto: en los *e-mails* prometía que el
juramento había provocado cambios fundamentales en
mi percepción de mí mismo, pero no decía nada concreto
ni daba demasiadas pistas sobre cuáles eran esos cambios.
Mi esperanza era que los editores se entusiasmaran automáticamente con la idea del cambio de nacionalidad, un
subgénero literario que parece perfecto para el ensayo
meditabundo sobre el espinoso tema de la identidad —
preguntas importantes: ¿Quién soy? ¿De dónde vengo?
¿Cuál es mi hogar?—, pero sobre el cual, una vez que uno
se pone a intentarlo, no hay realmente mucho para decir.
Mis editores probablemente detectaron esto. Me respon-
dieron con los murmullos dilatorios habituales, que los
freelancers experimentados sabemos leer como señales de
poco o ningún interés.

Quizás es la época, pensé, intentando consolarme. Antes, nuestra nacionalidad era una parte esencial de las personas que éramos, de cómo mirábamos al mundo y de quiénes reconocíamos como parte de nosotros. Ahora, quiero creer, no tanto: ahora, quiero creer, agarramos los ladrillos de nuestras identidades heredadas —país, religión, clase social, equipo de fútbol— y tratamos de construir con ellos un refugio nuevo, un poco parecido y un poco distinto al de los demás.

O quizás soy yo: quizás soy un tipo más apátrida que el promedio y se nota —al menos en los correos con propuestas de notas— que le doy tanta importancia, o más, al avance de mi estatus legal en Estados Unidos que a los cambios en mi ADN patriótico o mi relación con mis raíces. En todos estos años en Nueva York, mi proceso legal-migratorio ha estado más marcado por el runrún funcionarial de conseguir un objetivo práctico que por la épica inmigrante de superación y conquista. Sobre todo porque fue un proceso fácil y corto, gracias al atajo de la legalidad vía matrimonio: me casé con mi mujer en el City Hall de Manhattan, un viernes de septiembre de 2005, para conseguir un permiso de empleo y aprovechar una oferta concreta de trabajo; y avancé con los trámites de naturalización, un par de años después, no porque constituyera el último paso de un estudiado arco narrativo-inmigratorio sino porque un día me llamó Jenny, la paralegal del estudio de abogados judíos puertorriqueños que había llevado mi caso, y me dijo que por 750 dólares extra podía empezar el papeleo para hacerme ciudadano estadounidense. Lo pensé cinco segundos y finalmente dije que sí, como a un encuestador o un telemarketer.

* * *

Pensándolo ahora, me doy cuenta de que en mi pragmatismo secular no sólo banalicé mi lealtad a Argentina, mi país de nacimiento, sino también la institución del matrimonio, a la que traté como otro rulemán auxiliar en el complejo engranaje de obtener un estatus laboral. Dicho así parece horrible, y probablemente muchos pensarán, con razón, que el patriotismo y el matrimonio (dos lealtades fundamentales en la vida de muchas personas) merecían más romance o emoción. Quizás tengan razón. Pero si busco dentro de mí una molécula de culpa o arrepentimiento o de "ojalá las cosas hubieran sido distintas", no la encuentro.

Lo que sí encuentro, en una libreta vieja que ya había garabateado y abandonado en un cajón de mi escritorio, son unas pocas notas sobre la ceremonia de naturalización. A medida que las hojeo, empiezo a acordarme mejor de aquella mañana y a rescatar un cariño por el acontecimiento que creía inexistente. La primera referencia, en la primera página, es para las dos mujeres que reciben a los trescientos candidatos y nos llevan en fila india hasta nuestros asientos. Leo mi letra, finita y azul, vertical y desordenada: La usher es rusa, la jueza es de Barbados —hablan con acento—; en nuestra bienvenida a USA todos, hasta los gringos, somos extranjeros.

La ceremonia es en un sótano sin ventanas de un edificio enorme del centro de Brooklyn, a pocas cuadras de mi casa. En la puerta nos hicieron dejar los cinturones y los teléfonos celulares. Acompaño a la rusa hasta una sillita de plástico y acero inoxidable en la fila diez del segundo bloque de sillitas de plástico y acero inoxidable y me siento, con los codos muy cerca de los codos de mis vecinos e inminentes compatriotas. Espío sus respuestas cuando unas chicas latinas bastante lindas nos reparten unos bloques de formularios en blanco. A la derecha tengo sentado a un pibe flaquito de pelo negro lacio y largo hasta la cintura, vestido con una camisa verde y pantalones verdes. Lo observo mientras llena los casilleros: nació en Myanmar, tiene 19 años, vive en Corona (Queens) y tiene un apellido asiático que no entiendo o no anoto en mi libreta. Sí anoto, porque me llama mucho la atención, su primer nombre: Longford.

Longford pasa a la siguiente página de la pila de formularios y se registra para votar: hace una cruz, para mi sorpresa, en el casillero del Partido Republicano. Arqueo mis cejas en silencio, evitando revelar mi espionaje, pero estoy pasmado: no sólo porque es raro encontrar republicanos registrados en Nueva York (donde casi el 80% votó a Obama en 2008), sino además porque Longford tiene 19 años, es birmano, tiene el pelo larguísimo y brillante y está todo vestido de verde. Nunca me lo habría imaginado republicano. Lo miro de cerca un rato, como enviándole señales eléctricas para iniciar un contacto e intentar descifrarlo, pero no reacciona. Longford, que no sonríe ni hace gestos de ningún tipo, se mantiene como un enigma. El que sí me devuelve las señales de contacto es Artan, sentado a mi izquierda, un rubio grandote y amable y visiblemente endurecido por años de trabajo a la intemperie, a pesar de que, según el casillero que acaba de llenar, sólo tiene 24 años. Artan nació en Kosovo y vive en Staten Island, del otro lado de la Bahía de Nueva York. Conversamos un rato: me cuenta que trabaja en una crew de instalación de *decks* y terrazas de madera en la empresa de su tío, también albanés, también de Kosovo.

Después de esto, mis notas hablan de una sola cosa: el aburrimiento. "No sabía que esto iba a tardar tanto", protesto en mi libreta. "No puedo estar sentado sin leer. No tengo el teléfono (me lo pidieron en la entrada) y estoy sin diario y sin libro, porque pensé que iba a ser una cosa rápida". Acostumbrado a la relativa eficacia de la burocracia gringa, había ido a mi ceremonia de naturalización como quien va a pagar una multa, esperando entrar y salir en diez o quince minutos.

Las primeras dos horas las pasamos en silencio, sentados uno al lado del otro, sin nada para decir (la conversación con Artan se acabó rápido; Longford sigue mirándose las manos) ni, mucho peor, nada para leer. Soy una de esas personas que no pueden estar solas con sus pensamientos y que necesitan tener algo a mano para leer. No puedo viajar en el subte sin leer y no puedo comer solo en un restaurante o en casa sin una revista o un diario o al menos un folleto publicitario. Necesito leer: necesito distraer a mi cerebro del abismo de quedarse a solas consigo mismo. Cuando, en un restaurante, veo a alguien que come solo, con la mirada perdida en la ventana o en los recovecos de su comida, me pregunto en qué estará pensando en ese momento, qué tonterías o epifanías le estará dictando el hilo de su mente. Y siento envidia, porque es algo que no he hecho nunca ni me creo todavía capaz de hacer.

Finalmente, después de otra hora en el sótano brooklyneano, la oficial barbadino-gringa pone los labios cerca del micrófono y nos pide que, cuando pasemos al frente a firmar los diplomas que nos convertirán en ciudadanos estadounidenses, indiquemos si queremos cambiar nuestros nombres. "Elegir el nombre propio, qué cosa más fabulosa", anoto en mi libreta. "Qué cosa más gringa: el mito de llegar a América y renacer". Un mito verdadero y con tonos religiosos, pienso ahora: emigrar es reinventarse (empezar otra vez), purificarse (bautizarse). Qué lindo tener disponible todo el universo de nombres y elegir para vos mismo —porque sí, porque te gusta cómo suena— el nombre de un condado irlandés o de una película con Jim Broadbent: Longford.

Cuando llego hasta la mesa con los sellos y los diplomas, leo que en la línea cuatro del certificado dice, en efecto, *New Name*, a la izquierda de un rectángulo en blanco. Paro un segundo para pensar y finalmente escribo, con mucho cuidado, "Hernán Iglesias", sin el "Illa" de mi madre y sin el "Agustín" de mi segundo nombre. El motivo, otra vez, es pragmático: estoy cansado de las confusiones y los problemas generados en todos estos años por empresas de celulares o suscripciones de revistas o agencias gubernamentales que —en un país donde no hay documento único de identidad— me mandan cartas a nombre de "Mr. Illa" o "Mr. Agustin" o "Mr. Hernán A.I. Illa" o alguna combinación de las anteriores.

Cuando parecía que estábamos cerca del final, nos mandan otra vez a sentarnos. Un tipo de la Human Rights Commission —un hombre gordo, de unos 50 años, rulos grises, camisa arrugada y probable origen cubano o dominicano— se para en el atril y nos explica en inglés cuáles son nuestros nuevos derechos como ciudadanos. No dice nada demasiado útil o revelador. Según mis notas, lo que más me llama la atención es su acento: Parece recién llegado. Habla peor que probablemente la mitad de los que estamos acá sentados.

El mismo *leitmotiv* que hace tres horas: nos da la bienvenida a la gran familia gringa un grupo de personas que no parecen (y quizás ni siquiera son) nada gringas. Llega otro juez, dando una serie de pasitos rápidos y nos cuenta, después de disculparse por su retraso, la historia de inmigración de su abuelo paterno, quien tuvo que emigrar dos veces desde Irlanda, porque la primera vez los médicos de Ellis Island, preocupados por una infección en el ojo, no lo dejaron entrar y lo mandaron de vuelta. El juez parece envalentonado por la historia de su abuelo, pese a que ya la debe haber contado cientos de veces. Recitamos finalmente la *Pledge of Allegiance* a la bandera de

Estados Unidos y repetimos, línea por línea, el texto del juramento de ciudadanía, que la oficial de Barbados nos dicta desde el micrófono. El texto dice en un momento que los aquí presentes "renunciamos y abjuramos" de nuestras nacionalidades anteriores y nosotros lo repetimos, sabiendo que no lo vamos a hacer.

Diez minutos más tarde, reunificado con mi teléfono, mi cinturón y mi mujer, estoy del otro lado de la calle, abajo de los cedros fortalecidos de mayo, sobreactuando mi alegría y posando un poco ridículo para la única foto que tengo de aquella mañana.

* * *

Uno de los cambios más extraños producidos por mi nacionalidad flamante, y uno de los más perceptibles, fue mi relación con el idioma inglés, que hablo, leo y escribo sin mayores inconvenientes —es lo que hablo en casa con mi mujer—, pero con algo de acento y un escalón o dos por debajo de los nativos. Todavía me pasa que estoy en el cine o en el teatro y la sala estalla en una carcajada llena de sobreentendidos y señales y yo me quedo en mi butaca mudo, quieto y humillado, incapaz de entender el chiste. (A veces no entiendo las palabras dichas por el actor; a veces entiendo las palabras pero no el chiste.) Hasta hace unos meses, cuando era solamente argentino, esto me molestaba un poco, pero no mucho. Pero ahora, que soy compatriota de mis vecinos de butaca, me parece inconcebible que no podamos reírnos todos de las mismas bromas. ¿Cómo puede ser que sea ciudadano de un país donde prendo la televisión y a veces no sé de qué están hablando? Esta pregunta, que normalmente no debería ponerle los pelos de punta a nadie, últimamente ha empezado a volverme un poco loco.

Durante mucho tiempo había disfrutado aquella condición mía de outsider de la vida estadounidense, la del tipo que escribe en un idioma extranjero para publicaciones extranjeras y que, cuando tiene ganas —pero sin zambullirse—, moja las patitas en el gran caldo de la cultura americana. Ahora siento que me han arrojado al medio del caldo y estoy aprendiendo a nadar, un poco en contra de mi voluntad pero obligado, porque si no nado —si no me agringo: si no me atrevo a ocupar la pantalla y contar mis propios chistes— me ahogo.

Viviendo en Nueva York, donde más de un tercio de la población nació fuera de Estados Unidos, uno se acostumbra rápido a creer que la nacionalidad es un componente poco importante de la identidad de una persona. Es un talante y una teoría que me gustaría defender. Quizás la nacionalidad no tiene el valor que creemos que tiene: quizás no somos tan argentinos o mexicanos o colombianos como creemos. Quizás el país donde crecimos o con el que más nos identificamos, en el fondo, dice menos de nosotros de lo que habíamos creído. Por eso la mueca socarrona de mi foto en Facebook: porque siento que tengo que sobreactuar la solemnidad del día, aun intuyendo que en realidad no es tan importante.

En la mueca también detecto una traza de vergüenza, que puedo explicar de este modo: después de haber pasado la mañana sentado entre personas que habían sido expulsadas de sus países por regímenes brutales, o que habían dejado todo en sus lugares de origen para empezar vidas nuevas en Estados Unidos, o que habían pasado por años de desesperantes laberintos burocráticos y miles de dólares en abogados, empecé a sentir que mi cómoda historia de emigración y legalidad era frívola e inmerecidamente privilegiada. Yo obtuve mi *green card* y mi ciudadanía por la vía matrimonial, que es la vía más fácil, directa e indolora.

Y la menos épica. Había llegado a la meta casi sin transpirar ni salpicarme de la roña horrible y agotadora y exasperante de la mayoría de las historias de inmigración. Había conseguido mi nacionalidad al trote, restándole importancia, permitiéndome ser sarcástico. Para muchísimos de los trescientos tipos y mujeres que coincidieron conmigo aquella mañana en aquel sótano del centro de Brooklyn, su flamante gringuidad era, posiblemente, una de las dos o tres cosas más importantes que les había pasado en la vida. Por eso también mi mueca asimétrica:

porque después de tres horas con ellos me había dado cuenta de que no podía celebrar alocadamente algo que me había costado tan poco.

Tierra de libertad

Santiago Roncagliolo

A las siete y media de la mañana, ya hay cuarenta personas en la cola, alineadas entre el carro de combate y el patrullero asignado por España para garantizar la seguridad del consulado. De las cuarenta caras de aburrimiento y sueño, tres son negras, dos son orientales, seis son árabes y hay algunas muy rubias, pero con el rubio apagado y descolorido de Europa del Este, ese rubio antiguo y pobre. Las demás son blancas —algunas incluso españolas— o de esas razas indefinidas que salpican Sudamérica como grumos de leche en polvo sobre la superficie del café.

—Hemos debido llegar antes.

—Te has debido levantar antes.

Paula es rubia pero quiere ser negra. Tiene culo de negra. Tiene el pelo rizado de una mulata brasileña, que cuida con productos que no se consiguen en España, productos que le manda su madre y que llevan etiquetas con palabras como *Beleza o Sensualidade* y fotos de morenas regordetas. En España, siempre le preguntan si su pelo es natural. Siempre le preguntan si es italiana. A mí me preguntan si soy argentino. Cuando respondo que soy peruano, me dicen: "¡Pero no pareces!" Creo que lo dicen como un elogio, de buena onda.

A las ocho, se acerca a nosotros el vigilante de la puerta. Lleva anotados nuestros nombres y los verifica con nuestros pasaportes. Nos pide que nos peguemos a la pared. Los fusiles de los militares españoles no nos apuntan. Tampoco el revólver del vigilante, mientras sigue revisando las identidades de la fila.

—Trajiste la invitación de la universidad. ¿Verdad? —pregunto.

Paula me la muestra. La carta dice que Paula participará en un congreso de escritoras de la Universidad de Nueva York y que yo viajaré con ella. En el segundo párrafo, da el nombre del grupo de trabajo en que estará inscrita Paula.

—"Grupo de trabajo". Mierda.

—¿Qué pasa?

—Van a pensar que estás yendo a trabajar.

—Es sólo un congreso. Son seis días.

—Ya. Pero éstos son funcionarios...

—¿Prefieres que no mostremos la carta?

—No tienen que pensar. Si dice trabajo, es trabajo.

—¿Prefieres que no mostremos la carta?

—Muéstrala. Yo pondré en mi formulario que voy por turismo.

Lo digo de mal humor. No estoy molesto con ella. Sólo estoy de mal humor.

—¿Por qué te enojas? —pregunta ella.

—No estoy enojado.

Saco el formulario de solicitud y busco el apartado de motivos del viaje, que está justo antes de la serie de preguntas: "¿Ha participado usted en el genocidio nazi?",

"¿Ha sufrido desórdenes mentales o drogadicción?", "¿Planea entrar en los Estados Unidos para participar en violaciones, atentados terroristas o alguna otra actividad ilegal?". Escribo *tourism*.

Delante de nosotros, un grupo de mexicanos engorda. Cuando llegamos eran tres. Ahora son seis y está llegando otro, que se incorpora a la fila con sus amigos. Son las nueve y media. Hace mucho calor. Les pido que respeten el orden de llegada. Amablemente, me piden disculpas, pero no se mueven. No sea malito, me dicen.

Soy muy malo.

Me acerco al vigilante para que ponga orden. El vigilante está en el interior de la cabina antibalas de la entrada. La tabla en que anota la asistencia está apoyada contra la ventana. Puedo ver el reverso de la tabla. Lleva pegado un cartelito que dice:

NO ME CUENTES TU VIDA.

Yo sé que es muy triste.

Todos tenemos historias tristes.

¿Que no ves que no me interesa?

Regreso a mi sitio sin decir nada. Los mexicanos agradecen mi complicidad. Les dedico una sonrisa llena de sudor e hipocresía.

Son las diez y media cuando sale el vigilante y abre la puerta para las siguientes diez personas. A pesar de los mexicanos, el turno nos alcanza. El vigilante me revisa, me palpa y me quita la mochila. Hace lo mismo con Paula.

Y entramos en territorio de los Estados Unidos de América.

El territorio americano se compone de: 1) cabina de vigilancia, 2) vigilante de la cabina, 3) alfombra con el águila de los Estados Unidos, 4) puerta blindada, 5) salón de espera (porque aún no termina la espera). Tomamos nuestro sitio en la siguiente cola. Me coloco yo primero. Paula me mira con fastidio. Le pregunto:

—¿Qué pasa?

—Nada.

Nada. Odio cuando las mujeres dicen *nada*. Te miran como si fueran a degollarte y te dicen *nada*. Entonces vuelves a preguntarles qué pasa y se enojan porque no lo sabes. O dices bueno y se enojan porque no has vuelto a preguntarles. O no haces nada y se enojan porque no haces nada. Tenemos una amiga andaluza que dice: cuando estés furiosa y tu novio finja no saber por qué, díselo. No está fingiendo. Realmente no se ha enterado de lo que te pasa, porque es un idiota.

Todos somos igual de idiotas. No es mi exclusividad.

—¿Estás molesta porque me he puesto delante de ti?

—No es eso. No es de ahora. Estoy molesta porque nunca piensas en mí.

En la sala de espera hay dos grupos. Los norteamericanos esperan sentados. Son unos doce y los atienden en cinco ventanillas. Los extranjeros tenemos asientos también, pero no cabemos todos. Somos más de ciento cincuenta y nos atienden en tres ventanillas. No hay ventanas. Sólo tres cristales empotrados en el muro. Detrás de los cristales hay una bandera de estrellas y franjas y tres funcionarios que rotan. No podemos tocarlos. Hay un muro antibalas entre nosotros y ellos. Abro el libro que he traído.

—¿Vas a leer? —pregunta Paula.

—No.

Cierro el libro. Es un libro de Roth sobre un hombre al que le han extirpado la próstata que habla sobre otro hombre que toma Viagra para acostarse con una mujer treinta años menor que se ha divorciado de un veterano de guerra que ha asesinado a sus hijos. Estoy en América. Y no quiero pelear con Paula.

Hemos peleado cada día de las tres semanas que tarda la cita para pedir la visa. La última vez fue hace dos días. Vine al consulado a preguntar si no importa que mi permiso de residencia español esté en renovación. El trámite dura ocho meses, y cuando te la conceden, ya tienes que renovarlo de nuevo. Pero tengo un papel que certifica que estoy en trámite. Siempre estoy en trámite. Quería saber si podía pedir la visa con ese certificado.

En el consulado me dijeron que para cualquier pregunta tenía que llamar por teléfono a una línea de cobro revertido. Que no podía dirigirme a ningún ser humano para pedirle información. Me dieron un papel con las instrucciones, un papel que yo ya tenía. Volví a casa y llamé al número del papel. Una grabación me repitió durante seis minutos pagados por mí todas las cosas que decía el papel. Cuando al fin hablé con una persona, me dijo que ella sólo podía fijar una cita. Toda la información necesaria está en el papel o en la grabación, dijo.

Después fui a pagar la tasa para pedir la visa. Cien dólares o euros por persona, según qué moneda esté más cara. Así me explicaron en el banco. Tenía que darles los números de nuestros pasaportes. Sólo después de pagar los cien dólares, me di cuenta de que Paula me había dado un pasaporte vencido.

De vuelta en casa, arrojé su pasaporte en una mesa.

—¡Acabamos de tirar a la basura cien euros porque guardas un pasaporte vencido!

—Tengo que guardarlo porque ahí está mi visa anterior. Hemos tirado los euros a la basura porque tú no te enteras.

—¡Yo no me tengo que enterar de TUS putos papeles!

—Llevaremos los dos pasaportes. Podemos explicarlo.

—Ojalá me lo puedas explicar a mí cuando no lleguemos a fin de mes. Porque en esta casa, con cien dólares se come dos semanas.

Luego me encerré de un portazo en mi estudio.

Casi no hemos hablado en dos días. Por las noches, escribo hasta tarde para llegar a la cama cuando ella esté durmiendo.

Pero hoy ya no quiero pelear más. Tomo conciencia de que son las once y aún no he desayunado. Me suena el estómago. Abrazo a Paula:

—Necesitamos unas vacaciones. Diez días en Nueva York. Con alojamiento gratis en Manhattan.

La beso. Ella se resiste, pero cede cuando le recuerdo nuestro apartamento en Manhattan. Nos lo va a prestar Carlo. Carlo se fue a Los Ángeles tres años antes de venirme yo a España, con un contrato de trabajo para enseñar español en una universidad mientras hacía una maestría. Ahí se empezó a convertir en un genio de la burocracia académica. Consiguió una beca, y luego un traslado de beca a la Universidad de Nueva York, y luego la dirección de un programa de estudios de español para los estudiantes que le valió un viaje a Madrid con todo pagado y sin nada que hacer. Aquí nos reencontramos y nos pusimos al día en materia de cervezas.

Carlo decía que sangraría a los contribuyentes americanos mientras tuviese alma en el cuerpo y que para sacarlo de Nueva York tendrían que usar un revólver. Su único día de trabajo en dos meses en Madrid fue cuando los estudiantes se asustaron por unas manifestaciones contra la guerra. Los estudiantes creían que los españoles los odiaban. Carlo trató de explicarles que no era contra ellos sino contra el presidente. Pero ellos no entendían la diferencia. El presidente es América. América somos nosotros.

América son ellos. Carlo estaría de viaje en Perú durante nuestra estancia en Nueva York y nos dejaría las llaves de su apartamento en Manhattan.

—Necesitamos relajarnos, ¿no? —dice Paula.

—La incertidumbre nos pone de mal humor. Al regreso buscaremos trabajos más estables. Pero hasta entonces, la pasaremos bien.

Paula mete su lengua en mi boca. La beso con los ojos abiertos. Sobre los asientos para extranjeros, hay un televisor mudo que pasa todo el tiempo imágenes de CNN. Aparece Bush en Senegal, ante la puerta por la que salían los esclavos africanos hacia las colonias. Recuerdo cuando yo trabajaba en el Ministerio del Interior en Perú. Una vez nos visitó el zar antidrogas de Estados Unidos, Barry McCaffrey. Desde el día anterior, los agentes de su guardia personal revisaron cada rincón del Ministerio sin decir una palabra en español, ni siquiera "hola". Al Charapa Huertas lo levantaron con todo y silla para verificar que no hubiese explosivos bajo su escritorio. La mañana de la visita, se apostaron en todas las salidas y cerca de todos los lugares por los que iba a pasar McCaffrey. Uno de ellos, con un micrófono, daba indicaciones desde mi oficina, que no me pidió permiso para usar. Con el plano del edificio en la memoria, ordenaba desplazamientos, reubicaba guardaespaldas y pedía informes de situación. McCaffrey apareció a las doce de la mañana con un séquito de cincuenta y dos funcionarios. Él y su gente no entraban todos juntos en la oficina del ministro. Se quedó diez minutos, manifestó su preocupación por el narcotráfico, le dio la mano al ministro frente a las cámaras de TV y se fue. Ahora me imagino a Bush frente a la puerta de los esclavos y a doscientos guardaespaldas machacando a los funcionarios del museo de la puerta para que él pueda dar su discurso sobre la libertad.

—¿Por qué me besas con los ojos abiertos?

—¿Qué?

—¿Por qué me besas con los ojos abiertos? Odio eso.

—Paula, basta…

—Si fuera Claudia me besarías con los ojos cerrados, ¿no?

—¿Vamos a volver a hablar de eso?

—No trates de hacerme sentir loca. Hasta Andrés

y Verónica lo han notado. Se te está tirando encima y a ti te encanta.

Claudia es una chilena que se fue a estudiar a Italia. Después, como no consiguió trabajo ahí, se instaló en España. Pero odia España. Sólo le gusta Italia. Todo el tiempo habla de Roma. Quiere casarse. Con quien sea. Paula piensa que me coquetea. Por lo visto, todo el mundo piensa que Claudia me coquetea. Quizá yo también le coqueteo.

—No me voy a poner a discutir esto acá, Paula. Llevemos la fiesta en paz, por favor…

En ese momento, llega nuestro turno en la ventanilla. Tras el cristal nos atiende una española. Detrás de ella puedo ver algunas computadoras y un par de oficinas embanderadas. La española ni siquiera nos mira a la cara. Recibe nuestros papeles, verifica que hayamos pagado, nos manda esperar de nuevo y se los lleva a algún lugar en el fondo.

Seguimos esperando y Paula no habla. Le toco la pierna pero retira mi mano. Me retiro yo también. Abro mi libro. Leo un par de páginas hasta que la escucho:

—Ni siquiera vas a tratar de resolverlo, ¿verdad?

—¿Resolver qué?

—Te da igual lo que yo piense. Siempre te da igual.

—Eso no es verdad. Sólo que no quiero discutir acá.

—Ni acá ni en ninguna parte.

—¿Es por Claudia? ¿Esto es por Claudia, entonces?

—Estás dispuesto a ser amable con cualquier persona en el mundo menos conmigo. ¿Por qué?

—Necesitamos airearnos un poco, Paula, conseguir trabajos fuera de casa, no vernos tanto… Creo que no nos soportamos por eso.

—¿No me soportas?

—¿Tienes que tomártelo todo tan trágicam…

—¿No me soportas?

—Paula, no me hagas perder la paciencia…

—No sé si quiero hacer este viaje contigo. Quizá sea mejor que vaya sola.

Trato de calmarme para no explotar. Estoy cansado. Una rubia que parece rusa abandona la ventanilla con su pasaporte en la mano. Dos venezolanos sonrientes y evidentemente adinerados se despiden en inglés de un funcionario. En la ventanilla 2, una mujer jura que le van a aumentar el sueldo. Luego se retira llorando. Una chica que parece su hija la abraza. En la televisión hay un reportaje mudo sobre la caída de la bolsa. Quiero irme.

Una voz pronuncia mi nombre con acento yanqui. Está en la ventanilla 3. Es un negro. No. Un afroamericano. Le pido que me deje comparecer con mi novia, digo que vamos a viajar juntos. Accede con un gesto de la cabeza. También tiene los papeles de ella. Empieza a revisarlos frente a nosotros. Dice:

—Viajáis por razones distintas.

—Yo la acompaño por turismo, pero ella va a un congreso d…

El funcionario dice algo en inglés. Dudo en qué idioma es la entrevista.

—¿Perdone?

—Usted es traductor.

Lo ha mirado en el apartado Present Occupation *(If retired, write "retired". If student, write "student".)*

—Sí, soy traductor.

Dice algo más en inglés, pero habla tan rápido y está tan detrás de un cristal que no le entiendo.

—¿Perdone?

Vuelve a decirlo en inglés. Vuelvo a no entender. Mira a ambos lados. Les dice algo a sus compañeros mientras presiona las teclas de su computadora. Todos se ríen. Llego a escuchar:

—*I am gonna kill you*… —entre risas.

El funcionario se concentra en la computadora.

Después de un rato, como si recordase que estamos ahí, pregunta:

—¿Certificados de trabajo?

—Tenemos cartas de nuestros diversos empleadores. Somos independientes. Trabajo para tres editoriales. Traje cartas de las tres…

—¿Tienen contratos?

—No, somos independientes. Pero los trabajos que realizamos están detallados en…

Dice algo en inglés.

—¿Cómo?

—¿Ella tiene contratos?

Ella es Paula. Dice:

—Yo enseño portugués… Traje una carta…

—¿El contrato?

—No es un contrato…

Se vuelve hacia los funcionarios a su lado. Parece que han contado algo muy gracioso. Luego trata de hacer funcionar su computadora. Quizá comparten un chiste informático, porque ahora todos miran a sus pantallas y se ríen. El nuestro repite que va a matar al otro y ahora se ríe a carcajadas. Sin dejar de reírse, nos pregunta algo en inglés:

—¿Disculpe?

—¿*Properties?* ¿Propiedades?

—Les he traído el saldo de mi cuenta de ahorros…

—¿Propiedades?

—No.

El funcionario sigue buscando algo en su máquina. Se aburre. Saca unos papeles de un cajón. Los firma. Me doy cuenta de que nos está negando la visa. Nos está negando la visa con una sonrisa blanca en su cara negra. Nos arroja los papeles junto a nuestros documentos por debajo de la ventanilla. Se disculpa en inglés —eso sí lo entiendo— y nos anima formalmente a volver a intentarlo. Los papeles dicen que no hemos demostrado "tener vínculos familiares, sociales o económicos suficientemente sólidos en su país de residencia para garantizarnos que su proyectada visita a los Estados Unidos vaya a ser temporal". Tengo ganas de decirle "en mi país me estarías lavando el coche, conchatumadre". Pero ya se ha ido a buscar otros papeles de otras personas.

Salimos de ahí casi a la hora de almorzar. Caminamos hasta la esquina entre los cuerpos de seguridad consulares. Nos suenan las tripas. Entre las perfumerías y boutiques de alta costura que rodean el consulado, no encontramos ningún sitio donde desayunar aparte de un Starbucks Café. Entramos. Trato de encender un cigarrillo pero no me dejan fumar. Pido un vaso de agua, un café y un panecillo de cuatro euros. Paula pide lo mismo. Es caro. Nos sentamos a comer en silencio en dos sillones morados. No dejamos ni las migas. Al terminar el desayuno, nos miramos a los ojos.

Herencias

Carola Saavedra

Mi relación con los Estados Unidos tiene varias vueltas, atajos e imprecisiones —y para hablar de ese asunto, tendría que empezar contando mi historia familiar. O al menos parte de ella. Tendría que comenzar bien atrás. Por mi abuelo.

Mi abuelo, el padre de mi padre, era cineasta. Enseñaba documentales en la Universidad de Chile allá por los años treinta. Además de director de cine era socialista y hacía películas para los sindicatos. Y, como si eso no bastase, era también bohemio. Y así llevaba su vida. Se casó con mi abuela, una profesora de un colegio de niñas, y ya habían nacido mi padre y mi tío cuando, de un día para otro, sucedió. Reza la leyenda familiar que todo comenzó con una enfermedad. Probablemente debido al estilo de vida que llevaba, el abuelo se enfermó, muy enfermo y nadie sabía bien qué era. Los médicos le sacaban ya las esperanzas, mi abuela lloraba, quedaría viuda con dos hijos pequeños, un futuro poco prometedor. Pero fue cuando, también inesperadamente inesperada, él tuvo la tal visión. Se dice en la familia que mi abuelo ya estaba resignado a su destino, y yo diría, tal vez un poco confundido por la fiebre que se apoderaba de sus pensamientos, cuando apareció. La primera vez que hablaron de eso recuerdo que pregunté, entrometiéndome en una conversación de adultos, a quién se referían. La respuesta fue: Jesús. Sí, Jesús se apareció a mi abuelo para revelarle vaya-a-saber-qué misterios. Lo que le dijo nadie lo sabe. Mi abuelo nunca contó los detalles de aquel encuentro. Pero como sea, lo cierto es que salió, dicen, completamente curado de esa misteriosa enfermedad, y se convirtió. Sí, convertido. Sea lo que fuere que Jesús le dijo, debe haber sido muy convincente. Después de esa visión, no está claro si como parte de algún tipo de pacto sellado en aquel instante, mi abuelo largó el cine y el socialismo y la vida bohemia, y entró a la Iglesia Presbiteriana, donde se haría pastor. Reverendo, lo llamarían después. Mi abuela oyó la noticia con alegría, recibió a su marido de vuelta, y, en su opinión, en una versión mejorada, sin socialismo ni noches fuera de casa. La familia se mudaría entonces de Santiago, ciudad de pecadores, a Chillán, donde mi abuelo fundaría la Iglesia Presbiteriana Fundamentalista, una escisión de la Iglesia Presbiteriana. Más tarde fundaría también la Alianza Latinoamericana de Iglesias Cristianas y la Confederación de Iglesias Evangélicas Fundamentalistas. Y como la Iglesia Presbiteriana de Chile se reflejaba en la Iglesia Presbiteriana de los Estados Unidos, mi abuelo se convirtió no sólo en un gran entusiasta del país —los Estados Unidos traerían la civilización a América Latina— sino que también pasó varias temporadas allí. De hecho, la primera vez que se subió a un avión fue como reverendo y rumbo a Miami, en 1950. Sus impresiones de ese viaje (entre otras) las contó en varias crónicas, que publicaría en un libro ya sobre el final de su vida:

(...) recorrimos un poco la hermosa ciudad de Miami, incomparable en belleza, con sus grandes avenidas de palmeras cargadas de cocos (…) con sus enormes jardines y sus casas adornadas con luces de neón en diversos colores que dan una visión fantástica al viajero, como si estuviera soñando con un castillo de los Cuentos de Hadas.

Y sobre su entusiasmo con el país, era categórico:

(...) en estos pueblos protestantes, la Biblia ha impreso una fe distinta, una cultura distinta y una moral tan diferente de la nuestra, que se hace difícil concebir el respeto que todos tienen por la propiedad ajena.

En fin, todos estos preámbulos para decir que mi abuelo fue hasta el final de su vida, incluyendo las épocas más controvertidas, como durante el gobierno de Allende, y luego, durante la dictadura militar, un firme defensor de los Estados Unidos y su misión civilizadora en América Latina. Habiendo dicho esto, entro a la segunda parte de esta historia. Mi padre. Mis abuelos tuvieron siete hijos, seis de ellos hombres. Todos ateos. Mi padre fue el más feroz de todos. Un ingeniero que cree en la ciencia con el mismo fanatismo con que mi abuelo creía en Dios. Así que yo fui una niña, nieta de reverendo, que creció escuchando que la religión es el opio de los pueblos, cosa de gente irracional, a quien la Iglesia y los gobiernos tratan de mantener en la ignorancia con el fin de explotar más fácilmente su fuerza de trabajo, y etcétera. Mi padre tuvo cinco hijos; yo soy la única mujer. Debo decir que, además de la preocupación por la educación antirreligiosa, siendo yo muy pequeña, mi padre llegó con veinte tomos de enciclopedias para que aprendiéramos acerca de los planetas, la ciencia y la evolución: Darwin nos salvaría. En mi caso, había una preocupación extra: las mujeres no tienen lógica, pensaba mi padre (y lo piensa todavía hoy), por lo que era necesario inculcarme, además de ciencia, un poco de lógica desde temprana edad, o antes de que fuese demasiado tarde. Así que a los seis años aprendí a jugar al ajedrez. En fin.

Súmense a eso los acontecimientos de la época. Todavía vivíamos en Chile; yo nací en el año del golpe. Mis tíos, todos partidarios de Allende, se esparcieron por el mundo; mi padre se fue con la familia (lo que, claro, me incluye) a Brasil. Era 1976. Años setenta, en las familias de izquierda el antiamericanismo era fuerte, y eso, por supuesto, incluía a mi padre. Crecí escuchando a Víctor Jara: "Si molesto con mi canto/a alguien que no quiera oír/le aseguro que es un gringo/o un dueño de este país". Entonces las prohibiciones eran, en resumen: religión, Estados Unidos, y en mi caso, por ser mujer, la falta de lógica.

Recuerdo dos pedidos que hice a mi padre durante la infancia, y que fueron rechazados con vehemencia. Uno de ellos fue cuando le pedí hacer la primera comunión, finalmente tenía un argumento irrebatible: todos mis amigos la harían. Pacientemente, mi padre me explicó que de modo alguno, que la religión era el opio de los pueblos, cosa de gente ignorante, etcétera. Muy preocupada, puesto que mi mejor amiga me había dicho que quien no hacía la primera comunión se iba derecho al infierno, que en mi caso era más desesperante aún pues ni siquiera era bautizada, le escribí a mi abuela en Chile contándole mi drama. Pensé, ella me apoyará, Dios está de mi lado. Pero para mi gran sorpresa y decepción, su respuesta decía que eso de la primera comunión era pecado, que la verdadera iglesia, o sea, la Iglesia Presbiteriana Fundamentalista, no aceptaba tal sacramento, ¡dónde se vio, beber la sangre de Cristo, comer el cuerpo de Cristo! En fin, sin mi única aliada para los asuntos eclesiásticos (mi madre, que había estudiado en escuela de monjas, estaba de acuerdo con mi padre en lo que a religión se refería), sigo pagana hasta la fecha.

El otro pedido que hice a mi padre, también influenciado por mis compañeros —siempre los otros—, fue un viaje a Disney. Papá, ¿puedo ir a Disney? La respuesta fue rápida y segura: de ninguna manera. Y como yo, en un arranque de irracionalidad, comencé a llorar, él pacientemente me explicó que Disney era un centro del imperialismo estadounidense, un símbolo del sometimiento de América Latina, y el heraldo de la sociedad de consumo y la alienación. Confieso que entendí muy poco del discurso, pero sabía que aquello significaba un claro y rotundo no, hija mía, no vas a Disney. Le escribí otra vez a mi abuela; después de todo, mis abuelos vivían hablando maravillas de los Estados Unidos; ella me ayudaría. Pero una vez más, para mi sorpresa, mi abuela me dijo que a pesar de que los Estados Unidos eran un país civilizado y temeroso de Dios, donde un día mi padre me enviaría a estudiar, Disney era un antro de pecadores, inadecuado para mi formación espiritual. Y una vez más me quedé allí, hablando conmigo misma, sin que me diesen ninguna respuesta.

Al final, pasaron los setenta, pasaron también los ochenta y los noventa y hasta la primera década del siglo XXI. Mi abuelo, el reverendo, murió a los 98 años y fue enterrado en una ceremonia de la que participó casi toda la ciudad de Chillán. Mi padre, que era un acérrimo ateo, ahora se dice agnóstico. Y a veces va a Los Ángeles a visitar a mi tío que vive allí. En cuanto a mí, soy pésima jugadora de ajedrez, creo con el mismo entusiasmo en la acupuntura, el tarot y el psicoanálisis, y pienso que en las próximas vacaciones, si todo va bien, pasaré un tiempo en Nueva York.

California al desnudo

Andrea Jeftanovic

Llegué a Estados Unidos con una maleta y una libreta de matrimonio recién estrenada. El conductor del *shuttle* dijo en cuanto me vio: *"You are Janis Joplin"*. Ya me lo habían dicho en otras ocasiones, pero no imaginé que me lo señalaran en su propia tierra. Estuvimos horas en la aduana explicando por qué el formulario I–20 estaba mordido por el perro, faltándole una esquina. Repetimos la historia majaderamente —el sobre postal tirado en el suelo, un labrador travieso, la fecha contra el plazo—, hasta que la agente de inmigración, cansada del absurdo, nos dejó salir. Éramos visa J1 y visa J2, la sigla de estudiante con derecho a trabajo, pisando por primera vez la tierra del Tío Sam. Tarareábamos la canción "San Francisco", de Scott McKenzie, a medida que avanzábamos por las autopistas, cruzando puentes y bahías.

Janis Joplin chilena se proponía localizar sus años beat. La consigna era merodear la Ruta 66 bordeando el

Pacífico y buscar compases sicodélicos a golpes de bebop; satisfacer mis anhelos de haber nacido en los sesentas y de vestir camisetas con el signo *peace & love*; celebrar "la píldora", y luego bascular la cabeza en conciertos de rock. Pero llegamos a California en los años del éxito de Silicon Valley y del delirio de las dotcom que irradió a todo el Estado: su prosperidad hizo que los alquileres fueran impagables por los ciudadanos normales, y menos por una beca de posgrado. Heredamos un departamento de unos amigos en Oakland, en plena Broadway Avenue, una calle llena de compraventas de auto con globos de colores, y comencé a hacer mi circuito *on* y *off campus*. Los años sesenta estaban vivos en algunos rincones, en algunas trasnochadas disquerías, en un bar que se negaba atendido por unos hombres de barba blanca y pañuelos al cuello.

San Francisco Bay Blues
Got the blues from my baby
Left me by the San Francisco Bay
This big ocean liner took her so far away

Mi vida *on campus* era la asistencia a seminarios entre compañeros de las más diversas nacionalidades. Los que no provenían de países hispanohablantes pronunciaban un castellano de España o de Argentina, el seseo, los vos, las acentuaciones marcadas, el tono suave de los andinos, las vociferaciones de los caribeños daban la sensación de una torre de Babel dentro del mismo idioma. Toda esa mezcla creaba un ambiente de fiesta y risa: las lecturas de los voluminosos *readers* preparados en el Bancroft Copy Center, las discusiones en las clases en mesas redondas, la psicosis de los *papers* al final del semestre. Una estimulante trayectoria recorrida por el descubrimiento de autores, perspectivas y teorías que fui conociendo en mis años en el Departamento de Español y Portugués de la Universidad de California, en Berkeley. De todos mis compañeros me llamó la atención Joseph, un chico indio que hablaba siete idiomas, enfermero de primera profesión —más de una vez nos echó una mano en el servicio de urgencia del hospital Alta Bates— y que ahora se aventuraba en el estudio de las letras hispánicas desplegando un humor deliciosamente medievalista.

Off campus se transformó en la búsqueda de mis años beat o neobeat. Había un viaje por una geografía y un tiempo, una "exploración de terreno" por esas colectividades *hippies*, moteles carreteros, áreas de concierto. Rehacer la Ruta 66 para luego indagar en la Ruta 1 bordeando el Pacífico, con sus acantilados de rocas grisáceas. O bien, recorrer la zona de Big Sur, mientras leíamos el libro homónimo de Kerouac bajo la sombra de los árboles *redwoods*. En el auto escuchábamos a Janis, pero también a Jimmy Hendrix y a Jim Morisson: Janis, Jimmy y Jim eran la conjura. Antes de llegar al camino correcto, transitábamos perdidos horas por la intrincada red de autopistas de cuyas exit nos enterábamos después de la bifurcación correspondiente. Eran tiempos previos al GPS y la desorientación en la carretera nos hacía recorrer tréboles de cemento mientras extendíamos mapas del estado y todos los caminos se veían iguales. Extraviarse era parte del viaje, percatarnos que Estados Unidos también era una serie de pueblos pequeños con graneros, casas sin rejas y grocery stores. Sitios rurales sin cine ni plaza, donde cada habitante destilaba una soledad inmensa. En algunas miradas huidizas imaginé potenciales asesinos en serie.

Yeah, easy rider, don't you deny my name, pretty baby doll
I said, easy rider, don't you deny my name, pretty baby doll

Mi vida *on campus* era tomar cursos y exámenes, correr de una sala a otra entre los edificios Dwinelle, Wheeler o Barrows. Nadar a mediodía en la piscina temperada de Hearst Gymnasium y, flotando en el agua, mirar el cielo siempre nublado de Berkeley. También postular a becas de investigación para viajar y aprender los autores que conformarían mi tesis, y vivir la paradoja que desde los Estados Unidos tenía todas las oportunidades para conocer Iberoamérica en mis recesos universitarios. Así fue como llegué a la Fundación Rui Barbosa, en Río Janeiro, que reúne todo el material de Clarice Lispector, o a Lisboa para entrevistar a expertos en Lobo Antunes, o al archivo de crítica teatral en Madrid, o pude tener pasantías de investigación en mi propia ciudad.

Off campus los años beat eran una "naturaleza muerta" que yo insistía en contemplar. Acariciaba la idea de articular gráficamente en un mapa el espacio de la vida —bios, en el que una joven sudamericana pudiera, y en 1999, localizarse en los sesenta y setenta. El deseo de una carta náutica sobre una costa con sus faros intactos. Para mi vida *off campus* me cambiaba de atuendo, me ponía lentes redondos de abuela, collares largos, pelo rizado cubriéndome la cara, adornos silvestres. Incluso cambiaba la voz, impostaba un tono alto, terroso en cada sílaba. Janis, la verdadera, indagó en el blues, soul, gospel, country y rock con incuestionable autoridad y entusiasmo, sin miedo a habitar atascos psicodélicos. Y en honor a ella debía rehacer la ruta desde Texas hasta California en varias idas y vueltas, hasta que se estableció y se unió a la banda Big Brother. Cuando fui a Monterey cerré los ojos e intenté sentir la efervescencia que generó cuando participó en el Pop Festival de esa ciudad.

Cuando las personas mueren jóvenes se transforman en leyenda. Sobre Janis hay muchos mitos. Dicen que pese a no ser tan bonita tenía gran magnetismo sexual entre hombres y mujeres; Jim Morrison, Leonard Cohen, Eric Clapton se cuentan entre sus amantes. Dicen que tras un show se fue sola a un bar de pipas y le dijo a uno de sus asistentes: "Vete a la calle, y al primer tipo atractivo que veas me lo traes, que me lo voy a follar". Apareció al rato un jovencito barbudo que llevaba colgando una guitarra a la espalda. Janis le dijo: "Hoy es tu día de suerte, ¿cómo te llamas?", y el joven respondió: "Eric Clapton". Años después, Janis Joplin pasaría una noche íntima con el cantautor canadiense Leonard Cohen, quien le dedicó una canción, Chelsea Hotel. Dicen que su última canción en vida fue un saludo de cumpleaños en el teléfono de John Lennon. También se dice que la actuación de Janis Joplin en Woodstock fue una de las peores que realizó en su corta vida, que terminó desmayada sobre el escenario. Siempre me he preguntado a quién le dedicó el tema "Piece of My Heart". ¿A Morrison, a Clapton, a Cohen o a otro?

Oh, come on, come on, come on, come on!
Didn't I make you feel like you were the only man — yeah!
An' didn't I give you nearly everything that a woman
possibly can?
Honey, you know I did!
And each time I tell myself that I, well I think I've had enough,
But I'm gonna show you, baby, that a woman can be tough.

On campus era escuchar a Susan Sontag, con su perfecto mechón blanco en el Zellerbach Playhouse, hablando de sus recuerdos de los eucaliptos de California y de su experiencia de montar *Esperando a Godot*, de Beckett, en Sarajevo y en plena guerra de los Balcanes. El mismo lugar donde escuché cantar descalza a Cesária Évora mientras fumaba traviesamente en el escenario. *On campus* fue también tomar un taller de tres días con el fotógrafo brasilero Sebastião Salgado y escuchar el cautivador relato alrededor de cada una de sus fotos y conocer, así, la antesala de la imagen capturada: semanas o meses de convivencia, vínculos con las personas, comprensión del conflicto que los aquejaba, la impotencia por no poder mejorar su situación y sólo ser capaz de mostrarla al mundo. O bien, escuchar en una mesa a Judith Butler, Slavoj Žižek y Wendy Brown discutiendo abstracciones metafísicas inasibles; y fijarme en las manos pequeñas de Butler, esas que le han dado forma a sus impresionantes libros. A veces en el verano veía a Butler y a su pareja en la piscina de Strawberry Canyon bañándose con su hija, fruto de una fina selección de espermios judíos, que echaba por tierra, según mi parecer, su teoría performativa del género.

Off campus era seguir comprobando que California era una zona distinta porque encarnada en la Janis Joplin chilena ya no encontraba en los bares el trago favorito de mi heroína, el Southern Comfort, un tipo de bourbon con limón para ahogar los demonios. Los bármanes me miraban con extrañeza, alguno recordaba ese brebaje *old-fashioned*. Cuando rehice la ruta de la última casa de Janis Joplin en la mítica calle Haight Ashbury, epicentro del mundo del sexo, las drogas y del *rock 'n' roll*, su casa estaba convertida en un centro de acogida y rehabilitación para drogadictos. El centro, llamado Oak Street House, tenía capacidad para acoger a veinte madres y sus bebés. Las mujeres podían permanecer dos años en la casa, si participaban en los programas de asesoramiento sobre adicción. Una casa de ciento tres años de antigüedad, estilo victoriano, cuatro pisos, muy distinta a cómo era en los días en que estaba pintada de negro, cuando abundaban las botellas de licor y las paredes estaban empapeladas con carteles de un pecho desnudo de la misma Janis Joplin. La imagen y la explicación de la portera fueron el mensaje que debía escuchar: California era otra, un espacio rehabilitado, curado, sano. Para pasar la decepción tomé un helado Ben & Jerry's, dos cuadras al oriente.

Trouble in mind, I'm blue
But I won't be blue always,
'Cause that sun is gonna shine in my back door someday

On campus era coleccionar folletos y manuales. Estados Unidos es el país de los manuales de conducta. Folletos sobre la seguridad del campus, folletos sobre el seguro de salud, folletos sobre depresión e intentos de suicidio para lo que se ofrecía un número de *counseling*, un instructivo de identidad sexual con todas sus variantes. Recuerdo el manual pedagógico para no ser involucrado en situaciones de acoso: bajar del ascensor si un alumno subía, mantener la puerta abierta durante las *office hours* para recibir estudiantes. También fue la experiencia de ser instructora de español y enseñar la gramática de la que no tenía conciencia hasta entonces, luchar con la fonética de los alumnos asiáticos intentando pronunciar castellano y, al mismo tiempo, verme intentando dificultosamente aprender serbocroata en una sala llena de rusos. Mis alumnos avanzados de Español 25 montando una obra de García Lorca pero con otro final. La invitación de alguna estudiante a una cena de una *sorority* como un honor y no comprender muy bien de qué se trataba esa cena tan protocolar. Los resabios de algún movimiento social contra leyes de migración, el poder de los sindicatos, la voz y no voto de los estudiantes en los *job talk* de los candidatos a puestos académicos. Los letreros de la entrada sobre *gay transgender* y, unos metros después, un puesto sobre productos orgánicos. El mito del hombre desnudo por el campus. Los correos anunciando reuniones en las que se prohibía usar perfumes, las casas *pet friendly*, las pocas *available*. El nasal *have a nice day* o el *glad to see you*, demasiado correcto pero vacío. Gianni Vattimo comiéndose una banana en el Speech Free Cafe antes de una conferencia, sin saber que era él, y luego escucharlo sin poder sacar de mi cabeza la imagen de este señor de fina corbata italiana que abría la cáscara de plátano como un hombre simio que dictaba una conferencia con un marcado acento. Subir por el ascensor del campanil para tener acceso a la mejor vista del área de la bahía. Giorgio Agamben en el piso de arriba dando clases abarrotadas de alumnos, y yo mirando al menudo filósofo que ha escrito los libros más sugerentes sobre los puntos ciegos del exterminio, la memoria y el trauma. Yo sin la personalidad suficiente para abordarlo y hacerle una pregunta sobre las contradicciones del *homo sacer*.

Off campus, había que abrirse a conocer la California del siglo XXI. Las imágenes beat se desvanecían como soplidos —en vigorosos espacios en blanco— que separaban las respiraciones retóricas de mi búsqueda. Me quedaban los textos de viajes plagados de velocidad e imágenes superpuestas, homologables a las experiencias con LSD. Remediar la decepción química en puestos de *farmers' markets* y en las hojas de las verduras polisémicas de Whole Foods. Era necesario abrirse a esta California limpia, orgánica, tolerante. Por ejemplo, ir al centro termal nudista Harbin Hot Springs, en Calistoga, más allá del Napa Valley. El lugar ofrecía a los huéspedes disfrutar de las piscinas naturales, recibir masajes, tomar sol en una cubierta de madera, practicar yoga, asistir a talleres, caminar por los cerros. La página web decía que no era una congregación sino un grupo de voluntarios que se adhería a la espiritualidad universal. Pero el lugar también tenía estrictas reglas. Era obligatorio andar sin ropa y comportarse sólo como los gringos saben, incluso en una situación como ésa: no mirarse fijo a los ojos (contacto visual), evitar los roces corporales, bañarse de noche en una piscina con un buda rodeado de velas sin que nadie perdiera la compostura. Recuerdo que en la zona de camarines unisex para dejar las sandalias y las llaves de las cabañas en *lockers* me estrellé con un hombre, espalda con espalda y nos dimos un nalgazo que merecía un ataque de risa, pero ambos, sumamente consternados, obviamos la situación. En las termas había familias completas, padres e hijos leyendo o jugando perfectamente desnudos. Confieso que esa mezcla de genitales infantiles y adultos a la vista me perturbaba. A la hora del almuerzo había que presentarse vestido en el comedor macrobiótico donde la gente entablaba conversaciones muy curiosas, por ejemplo, sobre el sexo tántrico. Yo afirmaba mi bandeja mientras escuchaba atenta sus ventajas al tiempo que elegía unas croquetas de tofu y una ensalada verde con avena.

On campus era descubrir el universo lusófono gracias a los profesores y escritores visitantes: Francisco Dantas, Mara Lúcia Del Farral, Benedito Nunes, Haquira Osakabe, José Luiz Passos. Recitar el *O cão sem plumas*, de João Cabral de Melo Neto. Discutir acerca de la culpa de Capitú en *Dom Casmurro* de Machado de Assís. Y dejarse fascinar por las *celdinhas* y sonidos nasales del portugués. Y, en contrapunto, sentir que mi inglés era insuficiente, y que era una Pigmalion educándose al momento de ser corregida en los infinitos sonidos de las vocales en esa lengua. Las fiestas *potluck*, en la que cada uno llevaba algo típico de su país: mole mexicano, sushi, limoncello, tortilla de patatas, hamburguesas, *wraps* vietnamitas, panqueques belgas, empanadas chilenas. Fumar marihuana con los profesores y disimular mis ojos de sorpresa frente a tanta horizontalidad. Algunas fiestas formales que indicaban la hora de cierre en la invitación.

Off campus era cruzar el Golden Gate en bicicleta en medio del mecano naranjo y sentir el viento del Bay Area arremolinándote el pelo. Encontrar bajo ese puente una locación de una película de Hitchkock y seguir la ruta fílmica hasta Bodega Bay donde filmó *Los Pájaros* salir con algún suvenir de aquel pueblo fantasma que hizo del suspenso un género con símbolos y escenas inolvidables: el cuchillo de Psicosis, los pájaros en la cabina telefónica con Kim Novak. Pero también *off campus* fue seguir comprobando que había llegado rezagada a los años beat, esos años de sexo, drogas y alcohol; si había sexo, era regulado y límpido, como, por ejemplo, cuando visitaba la feria sadomasoquista de Folsom Fair Street. Una feria que se realiza el último domingo de septiembre, dedicada a celebrar la subcultura del sadomasoquismo. Era asombroso avanzar entre personas maduras vestidas de látex, tatuadas y con *piercing* en distintas partes del cuerpo, incluidos los genitales. Había *stands* con productos de cuero, juguetes

eróticos y se ofrecían latigazos por cinco dólares. Costaba
creer la veracidad de esta fiesta, un espacio seguro para
adultos de la comunidad que cultivaban un estilo de vida
alternativo haciendo hincapié en la libertad y la diversión,
mientras se recaudaba dinero para beneficiar a organizaciones de caridad de San Francisco. Los protagonistas de
la feria paseaban en pantalones vaqueros, tacones de agu-
ja, cuero de lujo, camisas de músculo o corsés. Tengo una
foto: una mujer paseando a un hombre con una correa de
perro alrededor del cuello. Ambos debían tener unos sesenta años y estaban desnudos. Ella de pechos caídos llevaba sonriente a este hombre que caminaba a cuatro patas
con accesorios de mascota.

Down on me, down on me,
Looks like everybody in this whole round world
They're down on me.
Looks like everybody in this whole round world
They're down on me.
Love in this world is so hard to find
When you've got yours and I got mine.
That's why it looks like everybody in this whole round world
They're down on me.

On campus fue conocer las facilidades en los edificios para los minusválidos y ver alumnos en sillas de rueda o con bastones de ciego acompañados de dóciles perros
labradores que atendían las clases sin hacer el más mínimo
ruido. O ir a estudiar a la sala Robert Morrison en la biblioteca y leer en sus mullidos sofás hasta quedarme dor-
mida. Ahí, en la misma sala donde escuché el recital poé-
tico del Nobel polaco Czeslaw Milosz. La biblioteca
abierta hasta medianoche, los pisos en espiral y los estantes abiertos para perderse en ellos, como en un cuento de
Borges, haciendo girar unas manivelas para correr hileras
y pasillos. Las lámparas bajas, los mesones limpios, la cantidad infinita de libros que podías sacar y que amueblaban

mi casa por semanas. Los deseos de escapar de tanta alta cultura y terminar escuchando recitales de *slam poetry* en el centro de Oakland.

Off campus, podía ser celebrar la ceremonia del té en el Jardín Japonés para sólo abrir el designio de las galletas. Mirar con sospecha el barrio de Castro por ser excesivamente chic y heterofóbico. Preguntarse entre tantas posibilidades si había construido mi género correctamente mientras flameaba la bandera multicolor en medio de Market Avenue. Ir a alguna lectura en Citylights y emocionarse con la barba de Ferlinghetti, tocar con fascinación las ediciones de la misma casa editorial. O los fines de semana, andar en bicicleta por el Tilden Park entre cerros y vacas y mirar extasiada la línea azul de la bahía buscando el *inspiration point*. Ir al bar La Peña para revivir la nueva trova latinoamericana de los setenta y conocer a las familias chilenas exiliadas que se quedaron por esos lares. Compensar la desazón de la nostalgia extraviada comprando muebles y accesorios Ikea, de lindo diseño y precios convenientes, y soñar con la tranquilidad del hogar sueco.

On campus, saber que sin el *Social Security Number* no eras nadie y que el código postal sí era importante.

Off campus fue un 11 de septiembre cuando comenzamos a mirarnos de otra forma unos a otros, con la imagen de las Torres derrumbándose de fondo.

On campus, la sobreinterpretación de una biopsia que tuvo mi salud y mi esperanza de vida entre cuerdas, cuando el inglés me pareció un idioma tan amenazante.

Off campus, la última foto de mis padres como matrimonio en un viaje de visita, disfrutando de un glamoroso picnic en alguna viña de Napa Valley.

On campus fue una masiva marcha en contra del inicio de la guerra en Irak para luego, lamentablemente, ver el juego de artificios en la pantalla del televisor.

Off campus, el primer pensamiento es el buen pensamiento.

On campus, el último pensamiento es el más sólido.

Off campus, el "yo" se borra, la identidad se desvanece en un espacio vacante.

On campus, el yo debe ser estratégico, hábil y meritocrático.

Off campus, el último flash es una iluminación bajo forma de gran blanco.

On campus, Janis chilena graduada a pesar de todo pero sin dinero para ir a la ceremonia con el ridículo traje de toga y birrete.

Off campus, la crisis de la industria informática, de un país en guerra.

On campus, una ardilla que me muerde un dedo del pie en verano y me hace recibir la vacuna contra la rabia.

Off campus, la desnudez normada, la droga limpia y mesurada.

On campus, cierta desazón de un esplendor pasado, de un pasado antes de toda llegada.

Off campus, algunos gobernantes delirando como si fuesen dioses y bombardeando Bagdad.

On campus, Janis chilena murmurando en otro contexto *peace & love*.

Off campus, subiendo cajas de libros, muebles Ikea a un *container* que los llevaría al puerto de Valparaíso.

Off campus, ¿sexo, droga y *rock 'n' roll*? Sí, pero un sexo normado, una droga limpia y un rock sinfónico.

On campus, dejando una vida en California que me despojaba de nostalgias mientras me decía a mí misma:

Cry baby, cry baby, cry baby,
Honey, welcome back home

Un anacoreta en el desierto de los rubios monolingües

Eloy Urroz

I

¿Importa o no importa?

Quiero decir, escribir… ¿importa? Ésa es la pregunta que más irrita a los que llevamos años fuera de nuestro país, a los que el *pathos* empujó fuera, a las orillas, a la periferia, a cualquier pit. Si de alguna manera ya causaba escozor, la pregunta se acendra y termina fustigando a esos que, como yo, escriben en español y viven en Estados Unidos o en Canadá o en Europa.

Si la duda existe, si la duda siempre ha existido, la incertidumbre se enquista cuando escribes en el desierto, cuando te vuelves un anacoreta persistente, un mexicanito loco y simpático escribiendo novelas y poemas entre gente que no te entiende y no le interesa un comino lo que escribes, lo que haces or what you think. La brecha lingüística es, en el fondo, mucho más tajante and cruel de lo que cualquiera a simple vista puede imaginarse. ¿Quién me lee, quién me entiende si mis amigos son a handful de extranjeros que hablan, como yo, la misma lengua franca, el inglés? ¿Quién, entre mis vecinos rubios y monolingües, siquiera sabe que yo escribo, quién de aquellos que tienen o han visto mis libros (traducidos algunos al inglés) los ha abierto siquiera? Si ya acusaba la sensación de que en México no me leen o me leen poquísimo, en Estados Unidos la extrañeza y desazón se agudiza.

Aquí, en USA, no importas.

En México había sido cabeza de ratón. En Estados Unidos me he vuelto cola de león.

II

¿Y en tu país importas? Someone cares or gives a shit?

Probablemente no, pero el tema es otro: qué piensa el que escribe fuera de su país y no qué piensan de ti en el tuyo.

Dándole vueltas al asunto, pensaba que la única respuesta plausible a la pregunta era que quizá bastaba que te importe a ti mismo continuar escribiendo, basta que tú le otorgues algún sentido, anacoreta, para seguir haciéndolo. El porqué, al final, really doesn't matter much. Pero ¿es de veras cierto? ¿Basta otorgarle un secreto sentido, un sentido individual, a las horas que invierto frente a mi *laptop*?

¿Y si de pronto otras cosas cobrasen más sentido que sentarme a escribir en el desierto de los rubios monolingües? Siguiendo lo que digo, no estaría mal (or mistaken) si así fuera. In other words, lo único que importa es que eso que hagas, anacoreta, te mantenga ocupado, happy y entertained, como todo en Gringolandia. Tienes que olvidarte de los otros. Debes olvidarte de que existen los rubios (y los mexicanos). Tienes que aguantarte como los meros machos y vivir tu solipsismo, tu ostracismo, tu ninguneo. Así te tocó. Tú te lo buscaste, anacoreta, ¿remember? ¿Debo, insisto, a pesar de todo, olvidarme de los otros y continuar, infatigable, en mi lucha por la palabra? Pero… ¿y si de pronto un día se desvanece el interés por la batalla? También eso estará bien, anacoreta; ya otra cosa llenará de sentido tu exilio en el desierto de los rubios monolingües. Meanwhile, no hay más. Well, you like to cook for friends and family, lo cual no es, visto en perspectiva, sino otra forma de *poiesis*, ¿o no?

III

En el aforismo número cuatro de su *Breve guía de la narratuva hispánica de América a principios del siglo XXI,* Jorge Volpi escribe con tino: "Tan fácil sentirse latinoamericano como difícil explicar el contenido de esta expresión". Es cierto. Desde que llegué a Estados Unidos en el verano de 1995, *he aprendido* a sentirme latinoamericano ¡Qué fácil! Eso dicen los otros que soy yo; ésa es la imagen (proyección) que tienen los otros de mí, y, ya sabemos, a fuerza de repetición, los niños terminan por creerse lo que los adultos les cuentan: que son los más inteligentes, o bien, que son los niños más lindos y afortunados del mundo. Luego ya no se quita.

Antes de 1995, yo me sentía mexicano. Simplemente *mexicano.* No habría sabido explicar el contenido de lo que eso significa exactamente, pero puedo decir que lo sentía *indeterminada o indefinidamente.* A partir de 1995, empecé (poco a poco, en una especie de moroso y curioso proceso) a sentirme latinoamericano sin saber tampoco lo que eso exactamente (o no exactamente) implicaba. ¡Yo que ni siquiera conozco Colombia, Chile, Argentina, Ecuador o Paraguay! Mi *latinoamericanismo* termina en San Juan de Puerto Rico y en Antigua, Guatemala. En cambio, conozco España de cabo a rabo, de oeste a este y de norte a sur. He ido muchas veces a España y he vivido largas temporadas en Madrid y Salamanca. Y una cosa sé *without a doubt*: no me siento español y también estoy muy contento de no haberlo sido. Del mismo modo, de dos cosas estoy más contento aun que de no ser español: de haber dejado de ser el niño católico que era —y fui— hasta hace veinte años, y de hablar y escribir en castellano (irritante paradoja). Ah, y también sé que no me siento gringo o gabacho aunque me gusta vivir en donde vivo: Charleston. Cada vez lo prefiero más al Distrito Federal o, bien, cada vez prefiero menos la capirucha desalmada. Ese contenido, como diría Volpi en su aforismo, sí lo he podido expresar. *Ergo*, sé lo que no soy y también sé lo que no siento.

IV

Pero ¿cómo empezó todo? Tal vez el día en que mi padre le dijo a mi madre encinta en el verano de 1966: "Cásate conmigo, Margot; vayámonos a Nueva York". Apenas se acababan de conocer. No tenían nada que perder. O tenían todo que perder. O bien tenían todo que ganar. Al final, quién sabe, ¿perdieron todo?, ¿ganaron todo, poco o nada?, ¿quedaron tablas con la vida y con ellos mismos? No lo sé. At the end, yo nací en Manhattan, Nueva York, en marzo de 1967 y, como ustedes comprenderán, no fui precisamente ochomesino. Nevertheless, no crecí en Estados Unidos. Al cumplir los dos años de edad, mis padres volvieron a México, ambos chilangos de corazón. Margot, una judía árabe (extraña combinación); José Eloy, un ingeniero católico (otra extraña combinación). Both together una bomba molotov. Ninguno, por supuesto, practicaba sus impracticables religiones, gracias a Zeus, pero eso no hizo las cosas más fáciles ni mucho menos. Tampoco me las hizo más fáciles a mí, por supuesto, otherwise no estaría exorcizando demonios en novelas y poemas que nadie lee, de otro modo no viviría en Estados Unidos desde hace dieciséis años, de otro modo no viviría desgarrado entre dos mundos, dos países, dos culturas, dos éticas, dos religiones.

Lo que he querido decir es que nacer en un sitio marca más de lo que uno suele suponer. Lo digo porque no deja de resultar interesante que ya desde nuestros primeros cafés en Sanborns, Jorge Volpi y Nacho Padilla, mis dos grandes amigos, difirieran tanto de mí. Estábamos en la preparatoria y ellos aseguraban que había que irse a Europa para poder escribir y convertirse en grandes novelistas. Yo decía que había que irse a Estados Unidos. But why in hell decía yo esto, por qué lo aseveraba con tanta vehemencia? Visto en retrospectiva, resulta casi obvio: porque había nacido allí. ¿De tener que irse a algún lado, adónde más habría que *mudarse* si no al lugar donde se nació, el cual, por cierto, ni siquiera conocía más que de ramalazo? Por eso, el sitio donde uno nace, marca, atrofia, define y exacerba. Uno crece y vive suponiendo (asumiendo casi) que, en la eventualidad de tener que irse a algún lugar, ese lugar no podría ser otro que el sitio ignoto de donde es uno por derecho o nacimiento. Or by chance.

En todo caso, multitud de factores (aburridos de contar) added up en 1994 para que, al final, yo me fuera a Los Ángeles en 1995 a estudiar una maestría y un doctorado. Otros muchos factores se añaden ineluctablemente a esos aburridos primeros factores para poder desentrañar por qué me quedé en Estados Unidos y no volví a México como siempre pensé que, al final, sucedería. Menciono dos: aunque mexicana, mi esposa jamás quiso volver a México y siempre se empeñó en quedarse en Estados Unidos (en esto ella pensaba como yo solía pensar en el

Sanborns a mediados de los ochenta). Segundo: mi hija Milena nació en Colorado en 1999 y mi hijo Nicolás nació en Virginia en 2004 (ojo: Nicolás no lleva "h", lo cual complica las cosas). Con estos elementos casi basta para que, al final, uno termine claudicando a cualesquiera residuos de voluntad existan still por volver a su terruño querido.

V

Mi padre decía que uno se acostumbra a todo menos a no comer. Yo, en mi ignorancia o juventud, no pensaba que jamás pudiera ceder a mi espantosa adicción de dos décadas ininterrumpidas: tomar café en los Sanborns mientras, ensimismado, devoraba una novela tras otra, imparable. Lo cierto es que durante más de veinte años no perdí ocasión para escaparme con un buen libro en la mano y olvidarme del mundo durante dos o tres o hasta cuatro horas. Terminaba, por supuesto, como un globo inflado de cafeína (desde entonces tengo los dientes amarillos, o casi). Pero todo esto no importaba. To live the life of the characters on those novels era (y sigue siendo hoy) el más maravilloso espacio que me he inventado con la ayuda de aquellos que las escribieron. Leer relatos de ficción es mucho más que sustituir o reemplazar la realidad cotidiana. Vivir la ficción *como* parte de la propia vida nunca es un mero simulacro de vida, tampoco es un sucedáneo de la realidad o un pasatiempo. Leer una novela es internarse en aristas y matices donde cuenta cada detalle, pausa y adjetivo; donde una línea narrativa puede o no detenerse, interrumpirse, retroceder, enredarse u ovillarse; donde mi imaginación (casi incauta) se superpone indefectible a la del autor y la refuerza, le añade algo y modifica; donde un gesto, un desliz o el amago de un signo puede trastornarlo todo, puede provocar un giro de 180 grados que jamás esperábamos, y, más aún, puede cambiar nuestra vida o nuestra estrecha visión del mundo. Nadie es el mismo antes y después de haber leído *À la recherche du temps perdu o La vida breve*. La frase o el gesto de un personaje deja a veces una huella imborrable; lo que no acontece con otros cientos de gestos o frases que oímos diariamente. La realidad de la ficción suele ser más perdurable.

Tal vez por eso yo también me puse un día a escribir novelas: para repetir en carne propia —y desde dentro— el santo oficio de la creación de universos paralelos, el desvelamiento de aquesta inadvertida realidad y la postrer forma de *evasión comprometida* a través de la ficción. Acaso con mi granito de arena pretenda (¿ingenuo de mí?) contribuir a la salvación de esa otra (desapercibida) realidad que surge, poderosísima, en cada nuevo relato de ficción.

De cualquier manera, lo que más eché de menos desde el día en que pisé tierra anglosajona fue, si mal no recuerdo, mis eternos cafés en Sanborns leyendo vidas e historias cn universos paralelos, mundos similares pero distintos, mundos siempre mejores, más intensos, más complejos, ambiguos e indiscernibles.

Ahora que medito en ello, tal vez sea ésa la razón por la que en pleno ostracismo, me obstino en escribir novelas y poemas que nadie lee. Una pura conjetura. Tal vez existan razones psiquiátricas más de fondo. *Un siglo tras de mí, Fricción y La familia interrumpida*, mis últimas tres novelas, llevan, más que las anteriores, el signo distintivo del exilio. No podría ser de otra manera: es el ostracismo en el desierto de los rubios monolingües la marca indeleble del estilo.

VI

No hace mucho escribí un poema en heptasílabos, *Sentido*. Esto es lo que más o menos siente aquel que vive lejos, en la orilla, en la periferia, en el limbo, extrañado y extraño. Tal vez sea, sin embargo, lo que cualquiera en cualquier parte del mundo siente de cualquier manera:

Este hombre nació acaso
con un desequilibrio
químico o nació con
exceso de atención
de sus padres o bien
con el angst bajo el brazo.
Este hombre no lo sabe
ni de casualidad.
Acaso fue el exilio
en el país de al lado
(mas esto es improbable
pues pudiendo volver
ha deseado quedarse).
No es la necesidad
económica, menos
se trata del exceso…
Ninguna de las dos
orillas lo amedrenta
y a ninguna se acerca.
¿Quizá falta de amor?
No. Él tiene el cariño
de su mujer, sus hijos,
sus amigos y hermanos;
también el de su madre.
Pero murió su padre

hará cosa de un año.
Mas es otro el dolor
que siente, y él lo sabe.
Esta noche en su casa
apenas y consigue
balbucir el problema
y ponerlo por escrito:
se trata del sentido.
¿Mas cuál es el sentido?,
se pregunta insistente
mientras abraza al hijo
que dormita a su lado.
¿Hay uno acaso? ¿Existe?
Continuamente piensa
que no hay ni habrá jamás
ninguno y que no importa
cuánto se afane o cuánto
se obstine cada día
en dárselo a sí mismo:
no lo hay, nunca lo hubo.
Al contrario: presiente
con acuciosidad
que este mundo es absurdo
y sin ningún sentido;
que, al final, sólo resta
escoger a diario entre
la vida o el suicidio.

VII

Cito a Onetti que cita a Borges: "Mientras escribo me siento justificado; pienso: estoy cumpliendo con mi destino de escritor, más allá de lo que mi escritura pueda valer. Y si me dijeran que todo lo que yo escribo será olvidado, no creo que recibiría esa noticia con alegría, con satisfacción, pero seguiría escribiendo, ¿para quién?, para nadie, para mí mismo."

El Ciempiés

Ilan Stavans

A ti que te gustan los impostores, Ilán, tengo uno que te sacará de tu sano juicio, me dijo por teléfono Martín Carrera, el dueño de La Veracruzana.

Esa fue la introducción a los dos encuentros que tuve con El Ciempiés, un truhán entrañable.

Carrera me contó que el impostor era indocumentado y que se había presentado en el restaurante para solicitar trabajo. Su nombre era Hermenegildo Galeana. Imposible, Carrera explicó. Hermenegildo Galeana fue un héroe de la independencia mexicana. Si fueras él, estarías en el Panteón de Dolores.

Así mero, respondió El Ciempiés. A Carrera el tipo le cayó bien. Pero estableció que únicamente lo contrataría como lavaplatos si le daba su nombre auténtico. ¿Auténtico?, cuestionó el impostor. Nada de lo nuestro es auténtico, afirmó. Si no le gusta el nombre, puede llamarme Luis Loya, Esteban Baca Calderón, Jorge Espinoza

Ríos, Luis Manuel Chavez, Johnny Montoya García... O simple y llanamente El Ciempiés, que es como me dicen los cuates.

El primer encuentro ocurrió un par de noches después. Carrera me había invitado a unos tacos en La Veracruzana para que conociera al impostor directamente. Vente pa' acá, Hermenegildo, le pidió cuando íbamos por el postre. Ya conoces a mi cuate Ilán. Es maestro. A veces se aparece por el restaurante. Acaba lo que estés haciendo y tómate una chela con nosotros.

Los tres estábamos en una mesa arduamente iluminada. Dediqué los próximos minutos a hablar con El Ciempiés, a estudiarlo. Apenas llegaba a los treinta años. (Supe después que su cumpleaños y el mío tenían la misma fecha). Era de ojos café, cabello hirsuto, facciones delicadas, piel angelical. Traía unos pantalones de mezclilla raídos y una camiseta decolorada.

Nos contó que había cruzado la frontera un total de trece veces, la primera en enero de 1996, antes de cumplir los quince. Todo es cosa de saber desorientar a la migra. Porque trabajo siempre hay, dijo. ¿Pues que se necesita hornear la pizza? Pos aquí estamos nosotros. ¿Que vender flores en el *Subway*? Pos pa' eso estamos nosotros mismamente. ¿Y que el patrón quiere que se limpien los baños? Pos nomás hay que pedirlo. Los polis quieren hacernos pensar que los nacos somos todos unos mensos, aunque lo cierto es que nos necesitan. Ellos son los gatos y nosotros los ratones. Y sin gatos no hay ratones, o viceversa.

Pedimos otra ronda de cervezas. Lo que hay que hacer, agregó El Ciempiés, es seguirles la corriente a los gringos, así que siempre que puedo —y la verdad es que siempre puedo— yo les doy el nombre que sé que ellos prefieren.

A ver, Ciempiés, danos un ejemplo, inquirió Carrera.

Por ejemplo, Martín Carrera, respondió el impostor. Doy ese ejemplo porque Don Martín cree que yo soy muchas personas. Y tiene razón. Eso me permite ser una más. Y esa nueva persona debe ser como él.

¿Y por qué no Ilán Stavans?, indagó Carrera.

Ah, ese nombre es sangrón, agregó El Ciempiés. Verán que soy prieto, como Don Martín. O sea que soy mestizo. Mi nombre debe compaginar con mi identidad. Don Ilán, ¿de veras es usted mexica, como nosotros? Porque la neta es que no tiene la pinta. Se ve como un gabacho hecho y derecho. Por eso tiene tantos estudiantes, ¿o no? Si yo quisiera, también podría ser gabacho.

Órale, Hermenegildo, repuso Carrera. Ya deja de decir pendejadas…

Le juro que puedo, insistió El Ciempiés, aunque ese sería el desafío mayor, mi sumacumlaude. Porque los otros alias son fáciles. Mis cuates dicen que cambio de máscaras como de calzones. Y asimismo de SS. O sea, del Social. A la migra le doy los diez dígitos que me saltan a la mente, los que sean. Pongamos 100-68-1967. La mera neta es que la combinación importa un bledo porque a nosotros los indocumentados los IDs nos cuestan menos de veinte dólares. Si usted quiere, Don Ilán, yo le consigo uno que tenga el número que le convenga. Puedo tenérselo aquí pasado mañana.

El alcohol y la noche nos desinhibían. ¿Y de qué sirve la honestidad?, indagué. ¿Honestidad? No me venga con cuentos, Don Ilán. En este mundo no hay gente honesta, solamente gente desorientada. Así como me ve, ando como perinola. Me han arrestado un total de doce veces, me han deportado veintidós y he estado cinco semanas y media en la cárcel.

Quise saber si no era peligroso que nos contara todos estos detalles, que nos dijera lo que parecían ser sus secretos. El Ciempiés guardó silencio. Se bebió media cerveza. Luego agregó que le atraía el desafío.

No entendí a lo que se refería. En todo caso, la conversación terminó a la una de la mañana. Al despedirnos, sentí cierto cariño por él al igual que aprecio renovado por Carrera por haberme presentado a un impostor excepcional.

No volví a saber de él por varios meses. En ese ínterin lo visualicé con regularidad fregando platos.

Mi sorpresa fue enorme cuando lo veo en televisión. Su perfil se insertaba en el contexto de un escándalo académico. Un grupo estudiantil en Harvard protestaba por la expulsión de un estudiante indocumentado. El *footage* era típico: reclamos, algarabía, denuncias. Horas después leí el desplegado en la primera sección de *The Boston Globe*. El nombre del estudiante era Juan Gustavo Herrera. Poco antes de su expulsión había defendido su tesis doctoral, cuyo título era "*El Piolín de la Mañana and Spanish-Language Radio in California*".

En las fotografías, el perfil de El Ciempiés era distinto. Vestía con una jersey morada, unos pantalones de pana café, mocasines y una corbata amarilla. Según uno de los reportajes, había sido arrestado. Quedó libre cuando alguien —un postor anónimo— pagó la fianza.

Un vocero administrativo de Harvard aseguraba que la decisión de otorgarle el doctorado al estudiante, a pesar del clamor político, no había sido sencilla. Hay quien lo retrata como un fanfarrón, un patán, un embaucador, aseveró el vocero universitario. Pero su impostura tiene perdón porque sus objetivos siempre han sido claros: mejorarse a sí mismo y mejorar a los demás.

Esa misma tarde Carrera me citó en La Veracruzana. Me informó que El Ciempiés estaba escondido en la despensa del restaurante, que la policía le seguía la pista y que seguramente partiría al día siguiente. ¿Hacía adónde?, indagué. Yo qué carajos sé, respondió Carrera.

Ese atardecer tuve mi segundo y último encuentro.

El Ciempiés descansaba en un costal de maíz en una esquina oscura de la cocina. Respiraba aceleradamente. Su apariencia era desgarbada. La ropa fina que había lucido en las fotografías había sido reemplazada por el viejo pantalón de mezclilla y la camiseta arrugada.

Tenía en la mano unos papeles. Carrera y yo nos acercamos a él. Buenas, Don Ilán, me dijo. Ya ve cómo son las cosas: cumplí mi promesa.

Me extendió la mano. Apretaba en ella un diploma. Hay menos compasión en la universidad que en la calle. Aunque me expulsaron de la universidad, ahora no pueden quitarme el título de maestro, que es como los de usted.

Sonrió antes de agregar que el diploma estaba a nombre de Manuel Altolaguirre. Don Ilán, ¿usted sí sabe quién fue Altolaguirre? ¿No yo sino el otro?

Acto seguido, el impostor esclareció: La gente de por allá me decía Manolín, Javi y Chambelán... Son alias que me vienen al dedo. ¿Quieren que les diga cuál es mi artista favorito? Ahí les va una adivinanza: es chileno y mexica al mismo tiempo, escritor y comediante. ¿Se dan por vencidos? Solución: Roberto Bolaño.

Carrera le ofreció una cerveza. El Ciempiés la rechazó al anunciar: Usted y Don Martín querían saber cuál era mi nombre auténtico. ¿El de las actas de nacimiento y defunción, aunque nadie los use? Anunció que había nacido en Apatzingán, Michoacán. Apatzingán está en Tierra Caliente y es donde se promulgó la constitución mexicana. De allí El Ciempiés caminó hasta Nuevo Laredo, que está a unas 2,500 millas. ¿Cuánto es eso en kilómetros? Y siguió rumbo al otro lado, justo adonde se cosecha la lechuga, en el Salinas Valley, es decir, en tierras de John Steinbeck, que escribió sobre los desposeídos. Y así llegó a La Veracruzana, que está en Northampton, Massachusetts.

Quise saber cómo hizo para no cansarse.

Ay, pos no sé, repuso. Cansado siempre estoy. ¿Usted no, Don Ilán? Porque claro que todo está bien lejos... Francamente, el recorrido de un lado a otro fue una inmensidad. O como diría mi mamita, toda una vida. Eso es lo que fue: toda una vida. Pero estamos aquí pa' cansarnos, ¿no cree? O más bien, para fingir que estamos cansados. Estamos aquí para fingir...

Carrera y yo lo observábamos hipnotizados. Nos contó que en total había estado en más escuelas de las que tiene el estado de Delaware, que su madre todavía vivía en Apatzingán y que no la veía desde hacía quince años, aunque le mandaba su dinerito el día 15 de cada mes. Que había trabajado de chofer para una compañía de autobuses, de jardinero para un senador, de cajero para un banco. Que había sido amante de una tejana y una neoyorquina pero que no tenía hijos, al menos no que supiera. Se hace lo que se puede, Don Ilán. Y ahora estoy orgulloso porque tengo mi sumacumlaude.

Si bien lo felicité, el desafío del que hablaba no lo recordaba como mío. Fue entonces cuando Carrera le dijo a El Ciempiés que si quería podía ser administrador de La Veracruzana, ahora que Harvard lo había condecorado con un diploma, aunque tendría que pagarle subrepticiamente como antes puesto que su estatus seguía siendo el mismo. El Ciempiés le agradeció sin aceptar la oferta.

Supuse en mi interior que lo que él añoraba era una carrera profesional. Le pregunté para qué obtener un doctorado si no podía ejercer en esa área.

¿Ejercer?, repuso en un tono desafiante. ¿Qué quiere decir ejercer? A usted, Don Ilán, le gusta desafiar a los demás, hacer que se sientan pequeñitos. Yo ejerzo mi voluntad, así mero. Y mi voluntad es cambiar de voluntad cada que se me hincha un huevo. Los gringos como usted se hacen la cirugía plástica, así que cambiarse de nombre no está mal pa' nosotros los nacos, ni moral ni económicamente. Pero usted no entiende nada. Yo lo que quiero es ser libre...

Esa noche nos despedimos temprano. Carrera le ofreció a El Ciempiés una habitación vacía en el piso de arriba de La Veracruzana.

Pos no sé, Don Martín, replicó el impostor. Usted ha sido generoso conmigo. Se lo agradezco pero mejor me pelo de una vez.

Esas fueron las últimas palabras que recuerdo. Antes de salir decidido, dejó caer el diploma en el suelo.

El país de nunca jamás

Camilo Jiménez

En 1978 Medellín tenía cerca de un millón doscientos mil habitantes. Era una ciudad mediana, tranquila, de buen clima, donde muchos señores iban a sus casas al mediodía desde sus oficinas y encontraban a su llegada el almuerzo servido, preparado con amor por la esposa o la empleada del servicio. Yo vivía en esa ciudad con mi padre, mi madre y mi hermana mayor en un barrio de clase absolutamente media. Los ricos no vivían en suburbios sino en el centro, los más notables en el marco del Parque de Bolívar en edificios como Apabí, El Parque y Los Álamos, tal como en los pueblos de donde venía la mayoría de esas familias, en los cuales se alineaban en la plaza principal, alrededor de la iglesia y la alcaldía, las casas de los prestantes.

Ese año fue la Copa del Mundo de Fútbol en Argentina, que vi con una docena de vecinos en mi casa porque era la única donde había televisor en colores. Nos reíamos y celebrábamos cada vez que el comentarista decía, para identificar a un equipo, "de pantaloneta oscura en sus pantallas": a nosotros nos encandilaba el naranja de la selección holandesa, y nunca vimos un prado tan verde aunque vivíamos en una zona boscosa de una ciudad que despliega todos los tipos de verde imaginables.

Pasaron otras cosas en el 78 en Medellín. Abrieron el Museo de Arte Moderno; luego del Congreso Mundial de Orquídeas en la ciudad, se fundó el Jardín Botánico Joaquín Antonio Uribe, y se celebraron con mucho bombo los juegos Centroamericanos y del Caribe, que ganó Cuba. También, ese año, viajaron a Estados Unidos mi madre y mi hermana, como regalo de quince años para ella. Mi padre y yo iríamos al año siguiente. Con sus ingresos de comerciante de fique no podía costear un viaje para los cuatro, entonces no se sabe cómo decidieron que el viaje evocaría una emergencia: la mujer y la niña primero.

El lunes 20 de noviembre, cuando mi mamá y mi hermana Anita salieron en un vuelo de Aerocóndor para Miami, una fotografía de Jorge Luis Borges apareció en la primera página del diario local, *El Colombiano*, porque el escritor estaba en Medellín e iban a hacerle un homenaje. El periódico costaba cuatro pesos, y seiscientos la entrada para ver a Sandro de América, que se presentaba ese fin de semana en la ciudad. La noche anterior investigadores americanos habían descubierto en la selva de Guyana los cuerpos de casi mil personas que se habían suicidado con cianuro empujados por un santón llamado Jim Mason.

Serían dos meses enteros, y yo recuerdo poco de ese tiempo. Sí tengo claro que se me hicieron eternos, pero mi papá me consolaba diciendo que un año después haríamos el mismo viaje, iríamos a Disneylandia y comeríamos en McDonald's. En esos días mi comida preferida eran las hamburguesas, y los arcos dorados eran para mí una especie de santuario; estaba casi obsesionado con conocer y probar las más famosas del mundo. Pero mi papá y yo nunca viajaríamos a Estados Unidos.

Mientras mamá y Anita estaban en Disney, me quedé en el barrio con los amigos haciendo lo que siempre hacíamos en las vacaciones de fin de año: jugar en la calle, escondernos cuando nos llamaban a comer, cazar lagartijas y renacuajos en los tejares vecinos, hacer guerra de cadillos (unas semillas duras, con púas) e inventar motivos para acercarnos a Lina Vélez, la más bonita de nuestra calle, mientras ella, sola, patinaba de arriba abajo con sus piernas fuertes de gimnasta olímpica en formación. Cambiando algunos nombres, eso es lo que han hecho todos los niños en las vacaciones desde siempre. Pero para mí, en esos días, mis amigos y yo éramos únicos en el mundo.

En esas vacaciones conocí un pequeño paraíso a apenas cuatro calles de mi casa. Era la tienda de Juan Vélez, un cuarentón delgado, de barba larga y entrecana, que vendía por centavos revistas y libros de segunda, y tenía la magnanimidad de cambiarnos a los niños del barrio las revistas que ya habíamos leído por otras que no conociéramos. En su local conocí Billiken, completé los números que faltaban de mi colección de Kalimán y compré los primeros ejemplares de Arandú y Tamakún. Todavía recuerdo el lema del heredero del reino de Samacardi: "Donde el dolor desgarre... Donde el peligro amenace... Donde la miseria oprima... Allí estará Tamakún, el vengador errante". En esa tienda pequeña e increíblemente desordenada, que olía a papel viejo, comenzó mi historia de lector. Es decir, mi destino definitivo.

Sin darme cuenta llegó el 20 de enero, el regreso de mi madre y mi hermana. Y con ellas, una incontable cantidad de fotos: Anita en las rodillas de un Santa que nunca había visto todavía en Medellín, porque no habían llegado todavía a la ciudad las Navidades con nieve hecha de algodón suelto, ni se colgaban bastones de colores en las ventanas. La nuestra era una Navidad andina, de pesebre ambientado con musgo recogido en los potreros, de Niño Dios y novena de aguinaldos. Anita abrazada a una Blanca Nieves tan real como la de la película. Anita y mi mamá delante de unos delfines que saltaban impetuosos afuera de una pileta. Mientras veía las fotos no sabía que eso que estaba sintiendo se llamaba envidia. La peor de todas, una envidia amarga por escenas y lugares que jamás vería.

Pero en ese momento yo no lo sabía, así que los meses siguientes me entretuve presumiendo con los tres o cuatro jeans, la media docena de camisetas Lacoste, la patineta que nadie más tenía en el barrio. Esas cosas que trajo mamá me ayudaron a ser feliz mientras esperaba a que corriera el año y llegara mi momento de pisar Disney, de montarme en uno de esos carros grandes y de colores que yo veía en las series de la tele, y que me emocionaban cuando hacían sonar las llantas. Los carros en Medellín no eran así, no sonaban así.

Además de los kilos de exceso de equipaje de regalos mi mamá también trajo de Estados Unidos una tos que se fue haciendo más frecuente y fea con el tiempo. Sólo quien ha vivido en una casa con alguien que tose y tose puede saber de qué hablo. Y si esa persona es la mamá, las noches son más largas y los días más amargos. Vine a saber que era cáncer tres o cuatro años después de ese 1979. Los mayores siempre dijeron que eran "nervios", la clave para que yo no oyera esa palabra. Cáncer.

Para noviembre de 1979, mes de nuestro viaje, además de la tos y las piedras en la voz, mi madre tenía una mancha gris en el cuello. Se levantaba poco de la cama, apenas para ir a sus terapias. Aunque la acompañé alguna vez, nunca fui ni mínimamente perspicaz como para preguntar por qué los nervios se trataban en el Instituto del Tórax.

Mamá murió el 18 de enero de 1980, en su casa, mientras dormía, como dicen que mueren los justos. Yo nunca intenté escribir algo al respecto, ni siquiera escribí antes algo tan íntimo como estas líneas. El pasaporte lo rompí, y conservé la foto por un tiempo. Antes de botarla la pasé por un escáner y la puse en mi Facebook, que es como decir que ya no es mía. No soy yo ese niño que no iría en noviembre de ese año con su padre a Estados Unidos. No soy yo ese niño que estaba a punto de quedarse huérfano.

***

El segundo movimiento de esta memoria es menos dramático. Es 1991 y he dejado los estudios de periodismo hace un año y medio. Trabajo por las mañanas en un vivero administrando sus áridos movimientos financieros y sembrando plantas. En las tardes leo novelas y ensayos y poesías en mi casa o en alguna biblioteca pública de Medellín. Los lunes hago pan de trenza y alemán con mi novia de entonces, Diana, y los vendemos por el barrio esa misma noche. Mi hermana se ha casado y vive con su marido en El Poblado, al sur de Medellín. Hacia allí se han ido mudando los profesionales jóvenes con futuro promisorio y las familias prestantes que antes vivieron en el marco del Parque de Bolívar.

Cuando cursaba el último año de bachillerato había manifestado mi intención de estudiar Literatura o Filosofía y Letras. Pero me iba a graduar de un colegio de jesuitas, y la literatura y la filosofía eran vistas como oficios de *hippies* o de muertos de hambre.

—Camilo va a estudiar filosofía y flauta —se burlaba en voz alta mi amigo del alma.

Los compañeros que más se acercarían al humanismo seguirían la carrera de derecho; sólo a mí se me pasaba por la cabeza seguir estudios de letras. Periodismo era sospechoso, pero fue la alternativa en la que insistieron el padre Rogelio y Catalina, la psicóloga del colegio: en periodismo no me moriría de hambre, decían, y podría seguir leyendo. Me convencí a medias. El impulso me duró cinco semestres de estudios, pero el hastío por la vida académica apenas empezaba a cesar en ese verano de 1991, cuando vendía panes con Diana y sembraba plantas en una tienda con un gran patio trasero. Y leía.

Entonces apareció de nuevo Estados Unidos, esta vez como idea. El papá de Diana, el doctor Roberto Giraldo, vivía desde hacía unos años en Nueva York, y trabajaba con el grupo de investigación para el replanteamiento de la hipótesis VIH-sida. Por un par de comentarios suyos comenzamos a darle vueltas al proyecto de irnos para allá. Diana había terminado sus estudios de fotografía y apretaba los dientes todos los días con el nuevo esposo de su mamá, un alemán que tenía horarios para todo. A mí sólo me interesaba leer novelas y poemas, y eso podía hacerlo en cualquier lado, en Medellín o en Nueva York.

Para agosto ya teníamos todos los papeles en regla. El papá de Diana y otras personas nos habían ayudado a conseguir trabajos allá: yo estaría en el sótano de una librería como empacador; Diana sería ayudante de cocina en el Boathouse, en pleno Central Park, donde trabajaba como chef una mujer de Medellín, amiga de amigos. Viajaríamos en marzo de 1992 y empezamos a soñar con Brooklyn, donde viviríamos, y con Manhattan, donde íbamos a trabajar. Busqué en las bibliotecas de Medellín cuanto libro me hablara de Nueva York y empecé, por supuesto, por el principio: recorrí con Henry James el pasado remoto de mi nueva ciudad, como unos años atrás había leído a don Tomás Carrasquilla para entender algunos orígenes de Medellín, y como haría diez años después, cuando llegué a vivir a Bogotá, con las *Reminiscencias* de don José María Cordovez Moure para conocer el pasado la capital de Colombia. Nadie como los autores del siglo XIX para contarnos el mundo.

Pero también compré el *New York*, de Lou Reed, y no paré de oírlo en mi casa, en el carro de Diana, en mis audífonos hasta que me aprendí de memoria sus canciones, una por una. Conseguimos guías y mapas del metro, que estudiamos como si debiéramos tomarlo esa misma noche. Miramos y repasamos revistas de *Playbill* y de *New York* y números viejos de *Time Out*, así como ediciones también pasadas del *Village Voice*. Muchas tardes, en la biblioteca del Colombo Americano de Medellín, metimos los ojos en libros pesados y hermosos mirando fotografías de Annie Leibovitz, de Margaret Bourke-White, de Vivian Meier, de Garry Winogrand.

Viviríamos con el doctor Giraldo y su mujer, Tanya, en el 445 de Clinton Avenue, y para mi trabajo debía tomar el tren A en Washington-Clinton Station, en la esquina con Fulton; debía bajarme en la estación de la calle 72 Central Park West. Me veía caminando por las calles de Nueva York, que ya casi conocía. Quería comer *hotdog*s en Grey's Papaya y probar las famosas hamburguesas de JG Melon. Quería tomarme una cerveza en el CBGB sin importarme que ya hubiera comenzado su decadencia: me bastaba con que allí hubiera tocado alguna vez Patti Smith. Compuse un itinerario detallado para un viaje que haría con Diana entre Nueva York y San Francisco. Llegué a soñar pagando un precio exacto por un libro de segunda; en otro sueño supe a qué sabían los *cheesecakes* de Lindy's, y en otro más se me cayó una cajetilla de cigarrillos del bolsillo de la chaqueta mientras cruzaba el Verrazano. Veía tan cerca esa ciudad que llegué a sentir una vez un olor salitroso en alguna calle de Medellín, y supe que así estaba oliendo el Hudson por esa época del año.

Una mañana de septiembre, mientras la levadura hacía su manso trabajo en la cocina y nosotros veíamos televisión, me dio por llamar a la Universidad de Antioquia para preguntar por las inscripciones para Literatura. Quería tomar un par de cursos mientras llegaba el momento del viaje, como una manera de apaciguar mi ansiedad. Ese mismo día —ese preciso día— vencía el plazo para comprar el formulario de inscripción. Fui con Diana, hicimos una fila eterna bajo el sol del Parque de Berrío en Medellín, llené el formulario y lo entregué en la oficina de una universidad inmensa que apenas conocía y que me apabullaba.

Sucedió lo que, en secreto, suponía que sucedería: presenté el examen de admisión, me admitieron y, más, me becaron por ese primer semestre. Diana se fue para Nueva York en marzo de 1992, vino de visita en diciembre y volvió a partir. Yo me quedé en Medellín con una pena de amor del tamaño del Empire State, pero el segundo semestre también me becaron en la universidad, y no podía —no quería— perderme todo lo que veía por primera vez en salones de clase, en patios, en la biblioteca. Diana y yo nos separamos tres años después de su partida, incapaces de mantener una relación por carta con una visita anual.

Nueva York, Estados Unidos, la Interestatal 280 y las demás volvían a alejarse. Pero allí, en la Universidad de Antioquia, encontré el oficio que siempre quise tener: que me pagaran por leer. En la editorial de esa universidad comencé mi formación como lector profesional revisando un diccionario de contabilidad y editando un tratado de patología veterinaria: una suerte de servicio militar obligatorio. Después me las vi con libros más amables, como la edición facsimilar de la revista Antioquia, que había publicado Fernando González en la década del treinta en Envigado, al sur de Medellín, y que yo conocía porque había leído los ejemplares originales en la biblioteca de Filosofía de la universidad.

Desde entonces, el entretenimiento que cultivé desde niño, en la tienda de Juan Vélez, se me confunde con la manera de ganarme la vida.

En diciembre de 2000 uno de mis más queridos familiares, mi primo Santiago, se fue a vivir a Estados Unidos casi en la misma fecha en que yo me vine a vivir a Bogotá. Su madre, que desde hace muchos años es también la mía, pidió visa en la embajada de Estados Unidos tres veces antes de que le dijeran que sí, que la admitían en el país para visitar a su hijo. A pesar de incontables invitaciones no he querido ir a la embajada americana a que me den el permiso de viaje. No me gusta que me digan que no. Según Anita mi hermana, que es psicóloga, tengo baja tolerancia a la frustración. Le creo.

Las hamburguesas siguen siendo mi comida favorita. Las de McDonald's las acabé probando en Colombia, y son las que menos me gustan. Los autores americanos son los que más me conmueven. Seguí conservando cierta devoción por Nueva York como idea; todavía conozco calles, esquinas, marcas urbanas. Sin resignación me convertí en una especie de cartógrafo imaginario de esa ciudad.

Tengo con ella una relación de otro siglo, me veo como una suerte de amante epistolar de una ciudad. Ella me escribe cartas para contarme cómo está, cartas que veo en películas, en series de televisión, las leo en relatos o novelas y las admiro en fotografías. Hace un tiempo viene hablándome de su pasado reciente en *Mad Men*, por ejemplo. Unos años atrás me contó la historia fascinante de Chip Lambert y su familia en una novela que no olvido. Yo no le había escrito hasta ahora, pero ella, fiel e inmensa, siempre ha estado ahí. Y conmigo, aquí en Bogotá. No quisiera que al visitarla se esfumara la intimidad que hasta ahora hemos tenido, pero eso sólo lo vamos a saber ella y yo cuando la visite.

Después de vivir diez años en Estados Unidos mi primo Santiago regresó a Colombia. Viaja con frecuencia porque dejó negocios allá, y yo aprovecho para encargarle discos, libros, ropa. Conversaba con él hace un par de meses, con unas copas encima, cuando le dije que para mí el comercio internacional se reducía a esto: Estados Unidos es mi discotienda y mi librería, Inglaterra y Francia mis bibliotecas, Italia mi restaurante y Colombia mi droguería.

Hace menos de un año tuve el último sueño conmigo en Nueva York. Esa vez cruzaba en una bicicleta de turismo el puente de Brooklyn, camino a la casa que nunca tuve en esa ciudad, en el país de nunca jamás. En el sueño pedaleaba sin llegar nunca a ningún lado.

Buenos Aires, Alabama

Edmundo Paz Soldán

A principios de 1988, me encontraba de vacaciones en Cochabamba cuando sonó el teléfono. Es para ti, dijo mi hermano Marcelo, conferencia de los Estados Unidos. ¿Quién podría ser? Era Lucho Tejada, un amigo paceño que había conocido durante el año de estudios que pasé en Mendoza, Argentina, tres años atrás. Me saludó y me preguntó a quemarropa si estaba interesado en irme a estudiar a su universidad, en Alabama. Era amigo del entrenador de fútbol de la universidad, un ruso con mucho poder, y éste le había dicho que tenía becas para ofrecer a estudiantes extranjeros interesados en jugar por la universidad. Sonreí: yo estudiaba en Buenos Aires y era feliz. No me llevaba bien con mi carrera —Relaciones Internacionales—, no estaba en una gran universidad, pero en Buenos Aires había descubierto mi vocación literaria y me sentía en casa. Eran días de ferias del libro, entrevistas a escritores conocidos —José Donoso, Mempo Giardinelli—, visitas cotidianas a librerías en la calle Corrientes, tardes y noches de escritura y lectura continuas.

No me imaginaba yéndome de Buenos Aires, pero, por si acaso, pregunté de qué tipo de beca se trataba. Media beca, dijo Luis.

Eso significaba, sobre todo, la mitad de la matrícula, lo más caro de los estudios en los Estados Unidos. Le dije que no podía, igual seguía siendo caro; si fuera una beca completa, quizás… No lo decía del todo en serio, en verdad creía que mi pedido era imposible de cumplirse. Además, ¿para qué tentar al destino e irme de un lugar en el que me sentía a plenitud?

Dos meses después, me encontraba en Buenos Aires cuando Lucho volvió a llamarme con la noticia de que me había conseguido la beca completa: toda la matrícula, más el pago del alquiler del departamento donde viviría, un cheque para libros y fondos para el mes. Una beca a la que era imposible resistirme; no tenía ni siquiera que ir a probarme en el equipo de fútbol. Mis padres no estaban en una gran situación económica, y me tentaba independizarme económicamente. Comencé el proceso de racionalización, de justificar la decisión que de alguna manera ya había tomado: sería una experiencia novedosa, y además, quería estudiar inglés. Le dije a Lucho, sin pensarlo más, que sí, aceptaba la beca. Así fue que mi vida dio un gran giro. Estudiaría Ciencias Políticas, me transferirían un año de créditos de mis estudios en Buenos Aires, sólo tendría que tomar tres años de clases.

Vivía en Buenos Aires con Carlos Guardia, un amigo de La Paz que estudiaba medicina. Era mi compañero de ferias y librerías, y también de salidas nocturnas; si bien íbamos a los bares (Innsbruck) y discotecas (Puerto Pirata) donde se juntaban los estudiantes bolivianos —sobre todo nuestros grandes amigos de entonces, Dussan, Lolo, Pepe—, manteníamos cierto grado de independencia que hacía que nuestros compatriotas nos tildaran de "separatistas". Carlos y yo habíamos vivido tres años juntos, primero en dos departamentos en la calle Paraguay, y luego, ese año de la beca, en uno en la calle Austria, casi esquina Juncal. Carlos salía en ese entonces con Patricia, una chica de Santa Cruz. Cuando le conté de mi decisión de irme a los Estados Unidos, se alegró por mí, pero creo que los dos sabíamos que nos costaría mucho sobrellevar la separación.

Así fue cómo volví a Cochabamba en junio, a tomar clases intensivas de inglés y a prepararme para el viaje a Alabama. Mis padres estaban contentos con la beca. Les apenaba saber que la distancia crecería, pero sabían que era lo mejor para mí. Una tarde húmeda de agosto, aterricé en el aeropuerto de la ciudad de Huntsville, en Alabama. Me esperaban Lucho y sus dos hermanos, Alex —el mayor, que trabajaba en la NASA— y Tito —el menor, un muy buen estudiante de ingeniería. Los hermanos Tejada me llevaron a las residencias estudiantiles de la universidad, donde viviría mi primer año, compartiría el departamento con tres estudiantes del equipo de fútbol —los norteamericanos Scott y Jody, el finlandés Mikko— y Dan, del equipo de hockey sobre hielo. Dan era alto y rubio, y provenía de Iowa (*corn-fed* era la palabra para describirlo); él y yo dormiríamos en la misma habitación.

En mi primera práctica, el *coach* Ostap Stromecky, un hombre bajito y robusto que parecía todo el tiempo molesto por algo, me dio la mano, me presentó a su asistente, Pascal, y preguntó de qué jugaba. Mediocampista ofensivo, respondí, delantero medio. Luego conocí a los otros jugadores: estaban los ingleses, Rob y Bryan, líderes naturales del equipo; un colombiano de Miami, Rusty, y un libanés que se hizo buen amigo mío esos meses, aunque ahora no recuerdo su nombre. Apenas los entendía: hablaban un inglés muy rápido para mí, lleno de contracciones: yo no conocía, por ejemplo, la palabra *gonna* (había leído tres novelas en inglés antes de partir: *The Catcher in the Rye* —nunca me enteré qué significaba *phony*, porque me impacientaba detenerme a buscar en el diccionario cada palabra desconocida—, *Less than Zero*, que tenía un vocabulario pobre, y *Lord Jim*, que me venció después de cien páginas). Esa tarde húmeda de agosto, hicimos ejercicios y nos pasamos la pelota en una cancha de césped perfecto, bajo un sol que quemaba. Luego jugamos un partido. Casi metí un gol de cabeza.

Las primeras semanas fueron duras. Para evitar la tortura del sol, entrenábamos todos los días a las siete de la mañana. Debía poner la alarma a las seis y media y caminar hacia la cancha con mis compañeros de departamento, los ojos semicerrados. Para colmo, a veces ni siquiera jugábamos: era una hora o dos de correr, hacer ejercicios, pasarnos la pelota. Siempre había jugado en colegio, y me había ido bien en ese nivel —durante cuatro años seguidos, fui goleador en los campeonatos internos del Don Bosco—, pero nunca pude dar el salto a las ligas infantiles y juveniles porque no me gustaba entrenar. El fútbol, para mí, era puro placer, y me resistía a la disciplina necesaria para ser un mejor jugador. Por eso, cuando llegué a Alabama, estaba algo desfasado: no tenía el mismo nivel físico que mis compañeros. ¿De qué me servía tener buena gambeta si no podía superar a ningún defensa en velocidad? El *coach* se dio cuenta rápido de eso y no ocultó su desilusión. Me molesta desilusionar a la gente, así que esas semanas me esforcé aún más, con el objetivo de demostrarle a Stromecky que no había malgastado una beca conmigo.

Esas primeras semanas me dejé deslumbrar por los edificios relucientes de la universidad, el campus tan impecable como la maqueta de un arquitecto, árboles dispuestos en hileras flanqueando calles y edificios, tan bien podados que parecían de plástico. En la facultad descubrí que el programa tenía excelentes profesores —Pottenger, que enseñaba Filosofía Política y estaba interesado en la Teología de la Liberación; Spitz, experto en Relaciones Internacionales, pronto tentado por una universidad en la costa este—, pero mis compañeros dejaban mucho que desear. El perfil de la universidad atraía sobre todo a ingenieros y científicos: en Huntsville se encontraba una de las sedes de la NASA, y en su historia hubo ese momento glorioso en que, antes de la Segunda Guerra Mundial, von Braun y su equipo se habían instalado en la ciudad para diseñar los cohetes V-2. En clase, en una discusión sobre la OTAN y la independencia política de Francia en relación a los Estados Unidos, una de mis compañeras dijo que lo que Estados Unidos tenía que hacer era ir a Francia y *kick some ass*. Digamos que el nivel de discusión no era alto.

El primer semestre tomé una clase de literatura latinoamericana. Allí conocí al profesor Manuel Cachán, un cubano que resultaría fundamental en mi vida. Cuando se enteró de que yo escribía, me pidió mi manuscrito. Por esos días, reunía los cuentos de lo que vendría a ser mi primer libro, *Las máscaras de la nada, con Cristales en la noche* como título provisional. También había comenzado a escribir mi primera novela, *Días de papel*, aunque no se la mostré, porque todavía no encontraba el corazón del relato. El profesor Cachán leyó los cuentos y me dijo que, cuando sacara el título de *Bachelor of Arts*, me convendría solicitar una beca académica para hacer un doctorado en una universidad de primer nivel. Aquí les encanta si tienes algo publicado, dijo, la regla del sistema académico es *publish or perish*. La primera vez que me lo sugirió, no lo tomé en serio. Todavía soñaba con terminar la licenciatura y volver a vivir en Bolivia. La nostalgia me ganaba la partida.

Huntsville se me antojaba una ciudad muy pequeña, aunque en franca expansión, con carreteras y avenidas a medio construir. Me sorprendía la proliferación de iglesias, compitiendo entre sí por los feligreses, anunciando la buena nueva con letreros frenéticos e incluso luces de neón. No había aceras, era una ciudad para automovilistas; una vez, caminando al borde de una avenida, recibí un insulto para mí novedoso, de unos adolescentes que pasaron a mi lado a toda velocidad: *Get a car!* La ciudad tampoco disponía de buenas librerías, lo cual me amargaba, pues recordaba ese paraíso que era Buenos Aires. Había una en el centro comercial; mi segunda semana en Huntsville, me robé de allí una nueva novela, en tapa dura, de Graham Greene. No era de las buenas.

La primera vez que fui al supermercado, con Mikko, me sorprendió que al entrar Mikko agarrara dos carritos para las compras y me dijera: "Nos vemos en cuarenta y cinco minutos". Yo pensaba que compraríamos cosas para la casa juntos, que compartiríamos todo. No era así: en el refrigerador, debían separarse claramente lo que le pertenecía a cada uno de nosotros. No debía juzgarlos; era simplemente otra cultura, y debía tratar de acostumbrarme a ello.

Mis compañeros de departamento me caían bien a pesar de que no teníamos muchos temas de charla en común. Mikko era el más lacónico de todos; se la pasaba leyendo libros de Donald Trump y Lee Iacocca, los gurús financieros de fines dé los ochenta. Eran sus modelos. Scott, Donald y Jody eran sencillos; me llevaban a discotecas (recuerdo el nombre de una: Pizzazz), y se dedicaban a levantar chicas sin ningún criterio estético. Mi inglés precario me paralizaba. Las veía tan rubias, tan norteamericanas, repasaba mil veces en mi cabeza lo que les diría al acercarme, pero terminaba acobardado como Miguelito en una tira de Mafalda: más ratón que hombre.

Me emocioné cuando comenzó el campeonato: pertenecíamos a la segunda división de la Conferencia del Sur, debíamos jugar alrededor de dieciocho partidos durante el otoño (la liga duraba sólo tres meses al año). Eso significaba que nos tocaría viajar unas nueve veces. Salíamos en bus, y yo me sentía todo un jugador profesional. Algunos de mis compañeros escuchaban música en sus walkman o hacían las tareas; yo leía *(Brave New World, Do Androids Dream of Electric Sheep?, Neuromancer, Light in August, A Good Man is Hard to Find)*, y, con el rostro en la ventana, veía pasar, deslumbrado, la enorme diversidad de ese país-continente. Todos los viajes duraban muchas horas, y las carreteras estaban bien señalizadas y no tenían baches. Parábamos en restaurantes que ofrecían *buffets* de comida *all-you-can-eat*, y antes de un partido debíamos comer pasta, siempre pasta, ya que el *coach* decía que eso nos daría más energía para jugar. Y llegábamos a hoteles recién renovados, con alfombras flamantes y televisores de muchas pulgadas en las habitaciones. Todo me parecía nuevo, inmenso. Me sentía, de verdad, un provinciano recién llegado a la capital. Con el tiempo, descubriría que era más bien alguien del Sur llegado a otro Sur, un Sur profundo que quería mirar al futuro —lo atestiguaban tantos edificios de paredes espejadas en el campus—, pero no podía desprenderse de su pasado conflictivo y traumático, de las heridas de su historia de prejuicios y racismo, de relaciones de odio y desconfianza entre blancos y negros esclavos y de una guerra civil en la que habían sido derrotados. Todo eso lo iría aprendiendo en mi vida cotidiana, y a través de la lectura de Faulkner, uno de mis héroes de entonces.

En los viajes descubrí que no podía hacer el turismo que hubiera querido. Viajamos a Memphis, y no pude conocer Graceland. Viajamos a Oxford, Mississippi, y no pude visitar la casa donde había vivido Faulkner (lo haría dos años y medio después, antes de partir del Sur). Estuvimos por Mobile, Alabama, y apenas pude ver la playa. En Panama Beach, en la Florida, nos goleó un equipo de una universidad local en el que todos los jugadores eran escandinavos y medían un metro noventa. En Birmingham y Atlanta tampoco pude ver mucho. Viajaba mucho pero conocía poco. Eso sí, iba aprendiendo ciertas cosas. Por ejemplo: me parecía muy raro que todos los jugadores tuviéramos becas completas y jugáramos en estadios espectaculares, y sin embargo que las tribunas se hallaran invariablemente vacías o quizás con a lo sumo veinte, treinta espectadores. Pensaba: qué país tan rico y poderoso, capaz de dar tremendas becas a jugadores de un deporte que no interesa.

Los fines de semana, cuando me quedaba en Hunstville, dejé de salir con mis compañeros del departamento y comencé a salir con los hermanos Tejada. El viernes por la tarde Lucho o Roberto venían a buscarme y yo los esperaba con mis cosas listas, pues me quedaba a dormir con ellos hasta el lunes. Íbamos a discotecas, aunque no pasaría nada con chicas hasta nuestra primera fiesta de Halloween. El viernes por la tarde, Tito y yo íbamos a dar vueltas por el centro comercial, a ver si conocíamos a alguna huntsvilliana que nos mirara. Nada. El lunes por la noche, los hermanos y yo íbamos al cine junto a los amigos de Alex —Chuck, Franz, Hassan—, porque dos podíamos entrar con una entrada. El fin de semana era tranquilo: hablábamos, nos contábamos de nuestros planes. Alex era el que había vivido más en los Estados Unidos y tenía ganas desesperadas de volverse a Bolivia. Tito soñaba con continuar sus estudios en Arizona. Lucho tenía un lado altruista y me mostraba mapas de la costa del Pacífico, con diversos proyectos para que Bolivia volviera al mar. Era el sueño del padre, fallecido años atrás: durante los años setenta, en el gobierno de Bánzer, había formado parte de la comisión encargada de reunirse con Chile y negociar una salida al mar.

¿Y yo, qué quería? Convertirme de una vez por todas en un escritor. Pero también quería volver a Bolivia, aunque ahora, cuando pensaba en ello, el miedo era una presencia constante. ¿Y si terminaba metido en política, en el periodismo, en algún trabajo alimenticio que me permitiera llegar a fin de mes? ¿Y si me convertía en un escritor de fin de semana, sin tiempo para dedicar las mejores horas de mis días a la literatura?

Lo cierto era que, a fines de septiembre, a principios de octubre, la soledad comenzó a ahogarme. Tenía veintiún años, extrañaba mis fines de semana en Cochabamba y Buenos Aires, los rituales de mi vida cotidiana con Carlos. ¿Valía la pena el sacrificio? Un mediodía, cociné en mi departamento una pasta que sabía a engrudo. Estaba tan desganado de todo que me puse a comerla de la misma olla en la que había cocinado. De pronto, sentí que me invadían las lágrimas. Estaban conmigo Scott y Jody. Fui corriendo al baño y me encerré allí, todavía agarrando la olla con una mano. Me senté en el suelo de la ducha, me puse a llorar con todas mis ganas.

Ese fin de semana hablé con mi madre y le dije que no aguantaba más, quería volverme. Ella, muy sabia, me dijo que no tenía por qué sufrir, tenía un pasaje de vuelta en mi mesa de noche, podía usarlo cuando quisiera. La psicología infantil funcionaba conmigo: el permiso que me dio mi madre para volver hizo que decidiera quedarme, por lo menos hasta el fin del primer semestre, en diciembre. Luego vería qué hacer. Pero en el fondo sabía que no quería volver a Cochabama, que en realidad mi deseo era volver a Buenos Aires. Quería retomar mi vida de antes, volver a vivir con Carlos, volver a mi universidad, a las librerías, a las calles de esa ciudad en la que había descubierto mi vocación literaria.

Fueron pasando las semanas de ese primer semestre. Conocí a una chica de Alabama y comencé a salir con ella; tenía el pelo corto y negro y comía *beef jerky* todo el tiempo, como los camioneros. Conseguí un trabajo a medio tiempo en la biblioteca de la universidad, y me sentí realizado: estuve a punto de ser despedido porque una compañera se quejó a mis jefes de que, en vez de acomodar los libros en los estantes, me la pasaba leyendo (Beckett, Calvino, Gordimer). Descubrí que tenía poder: en las universidades del Sur los atletas que las representaban eran las estrellas, y se nos permitía cancelar clases y postergar exámenes. Después de los jugadores de hockey sobre hielo, los de fútbol éramos los más cotizados (por suerte para nosotros, la universidad de Alabama en Huntsville no tenía equipo de fútbol americano). Las *cheerleaders* que nos alentaban en nuestros partidos eran todo sonrisas, pero a la hora de la definición preferían irse con los de hockey, casi todos canadienses.

A veces hablaba por teléfono con Carlos, que me contaba de Buenos Aires y estaba muy enganchado con Patricia. A veces hablaba con Basco, un amigo cochabambino que estudiaba en Arizona. Quedamos en que en diciembre lo iría a visitar, y que luego iríamos en auto a San Francisco, a pasar la Navidad y el año nuevo con su papá.

En noviembre me fui encerrando en mis libros y en la escritura. Por las tardes, a eso de las seis, venían a mi departamento varios jugadores del equipo. Se ponían a ver cualquier deporte en ESPN —básquet, hockey— y apostaban. Yo debía parecerles un bicho raro, porque apenas salía de mi cuarto. La televisión estaba encendida a todo volumen, y yo cerraba la puerta y ponía un casete de Depeche Mode en el estéreo (Don Henley, Tracy Chapman, George Michael), y leía. Leía mucha literatura en inglés, quería ponerme al día pero también quería expandir mi vocabulario.

Ese mes se llevó a cabo el clásico de fútbol de la ciudad: nuestra universidad (UAH) contra A&M. En el estadio de Huntsville y en la cancha, se podían apreciar, de manera dramática, las diferencias raciales: mi universidad atraía a estudiantes de la sólida clase media, el noventa por ciento blancos; A&M, por su parte, era más proletaria, tenía carreras más industriales y tecnológicas, y el noventa por ciento de su alumnado eran negros. Mientras todos los jugadores de A&M eran negros, nosotros sólo contábamos con uno, Felix, que jugaba en la defensa. El partido de fútbol adquiría connotaciones simbólicas: era un honor especial ganar ese clásico.

A principios de diciembre, todavía soñaba con volver a Buenos Aires cuando una noche sonó el teléfono en mi departamento. Para tí, me dijo Jody, conferencia de Buenos Aires. Era Carlos. Después de los saludos y las preguntas acerca de qué tal la vida, me contó que se casaba con Patricia, y dijo que me llamaba para invitarme como su testigo. Lo felicité, tratando de recuperarme de la sorpresa. Nos despedimos. Pensé que Carlos tampoco había podido con la soledad.

Al rato, sentí que algo se había quebrado. Ya no podría volver a Buenos Aires, porque para mí Buenos Aires significaba el departamento de Austria y Juncal, la convivencia con Carlos. No me imaginaba volviendo a la ciudad y viviendo por mi cuenta, o con otro estudiante.

Así fue cómo, en diciembre de 1988, comencé a acordarme de los malos momentos vividos en Buenos Aires, de la vez que respondí a un anuncio de trabajo y me dijeron que era "sólo para argentinos". Quería quitar de mi vida la carga tan positiva e idealizada que tenía esa ciudad. No pude. Pese a esos momentos, era innegable que Buenos Aires era uno de mis paraísos perdidos, y que me iría mejor si lo asumía. No sería fácil.

Esa navidad fui a Arizona y me perdí con Basco en la parafernalia de las luces de colores de los centros comerciales. Luego fuimos juntos a San Francisco, en auto, extraviados en autopistas interminables mientras el frío del inverno nos asediaba. Más confiado en mi inglés, me puse a leer una novela de Philip Roth *(The Counterlife)* que disfruté muchísimo, y cosas de Italo Calvino, Aira y Felisberto Hernández sacadas de la biblioteca de la universidad de Basco. Extrañé a mis padres y hermanos en Bolivia. Extrañé a Carlos. Se me ocurrieron ideas para algunos cuentos.

Una mañana me sorprendí despertando en una habitación fría en el piso del padre de Basco en San Francisco. ¿Dónde estaba? Tardé en descubrirlo. Cayó sobre mí toda la enormidad de la ausencia. Llegaba la luz, pero yo sentía que todo estaba oscuro. Cerré los ojos. Conté hasta diez. Hasta cien. Hasta mil. Abrí los ojos. Seguía en los Estados Unidos.

Aquel año, los de A&M nos habían vapuleado tres a cero. Me dije que el próximo nos vengaríamos.

Los crímenes de Santa Teresa y las trompetas de Jericó

Jorge Volpi

I

Para iniciar estas reflexiones sobre ficción y frontera, sobre ficciones fronterizas, fronteras ficticias y fronteras ficcionales, vale la pena tener presentes dos imágenes.

Primera. Un lugar en la región del Lacio, año 753 a. C. Cuenta Tito Livio en el libro I de su *Historia de Roma* que, tras vencer a su hermano Remo en la contienda para decidir quién daría el nombre de la ciudad que acababan de fundar —ambos tenían que divisar el mayor número de buitres desde los montes Palatino y Aventino—, Rómulo se dedicó a trazar la primera frontera de Roma. Despechado por su derrota, de inmediato Remo se apresuró a traspasar la línea imaginaria dibujada por su hermano. "Mira qué fácil es", se burló, desafiante. Furioso, Rómulo lo atravesó con su espada, increpándolo con estas palabras: "Así muera en adelante cualquier otro que franquee mis murallas".

Segunda. 50ª Bienal de Venecia, 2003. Invitado a realizar una exposición en el pabellón oficial de su país de origen, el artista español radicado en México, Santiago Sierra, provocó un sonoro escándalo con una acción sui géneris: Sierra se limitó a borrar el nombre de España de la entrada del pabellón, vacío por completo, y le ordenó al guardia de seguridad negarle la entrada a cualquier visitante que no presentase su pasaporte español vigente. Pese a sus ruidosas protestas, el propio embajador de España fue obligado a retirarse del recinto al no contar con el documento requerido.

Las fronteras son, antes que nada, construcciones imaginarias: límites ficticios que demarcan el ámbito de poder de quien las traza. Al dibujar el contorno de la nueva urbe, Rómulo no sólo se protege o aísla, sino que se apropia de un espacio mental separado del resto del mundo y funda así su ley primordial: todo aquel que se atreva a infringirla sin consentimiento será castigado con la muerte. Como revela de manera provocadora la acción de Santiago Sierra, el mismo principio continúa regulando la convivencia entre los seres humanos en nuestros días: el mundo se mantiene dividido por estas marcas ficticias y quien se aventura a cruzarlas desprovisto de permisos y papeles migratorios se convierte de inmediato en delincuente, en criminal.

Tanto el deseo de Remo de violar la prohibición de su hermano como la cólera del embajador de España demuestran, sin embargo, que la invención de las fronteras presupone ya el deseo de traspasarlas. Los seres humanos son criaturas errantes y curiosas; en cuanto perciben un límite, se apresuran a averiguar qué hay detrás de él; imaginan —de nuevo esta palabra— un sinfín de riquezas o placeres ocultos, y se empeñan en pasar al otro lado. La frontera es, pues, un freno y un incubador de deseos. Si alguien nos impide la entrada en sus dominios, ha de ser porque la vida allí es mejor o menos dura. Por paradójico que resulte, esta tentación de alcanzar lo prohibido ha dado lugar a la creación de todo tipo de mitos y leyendas y ha sido el principal impulsor de la ciencia, el arte y la literatura. Azotada por su voluntad de saber, nuestra especie parece dispuesta a arriesgarlo todo, incluso la libertad o la vida, con tal de entrever lo que se oculta tras las sacrosantas murallas erigidas por nuestros vecinos.

II

Las fronteras separan a la humanidad en dos categorías excluyentes: los de adentro y los de afuera, los nacionales y los extranjeros, nosotros y ellos. Esta división nos marca de por vida: sea a causa del *jus soli o* del *jus sanguinis,* del lugar en el que nacemos o de la sangre que corre por nuestras venas, todos estamos obligados a pertenecer a un sitio y, por ello mismo, a ser considerados extraños o *aliens* —para usar este odioso término anglosajón— en el resto del mundo. Aunque lo olvidemos con frecuencia, en realidad todos somos forasteros. Ya lo decía Paul Valéry: "La era del orden es el imperio de las ficciones, pues no hay poder capaz de fundar el orden a partir de la mera represión de los cuerpos. Se necesitan fuerzas ficticias". Y, por absurdo o kafkiano que parezca, a veces basta con caminar unos cuantos metros, con atravesar un río o un puente, para poner en riesgo todo lo que somos o, por el contrario, para salvar nuestras vidas.

III

Las fronteras nos parecen tan naturales que llegamos a creer que ese batiburrillo de líneas y colores que resaltan en los mapas es tan auténtico como los ríos, los mares o las cadenas montañosas. Amparados en la idea de que son un mal necesario, no dudamos en aprobar la construcción de todo tipo de medidas para volverlas más seguras: bardas, vallas, cercas, alambradas, muros, empalizadas y tapias, e incluso nos parece normal que un vasto sector de la población se dedique a vigilarlas: policías fronterizos, agentes aduanales y autoridades migratorias. Estamos tan acostumbrados a convivir con este entramado penitenciario —a usar pasaportes y a exigirlos a los demás—, que se nos olvida que las fronteras representan los más perennes y brutales resquicios de autoritarismo que subsisten hoy sobre la Tierra.

En todas las épocas, los conflictos fronterizos han sido causas de rencores, guerras y masacres. Prácticamente todos los enfrentamientos bélicos del siglo XX nacieron a partir de la ambición de unos países por extender sus límites. Y las llamadas "fronteras artificiales" —aunque en el fondo todas las fronteras lo sean— establecidas por las grandes potencias en América, Asia y África sin siquiera tomar en cuenta las opiniones de sus moradores, constituyen todavía hoy la mayor fuente de tensiones e inestabilidad que hay en el orbe. No es casual que durante mucho tiempo se pensara que la única obra humana que es posible distinguir desde el espacio sea precisamente una frontera.

IV

La construcción de muros y fronteras se ha convertido en una especialidad arquitectónica —y en un género literario— por sí mismo. La muralla es la exacerbación de la frontera. Su objetivo es múltiple: no sólo impedir que los de afuera nos vean —y por lo tanto nos deseen—, sino enturbiar el paisaje y quitarnos la tonta idea de que quizás los bárbaros al otro lado de la verja en realidad no sean tan distintos a nosotros.

En "De la construcción de la muralla china" (1917), Franz Kafka retrata, con una precisión que sólo los constructores del Berlín o Palestina o de San Diego tendrían años después, la lenta y absurda edificación de un muro:

«De entrada, se creería que hubiera sido más ventajoso en todo sentido construir en forma continua o al menos continuadamente dentro de los dos sectores principales, ya que la muralla, como se sabe y se divulga, fue proyectada como defensa contra los pueblos del Norte. Pero, ¿cómo puede defender una muralla construida en forma discontinua? En efecto, una muralla semejante no sólo no puede proteger, sino que la obra misma está en constante peligro. Estos fragmentos de muralla abandonada en regiones desoladas pueden ser destruidos con facilidad, una y otra vez, por los nómadas, sobre todo porque éstos, atemorizados por la construcción, cambian de residencia con asombrosa rapidez, como langostas, por lo que, probablemente, tienen mejor visión de conjunto de los progresos de la obra que nosotros mismos, sus constructores.»

A diferencia de los muros del pasado, los que levantamos ahora, en pleno siglo XXI, ya no buscan la visibilidad, sino la discreción. La experiencia del Muro de Berlín ha sido aprendida casi en todas partes —excepto en Israel—: los muros se transforman ahora en simples vallas o alambradas, como la que se extiende en muchas partes de la frontera entre México y Estados Unidos; la idea es que sean menos conspicuas, despierten menos recelos, se confundan con el paisaje y permanezcan así, inmutables y sólidas, durante muchos años.

En contra de lo que hubiésemos creído después de 1989, muros y murallas no han perdido su vigencia, e incluso se han multiplicado. Basta observar cualquier barrio rico en México o Caracas, Santiago o Bogotá, para comprobar que la muralla se ha convertido en una condición urbanística indispensable y ubicua. Estas barreras interiores ya no sirven para aislar un país de otro —tarea fútil—, sino para señalar la única frontera que de verdad importa en nuestros días: la que separa a los pobres de los ricos.

V

Una de las ideas más perniciosas y virulentas jamás acuñadas por el hombre es el nacionalismo. Si bien el sentimiento de pertenencia a una comunidad surgió con el advenimiento de nuestra especie y se convirtió en una espléndida garantía de supervivencia, la necesidad de diferenciarnos a toda costa ha terminado por frenar los intercambios entre los distintos individuos y grupos que hay en el planeta. Si bien ya desde la Edad Media se inició el proceso que alumbró los estados modernos, el nacionalismo es un producto típico del siglo XIX (de hecho, el término no apareció en Francia sino hasta 1798). Como reacción a la fe universalista de la Ilustración, el romanticismo buscó los valores autóctonos en un medioevo idealizado. De este modo, mientras Goethe esbozaba en 1827 su idea de *Weltliteratur*, los políticos locales se dedicaban a convertir la lengua y la literatura de cada país en lenguas y literaturas nacionales, y no tardaron en emplearlas como armas de combate contra sus enemigos.

Así, el aislamiento, la sobreprotección de los rasgos particulares y la creación de aduanas literarias vencieron a las tendencias cosmopolitas del siglo XVIII y la literatura de los vecinos pasó a ser vista con menosprecio, temor u odio. El ejemplo supremo de esta perversión fue el nazismo, que buscó transformar toda la cultura alemana —y en particular su lengua y su literatura— en una prueba de superioridad racial. Por desgracia, el sustrato que lo animó se prolonga hasta hoy: todavía hay quien considera que la lengua y la literatura de un país son representaciones de su "alma" o su "conciencia", y por tanto el estado debe protegerlas e impulsarlas contra las amenazas extranjeras como si se tratase de salvar una especie en peligro de extinción.

VI

Según el esquema nacionalista, los escritores y artistas se hallan obligados a fungir como constructores de sus respectivas identidades nacionales, como si formaran parte de un cuerpo de élite del ejército. Gracias a esta idea, numerosos escritores dejaron de sentirse parte de la humanidad y se convirtieron en voceros oficiales de sus patrias y, por tanto, en defensores de sus fronteras y sus límites de las influencias externas. Por desgracia, no se daban cuenta de que, como reveló con sagacidad el escritor mexicano Jorge Cuesta, la propia idea de nacionalismo era de por sí un valor importado.

Siendo sinceros, en realidad no existen ni la literatura alemana ni la francesa ni la mexicana ni, por supuesto, la latinoamericana. La invención de estas categorías fronterizas es un mero resabio clasificatorio del siglo XIX que no corresponde con la realidad; incluso aquellos escritores nacionalistas alemanes, franceses o mexicanos obsesionados con encontrar el carácter específico de cada uno de sus países, basaron sus principios y teorías en modelos ajenos.

La literatura no conoce ni tolera fronteras. Los escritores auténticos —y los lectores auténticos— buscan escapar por todos los medios de los cotos impuestos por la geografía, la política y el tiempo, atreviéndose a leer obras escritas por otros seres humanos sin considerar su origen o su proveniencia. De hecho, la literatura es una de las mayores pruebas de que es posible burlar a los agentes aduanales del pensamiento: pese a las incontables prohibiciones que han pesado sobre los libros a lo largo de la historia, al final siempre han conseguido llegar a sus destinatarios.

VII

Los seres humanos estamos condenados a la soledad. Éste es uno de los descubrimientos más abrumadores que puede realizar un individuo: por más que nos esforcemos, por más que luchemos, siempre permaneceremos enclaustrados en el interior de nuestra piel —o, llevando esta imagen a su extremo, de nuestras neuronas—, aislados para siempre de nuestros semejantes. Ante la imposibilidad de penetrar en otro —de cruzar las fronteras de los otros—, no tenemos más remedio que valernos de las herramientas que nuestra especie ha desarrollado para paliar o disimular estas desgracias: el sexo, el lenguaje y la imaginación. La cópula nos permite internarnos en el cuerpo de otro; el lenguaje hace posible intercambiar información con los demás y extender la vida de nuestros pensamientos, y, por último, la literatura nos hace capaces de penetrar en las mentes ajenas.

La ficción es un instrumento que permite cruzar todo tipo de fronteras sin ser descubiertos. Mientras los poderosos edifican barreras y murallas, escritores y lectores se las ingenian para quebrantarlas, aprovechándose de ese polizón ligero y escurridizo que es el pensamiento. Si la frontera es un producto de la imaginación, quizás sea posible combatir el fuego con el fuego. Gracias al poder de la ficción literaria, podemos observar los pensamientos de los demás: siempre que leemos derribamos murallas y nos convertimos en otros.

VIII

Jorge Cuesta tenía razón: la obligación de mezclar literatura e identidad nacional sólo pervierte a la literatura. Existen grandes obras que son consideradas por sus respectivos pueblos como fundadoras de su identidad lingüística —basta pensar en la *Divina Comedia* con el italiano, Shakespeare con el inglés, el Quijote con el español, Camões con el portugués o Goethe y Schiller con el alemán—, pero ello no las convierte en patrimonio exclusivo de sus habitantes. Por ejemplo a mí, como hablante de español, me pertenecen tanto Lope de Vega como Keats, tanto Quevedo como Balzac, tanto Rulfo como Dostoievski, tanto Roberto Bolaño como Thomas Mann.

Cada escritor mantiene una relación privilegiada con su idioma; el principal trabajo del escritor se lleva a cabo allí, en su pelea y en su pasión por su lenguaje. Ninguna traducción será capaz de reflejar la enorme variedad de sutilezas y registros tramados por un escritor en su idioma. Pero, si en verdad queremos salir de nuestro encierro —si en verdad aspiramos a escapar de nosotros mismos—, debemos aceptar que la mayor parte de las grandes obras literarias son traducibles y que esas traducciones, por limitadas o defectuosas que sean, también forman parte de nuestra identidad, de nuestra tradición y, a fin de cuentas, de nuestro idioma.

Dado que pocos de nosotros hemos sido bendecidos con el don de lenguas, la traducción constituye nuestra única posibilidad de adentrarnos en las mentes de quienes no hablan como nosotros. Si la literatura es ya un arma contra las fronteras, la traducción es la prolongación natural de este ejercicio de demolición. No quiero terminar este apartado, pues, sin realizar un encendido elogio de quienes se dedican a la traducción: aunque a veces lo olvidemos, ellos cumplen la función de los antiguos comerciantes y exploradores. Su labor nos ayuda a conocer otros mundos, culturas e individuos, animándonos a navegar en océanos desconocidos.

IX

Si hubiese que encontrar un paradigma de frontera a principios del siglo XXI, quizás habría que mirar hacia los dos mil kilómetros que separan a México —y en realidad a toda América Latina— de Estados Unidos. Carlos Fuentes llegó a comparar esta línea con una llaga o con un espejo de doble cara. En datos concretos, se trata de la frontera más transitada del mundo entre un país rico y uno en vías de desarrollo. Cada día miles de personas pasan al otro lado, de manera legal o ilegal, a veces arriesgando sus vidas y a veces con el dinero para traer de vuelta cientos de artículos suntuarios.

En la frontera mexicano-estadounidense parecen concentrarse y exacerbarse todos los conflictos derivados de la desigualdad entre dos orillas. Aunque es una de las fronteras más vigiladas del mundo, cientos de ilegales se arriesgan a traspasarla a diario. Y, si bien la mayor riqueza se concentra en el Norte, incontables ciudadanos estadounidenses también cruzan hacia el Sur para realizar compras, divertirse o aprovecharse de la tolerancia mexicana hacia la prostitución, las drogas o el juego. Aunque los corporativos de las grandes empresas se encuentran siempre en las grandes urbes estadounidenses, las fábricas y maquiladoras proliferan en la zona mexicana gracias a la mano de obra barata y la cercanía geográfica. Las dos partes se hallan tan interconectadas que ya es posible hablar de una "cultura de la frontera", con rasgos específicos que mezclan y renuevan los atributos de cada parte. Poco a poco, los habitantes de Matamoros o Saltillo se parecen más a sus vecinos de Tucson o Santa Fe que a sus compatriotas de San Cristóbal de las Casas o Poza Rica, por más que la desigualdad económica aún sea abismal.

No obstante, esta fecundación mutua no ha hecho disminuir los odios y rencores ancestrales; por el contrario, en buena medida los ha exacerbado. La violencia es una de las características dominantes de toda la zona: sea por el tráfico de drogas o personas, las luchas entre los diversos grupos mafiosos o la corrupción de sus cuerpos policíacos, el número de crímenes y asesinatos aumenta día con día. Por si ello fuera poco, en las zonas desérticas de Arizona, vaqueros —o *rangers*— salen por las noches, armados hasta los dientes, para dedicarse a una de sus entretenciones favoritas: cazar a los mexicanos y guatemaltecos y salvadoreños que se internan ilegalmente en sus tierras. Sin saberlo, esos miles de campesinos y obreros no hacen sino repetir, dos mil setecientos años después, el infausto destino de Remo. Una vez más, la frontera vuelve a ser un territorio de la muerte.

X

En nuestros días, dos ciudades se han convertido en símbolos de la frontera: Tijuana, Baja California, y Ciudad Juárez, Chihuahua. Una y otra se han convertido en lugares que rebasan su condición física para convertirse en paradigmas de nuestro tiempo.

Tijuana, con casi un millón y medio de habitantes, más una enorme población flotante, es un universo por sí misma: los contrastes son tan disparatados —en su suelo conviven la mayor pobreza y la mayor riqueza, la animación cultural y los cárteles de la droga, los avances tecnológicos y las costumbres ancestrales— que no en balde ha sido calificada de laboratorio del fin de los tiempos —un término inventado para la Viena de principios del siglo XX— o de modelo de las nuevas ciudades del Tercer Mundo.

Sin embargo, en los últimos años Ciudad Juárez parece haberle arrebatado su condición emblemática por los peores motivos: los asesinatos de cientos de mujeres que se han producido en esta localidad en los últimos años. Juárez no es un laboratorio del fin de los tiempos, pero en sus crímenes, como escribió el novelista Roberto Bolaño, acaso se esconda el secreto del mundo.

XI

En *2666*, la inacabada novela póstuma de Bolaño a la que no puede asignársele otro adjetivo que "colosal", Ciudad Juárez se transforma en Santa Teresa, el lugar en el que confluyen las mil historias de la novela y que constituye, como el propio autor lo insinúa, "el centro del mundo". No es casual que Bolaño, quien pasó en México buena parte de su juventud pero adonde ya nunca regresó, haya elegido este paisaje como paradigma de sus obsesiones. Como en su contraparte real, en Santa Teresa se produce una serie de espantosos asesinatos de mujeres, la mayor parte jóvenes empleadas de las maquiladoras de la zona. En la realidad, según las últimas estimaciones, su número asciende a trescientas ochenta, mientras que el número de desaparecidas llega a las seiscientas. ¿Por qué el asesinato de mujeres se concentra en esta ciudad? ¿Es que su condición fronteriza estimula los homicidios?

Hasta el momento, las explicaciones resultan insuficientes: sin duda, el número de actos de violencia de género es mucho mayor en otros lugares, como ciudad de México, pero sólo en Ciudad Juárez —o en Santa Teresa— parece haberse convertido en la norma, en una práctica normal y cotidiana. Lo más terrible es que, para decepción de los fanáticos de la novela negra, el culpable no es un solo asesino serial —sería el más astuto y perverso de la historia—, sino una difuminada red de criminales que, aprovechándose de la confusión, la complicidad de la policía y el ambiente de terror, continúan perpetrando los homicidios de manera ineluctable, sin que las autoridades hayan tomado una acción efectiva para frenarlos.

2666 no es, por supuesto, una novela de denuncia, pero sí es una novela política, en el sentido más alto que pueda tener esta palabra. Como había hecho antes en *Nocturno de Chile*, Bolaño no necesita decir las cosas, ni sugerir las condenas, para insinuar el abismo que se abre en esa realidad atroz y desconcertante. En el capítulo titulado "La parte de los crímenes", un reportero, un detective, una vidente y varios otros personajes intentan esclarecer lo que ocurre, sin lograrlo: la pesquisa adquiere aquí una dimensión metafísica, como si fuera imposible conocer las razones del mal, pero sin que ello justifique el silencio o la desidia. Mientras sus personajes intentan esclarecer en vano lo que ocurre, Bolaño nos proporciona las descripciones precisas, secas y perturbadoras de decenas y decenas de cadáveres. Consciente de la fuerza retórica de su voz, no se detiene en detalles, destierra cualquier vuelo lírico o patético, y se limita a realizar un pavoroso inventario de historias truncas, vacías, inexplicables. Éste es nuestro mundo, parece insinuar con un gesto de asco. Y no hay más nada.

XII

Pocas novelas como *2666* admiten el calificativo de fronterizas. No sólo estamos ante una novela que profundiza como pocas en el sentido último de las fronteras —en ese abismo representado por Santa Teresa—, y en especial de esa última frontera que es la muerte, sino que en su propia estructura escapa a cualquier división genérica, decidida a mantenerse en una especie de limbo difícil de caracterizar. El propio Bolaño lo advirtió varias veces: "No me interesa la definición, el fijar fronteras, cuando la naturaleza de las fronteras es naturalmente difusa" (2001). De hecho, la propia definición del ser humano que da en uno de sus poemas, "Un paseo por la literatura", incluido en su libro *Tres* (2000), es también fronteriza: "A medio hacer, ni crudos ni cocidos, bipolares capaces de cabalgar el huracán".

Casi toda la obra de Bolaño posee esta condición movible, indefinida, porosa. Sus novelas son ensayos pero sin dejar de ser novelas. Al mismo tiempo, se permiten jugar con todos los géneros posibles: policíaco, detectivesco, sentimental, enciclopédico, sin caer jamás en la telaraña retórica de ninguno de ellos. Sin embargo, sólo en *2666* conduce esta idea de la narrativa a sus últimas consecuencias: su estilo es siempre elusivo, sus mensajes

oblicuos, sus respuestas quebradas; todos sus personajes
se mantienen en esa zona de indefinición, entre la demen-
cia y la cordura, entre la ficción y la realidad, entre un lado
y otro, que no permite sacar conclusiones unívocas pero
que, al mismo tiempo, nos advierten sobre la irracionalidad y la estupidez que imperan en nuestro mundo. Porque
en Bolaño, a diferencia de lo que ocurre con muchos otros
escritores que han copiado sus procedimientos, la ambi-
güedad no constituye una renuncia del escritor de con-
frontar los hechos y enjuiciar a los culpables del horror.
Ésta es, quizás, su mayor enseñanza.

XIII

Para concluir estas reflexiones, invoquemos otras
dos imágenes:

Primera. En Josué: 6, 1-27 se cuenta que los habitantes de la ciudad palestina de Jericó cerraron las puertas
de sus murallas para impedir la entrada de las tropas judías
comandadas por Josué. Sin embargo, Yahvé le dijo a éste:
"Te entregaré la ciudad, su rey y todos sus hombres de
guerra. Para esto, ustedes tendrán que dar una vuelta a la
ciudad cada día durante seis días. Siete sacerdotes irán
delante del Arca tocando las siete trompetas que sirven
en el Jubileo. El día séptimo darán siete vueltas y, cuando
suenen las trompetas, todo el pueblo subirá al ataque,
dando su grito de guerra. En ese momento se derrumba-
rán los muros de la ciudad y cada uno entrará por lo más
directo". Los judíos siguieron las indicaciones de su Dios
y, gracias al poder de sus trompetas, los muros de la ciudad
se derrumbaron de inmediato.

Segunda. Berlín, 10 de noviembre, 1989. No necesito repetir aquí la historia que condujo a este día me-

morable. Por primera vez en dieciocho años, miles de alemanes de Berlín Este atravesaron el Muro construido la noche del 12 al 13 de agosto de 1961 que dividía en dos a la antigua capital alemana.

¿Qué tienen en común estos episodios? No mucho, quizás, excepto que en ambos casos no hicieron falta combates terribles para destruir ambas barreras. Si, como hemos visto, las fronteras son construcciones imaginarias, acaso la mejor forma de combatirlas sea por medio de variedades más provechosas de la imaginación. La idea de que todos somos iguales, de que pertenecemos a la misma especie y a la misma comunidad, es también producto de una ficción, pero de una ficción creativa que nos permite derrumbar las barreras que nos separan y construir un futuro común. Para lograr que esta utopía se vuelva realizable, se necesita articular actos de imaginación política que permitan atenuar las desigualdades, eliminar los nacionalismos y regionalismos fanáticos, convirtiéndolos en simples motivos de orgullo y no en barreras infranqueables, y ahondar en todas las coincidencias que nos llevan hacia esa entelequia que llamamos humanidad. En esta colosal tarea, la verdadera literatura, aquella que siempre ha buscado esquivar las fronteras y apostar por la igualdad de todos los seres humanos, puede desempeñar un papel fundamental. Dejemos pues que las ficciones cumplan su cometido y que resuenen en nuestro dividido mundo contemporáneo con la fuerza de las trompetas de Jericó.

Esto te costará diez dólares

Juan Pablo Meneses

Está por aparecer en escena uno de los grandes mitos de la industria XXX. El barrigón de bigotes infaltable dentro del género porno, elegido por la revista Playboy como una de las veinte personalidades más importantes de la contracultura en Estados Unidos. Y estoy aquí para vender su historia.

—Con ustedes la gran estrella... Rooooon Jeremyyyy —grita en inglés una voz en off.

Pese al entusiasmo del locutor, al mejor estilo de las peleas de boxeo organizadas por Don King, acá el público no ovaciona. Apenas aplaude. En realidad, en todo el cabaret sólo hay cinco espectadores. Tres latinos y dos asiáticos. Cinco almas errantes de Nueva York que han entrado al Legz Diamond's para pasar la noche mirando bailarinas, poniéndoles dólares en las ligas y recogiendo húmedos recuerdos para llevarlos a la casa vacía del inmigrante. Con ese panorama en mente, ninguno parece demasiado entusiasmado con la presencia de Ron Jeremy, el rey del porno americano, sobre el escenario. Mucho menos, con la idea de que todo lo que acá ocurra será grabado como material de una próxima película XXX El actor más famoso del porno estadounidense toma el micrófono y, antes de comenzar a hablar, se queda escuchando el alarido eufórico de las *strippers* del local. Uuuhhhh. Rubias, morenas, pelirrojas, todas de piernas brillantes, tacos altos, colas respingadas y dientes que se ven azules con la luz ultravioleta. Mal que bien, Ron además de actor es director y productor del género, y siempre va recorriendo clubes en busca de la próxima gran estrella. Cualquiera de ellas puede ser esa chica que, de bailarina de un perdido club de Manhattan, saltará, gracias a la cámara de este gordito con bigotes, a la casa propia con jacuzzi de mármol negro, al Corvette blanco con asientos piel de cebra, al armario con treinta juegos de zapatos altos, a su cara desplegada en todos los *sex shops* del planeta y a la piratería latinoamericana: sus poses se venderán por menos de un dólar en esos grandes mercados públicos de lo falsificado en el D.F., Bogotá, Lima y Buenos Aires. Ron sigue escuchándolas. Uuuuhhhh. Ron conoce su poder.

Un camarógrafo con pulsera de oro graba con su digital todo lo que pasa dentro del club. La historia que están filmando es la de un comediante, personificado por Ron Jeremy, y su peregrinar por diferentes cabarets de desnudos. No es necesario que a uno le digan que las mejores escenas serán grabadas en los camarines o en el baño de un hotel. Es obvio. Y ahí está el camarógrafo, apuntando a la concurrencia para darle ambiente al filme. En eso, el lente enfoca hacia el lugar donde estoy sentado y por un segundo, un eterno segundo de grabación, me siento parte del negocio. Soy un extra en la próxima película de Ron Jeremy. Aunque sea por unos breves instantes, formo parte del *porn business* americano. De esa industria que factura tantos millones que ni se pueden calcular

y donde todo, finalmente, es mucho más normal y corriente que ese glamour kitsch con que se autopromociona en
todo el mundo.

X

Hay muchas maneras para llegar a salir en una cinta porno. Ron, por ejemplo, llegó a su primera película en
1978, cuando su novia mandó una foto de él —sin ropa
y de piernas abiertas— a la sección *amateur* de la revista
Playgirl. La polaroid se publicó a un cuarto de página, pero
fue suficiente para que a los pocos días los productores
porno tomaran contacto con Jeremy.

Para hacer mi debut como extra porno, en cambio,
más que el tamaño y el grosor, lo importante fue la fortuna. El azar quiso ponerme frente a las cámaras, en una
seguidilla de casualidades que se iniciaron esta mañana.

Llevo una semana sumergido en Manhattan, recorriendo con asombro pornográfico disquerías, librerías,
parques, puentes, museos y edificios repetidos en millones
de películas. Llegué gracias al Tuna, un viejo amigo de la
época escolar, en uno de esos tantos colegios de curas en
América Latina donde por primera vez conocí la pornografía. Un cliente del Tuna le había regalado dos pasajes
Santiago-Nueva York-Santiago, a cambio de algo que nunca me supo explicar bien. El viaje se tenía que hacer pronto, lo que ayudó a que me regalara uno de los pasajes: era
su único conocido con tiempo libre para irse diez días a
Manhattan de un momento a otro.

El azar me tiene apareciendo en una película porno. El azar me tiene en esta ciudad, Nueva York, la ciudad
de Paul Auster, el autor del azar.

Esta mañana nada hacía pensar que terminaría en
esto. Acababa de salir de un cibercafé y caminaba tranquilo cerca de Times Square, la zona más repetida de Nueva

York. Y ahí estaba, entre turistas de todo el planeta, vendedores ambulantes y neoyorquinos paranoicos. Me quedo mirando las publicidades gigantes, las ofertas gigantes, el consumo gigante. Soy un latino en el porno americano.

Andar solo, mirando sorprendido y con las manos en los bolsillos, en un lugar como Manhattan, es sinónimo de presa fácil. Quizás por eso, en menos de dos cuadras me habían pasado cuatro volantes de diferentes clubes nocturnos. También me vio cara de 'cliente' un tipo de pelo rojo que me pasó el panfleto del cabaret Legz Diamond's. A diferencia de las anteriores ofertas, acá se anunciaba con grandes letras y una pequeña fotografía la presencia de Ron Jeremy en el show de esta noche.

Jeremy estaba en la misma ciudad que yo. Una megastar, como decía el panfleto. Un tipo que conocí gracias a mi hermano Rafael, un *groupie* sudamericano de actores porno gringos, capaz de aplaudir una escena luego de que el semental desplumara a tres chicas en simultáneo.

Ron estaba junto Nikki Starr, recientemente elegida Miss XXX. La noche parecía perfecta para escribir de ella y venderla. Ir al club, ver al ícono del porno gringo, entrevistarlo para Latinoamérica y luego ofrecer su historia a diferentes revistas del continente sonaba a buen plan de supervivencia. El azar me había regalado un pasaje, y también una buena historia para escribir. Cuando decidí que en la noche vendría al club, no pensé que terminaría siendo parte de esta película.

XX

El cine porno tiene sus propios mitos. En el caso de las mujeres, uno de los íconos más conocidos es Linda Lovelace, protagonista de la más famosa película de todos los tiempos, *Garganta profunda*. La cinta de 1972 motivó una portada de la revista *Time* referida a la importancia de la pornografía en Estados Unidos y consagrando el género como parte de la cultura de este país. Por el fuerte impacto de la cinta, en esa época la prensa bautizó como "Garganta Profunda" a la voz anónima que desató el escándalo político Watergate, que costó la caída del presidente de los Estados Unidos Richard Nixon.

Hace unos años Linda Lovelace murió en un accidente automovilístico, a la edad de 53 años tras liderar varias campañas contra la pornografía. Sin embargo, en 1974, durante el furor del filme que protagonizaba, Linda publicó *The Intimate Diary of Linda Lovelace*. En el prólogo del libro, Linda hace una advertencia jugando con el número de letras de la palabra porno:

«Por lo que a mí se refiere, la única palabra obscena de cinco letras que conozco es m-a-t-a-r. Si hay palabras de cinco letras que le molesten a usted, no siga adelante. Váyase a comprar un número del *Reader's Digest* y que lo pase usted bien».

En la versión inglés las letras eran cuatro: *porn* y *kill*.

Son las tres de la mañana cuando llego caminando a la dirección que llevo anotada en mi panfleto: el número 231 de la Calle 54, en pleno Off Broadway. Durante el trayecto me he topado con vagabundos empujando carros de supermercado, camiones de basura en pleno recorrido, prostitutas de pelucas brillantes, taxistas con turbante y policías patrullando la noche. Todo muy neoyorquino.

En la planta baja del número indicado hay un *sex shop* con todo lo necesario: esposas con cadenas largas, látigos con piel de cocodrilo, bolas de acero, cinturones con pene, masturbadoras a pila, muñecas inflables. Para llegar al club nocturno tengo que subirme a un ascensor estrecho, que huele a perfume floral y cuyas paredes están tapizadas con afiches de modelos en bikini y tetas brillantes. Cuarto piso. *Stop.*

—Son veinte dólares —dispara la solitaria cajera desde atrás de su vidrio blindado.

Después de recibir y contar los billetes, la gorda de la caja hunde un botón y automáticamente la puerta eléctrica salta, dándome la bienvenida al mundo Legz Diamond's.

El sitio es grande y lleno de espejos. Aunque está oscuro, se siente que los sillones están cubiertos de felpa, que el suelo es una alfombra gruesa y que si no fuera por el aire acondicionado esto sería un horno. Para aumentar la temperatura, el primer impacto son las dos modelos que bailan sobre el escenario: muy juntas, muy brillantes, muy eróticas. Por entremedio de las mesas se pasea el resto de las *strippers*, tratando de que uno las invite por veinte dólares a una bebida y por cincuenta a un rincón donde está prohibido tocar pero sí se permite que ellas te toquen. Te pasen la lengua por el cuello. Te acaricien delicadamente con sus uñas. Te pasen la rodilla por la entrepierna. Te refrieguen sus pechos —la mayoría con silicona— por el rededor de tu nariz, para olerles ese perfume tan pegajoso y tan característico y que despierta los instintos más muertos. Aunque ahí, otra vez te lo recuerdan, no se pueden tocar, no les puedes acordar un trato extra, no les puedes dar tu teléfono. Ni siquiera si les mientes diciendo que eres aquel esperado productor que, finalmente, las llevará de la mano hasta el siempre esquivo estrellato.

Mientras espero que aparezca Ron, pongo un dólar en la liga de una rubia llamada Brenda y su pierna parece de mármol. Antes de entrar, imaginaba que el lugar estaría repleto y que la expectación sería la misma que despierta el rey del porno cuando se presenta en los clubes nocturnos de España o Japón. Hace unos años, en el Festival Internacional de Cine Erótico de Barcelona, Jeremy firmó más de quinientos autógrafos y dirigió un acto en el que veinticinco catalanes se masturbaron simultáneamente encima de una actriz alemana. Pero nada de esa euforia se despierta esta noche. En vez de llegar en una enorme limusina blanca, como podría esperarse en el imaginario latino del porno gringo, al parecer el *megastar* conduce el aporreado Chevy Nova café oscuro que más tarde, al salir, veré estacionado en la puerta.

Para buena parte de los hispanos, lo primero que nos acerca a la vida cotidiana de Estados Unidos es el porno. Ahí están, ahí estamos, mirando por pantalla a gente que folla incansablemente. Conocemos todo tipo de dormitorios, camas desordenadas, piscinas con formas extrañas y mansiones que en nuestros países jamás recorreremos por dentro ni por fuera. Una fantasía del consumo que, estoy seguro, no solamente se vende bien a sí misma. También me permitirá a mí vender a varios países esta historia de un latino en el porno americano. Venderla todas las veces que se pueda. Venderla igual, o con cambios.

Cuando uno llega de visita a Nueva York siempre se está pensando en comprar. Comprar como un acto de fe y como un acto de diferenciación: soy un latino que anda de compras, no soy un latino que anda trabajando en lo que sea. Pero en mi caso, desde que estoy en Nueva York también pienso todo el día en vender. Buscar historias que pueda vender. Al final es lo mismo. Comprar y vender y comprar y vender y comprar y vender como el ida y vuelta infinito, como el motor de este gran negocio llamado Estados Unidos.

—Ahí está —me avisa una de las bailarinas, mostrándome a un gordito que cambia las pilas de su micrófono inalámbrico.

Es él, la figura más emblemática de los últimos años del porno norteamericano. La voz autorizada de los documentales Real Sex de HBO. El mismo barrigón fofo de tantas cintas de video que circulan anónimamente de mano en mano. Un tipo que, además de haber actuado en 1,500 películas para adultos, ha hecho más de cincuenta cameos en distintas cintas comerciales (desde *Jesucristo Superstar* hasta la última de Austin Powers, donde aparece bailando; llegando incluso a aparecer en alguna serie infantil de la Disney totalmente disfrazado e irreconocible). Además, su experiencia como director de escenas de sexo lo ha llevado a ser consultor en cintas erótico-comerciales, como *Nueve semanas y media* y *Boogie Nights*. Y aquí está. En vivo y en directo, donde se ve más bajo, más viejo y más simple. Parece más un taxista del Bronx, o un vendedor de salchichas del estadio de los Gigantes, o un tatuador de Queens.

Es precisamente en su figura donde se sustenta parte de su éxito: "Si ese gordinflón de rostro hinchado puede acostarse con las mejores chicas del planeta, yo también puedo", sería el mensaje subliminal que buscan despertar los productores al contratarlo.

Me acerco, lo saludo, le palmoteo la espalda, le digo que quiero hablarle y me dice que ahora no, que luego, que está por subir al escenario, que están grabando una porno y que yo también participaré en la película porque el público aparecerá fugazmente en la grabación. Seré parte de la industria. Estaré en millones de pantallas latinoamericanas promoviendo al pornográfico Estados Unidos.

XXX

—¡¡Con ustedes la gran estrella del porno mundial... Rooooon Jeremyyyy!! —grita en inglés una voz en off.

El actor más famoso del porno estadounidense toma el micrófono y antes de hablar se queda escuchando el alarido eufórico de todas las *strippers* del local. Uuuuhhh.

La rutina de Ron Jeremy sobre el escenario es un montón de chistes flojos sobre sus condiciones de semental. No es raro imaginar que en la postproducción de la película pondrán risas grabadas, porque dentro del Legz Diamond's pocos se ríen con sus bromas. Uno de los asistentes le grita: "¡Bájate los pantalones!", y vienen las primeras carcajadas reales. Entonces Ron, la superestrella, hace una seña de molestia, termina su rutina lo antes posible y anuncia la presencia de Nikki Starr: una rubia infartante que se desliza sobre la escena con todos los tics propios de una bailarina de desnudos.

—Ahora sí, ¿qué quieres?

—Una pequeña entrevista para Sudamérica. Allá eres muy conocido.

—OK... Saludos para toda Sudamérica —me dice con distancia, mientras le hace señas a uno de sus productores.

—¿En qué andas, Ron?

—De gira. Durante este mes estaremos en Nueva York. Luego en Houston y al mes siguiente en Chicago. Estamos buscando nuevas estrellas y grabando una película donde aparecerán las chicas que vamos seleccionando.

Entonces Ron Jeremy Hyatt, nacido el 12 de marzo de 1953 en Long Island, Nueva York, licenciado en Educación Diferencial y exprofesor de niños con problemas hasta que su novia mandó su foto a *Playgirl*, abre el maletín que lleva en su mano derecha. De adentro saca un alto de camisetas con su efigie de oso de peluche.

—¿Quieres comprarme una camiseta? —dice, sorpresivamente, porque así es el negocio y resulta que además de ser actor, director y productor, también funciona como su propia empresa de mercadeo y *merchandising*.

No muestro mucho entusiasmo; vuelve a la carga.

—Bueno, si no quieres camisetas tengo estos pósteres a cinco dólares —y ahora me muestra un alto de fotos donde aparece acompañado de cinco rubias de tetas al aire. Comprar y vender y comprar y vender.

—¿Qué más vendes? —le pregunto, sabiendo que su respuesta me ayudará a colocar su historia.

—Por ahora sólo traigo camisetas y pósteres. Pero quiero empezar a vender chapitas con mi nombre y lápices con forma de, bueno, tú sabes... ¡penes! ¡Penes grandes! —sonríe orgulloso.

Me tienta la idea de decirle que lo entiendo, que vendo todo tipo de historias y que sobrevivo de ello. Su maletín como mi equipaje de mano. Pero anda apurado, y el lugar no está para una charla de pornografía y periodismo entre un *pornstar* y un freelance latinoamericano. Alcanzo a pedirle un autógrafo para mi hermano Rafael, pero no llega a firmarme otro para llevarle de regalo al Tuna. En un segundo, con su maletín todavía abierto sobre una de las mesas, aparece una bailarina menor de veinte años, escote abultadísimo, *shorts* brillantes, ajustados, y con todas las ganas del mundo de convertirse en estrella del porno mundial y de la piratería latinoamericana. Súbitamente la muchacha se lanza a los brazos de Ron.

—Te dejo, amigo —me dice con una sonrisa pícara mientras parte agarrado de la cintura de la stripper en busca de un whisky a la barra.

Sobre el escenario, Nikki Starr, la otra estrella de la noche, esparce chocolate cremoso sobre su escultural anatomía dejando aturdidos a los tres espectadores que van quedando. Las cámaras la siguen de cerca y ella se toca suavemente, de arriba abajo, pone caras y sonríe coqueta, sin importarle que la sala esté semivacía, sin darle asunto a que acá dentro todo sea más decadente de lo que se podía esperar. Pensando, seguramente, más en esos tipos que han comprado la película y ahora la ven en sus casas, tranquilamente, que en esta perdida madrugada de Nueva York donde todo resulta un poco rutinario.

Antes de que sea tarde, vuelvo donde Ron Jeremy y le pido que nos tomemos una foto. Me dice que adentro del local está prohibido pero que no tiene problemas en sacársela afuera.

Y aquí estamos, posando junto al vidrio blindado de la boletería. Ron está de buen ánimo y con la luz del exterior se le nota el polvo del maquillaje y las arrugas del tiempo y en su cabeza teñida las marcas de unas raíces canosas. Con luz normal se ve el bigote mal recortado, su sonrisa tímida y esos ojos esquivos que seguramente le brillaron cuando los productores porno lo llamaron a casa luego de aparecer en *Playgirl* y el futuro era una sola y muy larga ilusión.

Unos segundos antes de estallar el flash, Jeremy me dice en voz baja y muy serio.

—Son diez dólares, amigo.

Por su historia yo espero cobrar más.

Un escritor de mierda en Park Avenue

Diego Enrique Osorno

En el departamento de Park Avenue hay sombrillas negras por todos lados. Bien escondidas pero aquí están. Vas a la cocina y aparece una, en el baño está otra, en la recámara también, lo mismo en la sala. Abro un pequeño clóset junto a la puerta principal y encuentro muchas más: el nido de las sombrillas negras. El hallazgo me tranquiliza. Domino la situación, trato de hacerlo. En el departamento del octavo piso también hay libros y casetes en formato de VHS, pero lo que abunda son sombrillas negras: sombrillas furtivas y acechantes a las que ahora ya no tengo miedo porque sé donde tienen su nido.

Vine a Nueva York a escribir un libro sobre Carlos Slim Helú. Esto es algo distinto a los temas de los que suelo escribir desde que soy reportero. No tiene nada que ver con las violaciones masivas de la policía en el operativo Atenco, ni con el caso de José Francisco Granados de la Paz, quien por los noventa, siendo muchacho, asesinó varias mujeres en Ciudad Juárez sólo porque ahí se podía —y se puede— hacerlo.

La medianoche va quedando atrás y estoy estancado. Recuerdo una fiesta glamorosa. De esa fiesta me acuerdo en especial de una breve ceremonia en la que el poderoso hombre que trato de perfilar dio un mensaje rodeado por su familia. Casualmente quedé a un lado de ellos y frente a un montón de fotógrafos que, a la distancia, encerrados en una especie de corral, tomaban las gráficas del momento con sus lentes casi telescópicas. Uno de ellos era Oswaldo Ramírez, quien había estado conmigo en balaceras de Oaxaca durante la insurrección de 2006 y le parecía marciano verme ahí, en el epicentro *socialité*, donde yo desentonaba por mi aire forastero y el agrio saco de pana que llevaba puesto con un parche en uno de los dos codos, por no hablar de mi barba.

Al concluir el acto se reanudó la fiesta. Fui a sentarme a la barra para rumiar desde ahí. Esperaba también a la amiga que me había ayudado a entrar a la exclusiva reunión cuando de repente una mano delicada tocó mi hombro. Volteé y sentí la descarga de unos ojos. Una guapa mujer me ofrecía tomar un trago juntos —sí, como en las películas, en las malas películas. Al principio no supe quién era. Minutos después, cuando la chica hacía la cuarta pregunta para averiguar si yo había estado junto al poderoso anfitrión debido a que era parte de su familia, o amigo de ellos, o algo así, recordé el tarareo de esa canción que decía: "Yo tengo una bolita que me sube y me baja", y me di cuenta que quien estaba frente a mí era la cantante de Garibaldi, Patricia Manterola, o bien su doble.

El ligero roce con la elite había hecho magia.

Pero duró lo que un lirio.

Al día siguiente busqué en las secciones de sociales de los periódicos las fotos de la fiesta, para verme junto al poderoso anfitrión al momento de su mensaje: no aparecía en ninguna. Había sido borrado de ese breve instante junto al poder.

El *photoshop* había devuelto a su humano sitio a un reportero de mierda.

***

Dos breves pero importantes aclaraciones que quizá a muy pocos importen:

1. ¿Por qué intento escribir de un tema distinto a los que usualmente me toca trabajar?

La violenta realidad asombra menos. Si cuento que hoy en la mañana al salir de casa me hallé una cabeza humana sobre una cartulina verde fosforescente en la puerta, pocos dudarían que miento y —menos gente aún estaría interesada en conocer el trasfondo del suceso. No es que uno deba renunciar a realizar los registros de esa brutalidad actual, sino que quizá haya que buscar otras formas narrativas para hacerlo. A estas alturas del sexenio mexicano, las muertes violentas quedan registradas en la mente de la mayoría como "muertes del narco" y aunque causan repudio y provocan terror, se las olvida más rápidamente de lo que se nos olvidó Pablito Ruiz, Loco Mía, o, precisamente, Garibaldi.

Lo inverosímil es hoy realidad. Entonces los reporteros estamos contando hechos que parecen ficción —y ojalá lo fueran: el sicario de fama más sanguinaria se apoda La Barbie y la banda que compite con él en esos "méritos" se nombra a sí misma usando una letra del abecedario, la última, para ser más precisos. ¿Qué imaginación literaria puede superar fácilmente eso? En este sentido, el problema como narradores no es el de la verosimilitud, sino el de hallar la forma idónea de penetrar la cultura que hace posible que sucedan cosas tan irreales como las que ocurren en este país al que todavía se le dice México.

Hay otras realidades iguales o más violentas que casi no son contadas, permanecen invisibles —impunes. He ahí el intento de escribir una historia que, en apariencia, no tendrá nada que ver con ese tipo de violencia extrema como la masacre del bar Sabino Gordo.

Hay otras violencias. Menos obvias, más sutiles.

2. ¿Por qué llevé un saco de pana emparchado a una fiesta glamorosa?

Como soy regio, soy rupestre. Y un agravante es que soy un regio bastante común: de niño fui con el payaso Pipo y los sábados vi varias veces *Aficionados de Rómulo* en un pequeño televisor en la casa de mis abuelos, en la colonia Terminal; fui a la secundaria federal 38, luego a la preparatoria 16 donde, dizque, estudié Técnico en Sistemas Computacionales, y finalmente, cursé la licenciatura de Periodismo en la Universidad Autónoma de Nuevo León. En todo ese tiempo siempre trabajé. A los 13 años inicié mi carrera laboral con un empleo como ayudante de un taller mecánico de la Avenida Lincoln, luego fui despachador en una ferretería de San Nicolás, obrero en una fundición de aluminio de El Mezquital, Apodaca, vendedor de artilugios futboleros afuera de los estadios, en la calle Pablo A. de la Garza y en la Central de Abastos, así como mesero en la Expo Guadalupe, y una que otra cosa más, hasta que pude ser reportero, primero en una estación de radio de música sabrosita, y después en un periódico rural donde las noticias principales que hacíamos eran sobre robos de vacas y nuevos plaguicidas que llegaban a las tiendas de la región citrícola de Nuevo León.

En ninguno de los trabajos que he tenido —especialmente en el de reportero— vestir bien fue una cosa obligatoria.

Eso explica el saco de pana con parche.

Y también lo demás.

***

Volvamos a Nueva York.

Un forastero entró al Tom's Café. Pidió un vaso grande de jugo de naranja y el periódico, pero nadie creyó —como él mismo lo afirmó— que fuera Paul Auster.

Vivimos con ilusiones, pienso. Necesitamos ilusiones. Ilusiones ilusas. Como aparecer en una foto del poder con barba y saco de pana y buscarse en las sociales queriendo —queriendo— comprobar que lo inverosímil es posible.

***

Cuando era adolescente, un tío sordomudo se vino de mojado a Estados Unidos y realizó su propio sueño americano. Era bastante apuesto y tuvo un hijo fuera de su matrimonio con una sordomuda mexicana que decidió, quién sabe por qué razones, parirlo en el Distrito Federal. A ese hijo lo conocí en los noventa entre el polvo del rancho de las afueras de Monterrey donde yo más o menos crecí. Diré aquí que se llama Diómedes, aunque el nombre no tenga absolutamente nada que ver con él ni con su personalidad. Diómedes, después de aquel encuentro fugaz que tuvimos en el rancho, se vino para Estados Unidos y anduvo de aquí para allá, hasta que lo detuvieron y encarcelaron por portar armas y vender drogas. Lo mandaron de regreso a México, pero después volvió colgado de un ferrocarril y ahora está en un sitio cerca de Nueva York. Dicen que es millonario, un millonario que no tiene papeles, que carece de identidad y que ha leído un libro que escribí sobre el cártel de Sinaloa —o, por lo menos, dice que leyó. Lo del libro me lo dijo en las dos ocasiones en las que hemos hablado en forma críptica por teléfono. Críptica no porque conspiremos algo sobre tráfico de drogas en Estados Unidos: críptica porque él casi no sabe hablar español y porque yo no hablo nada de inglés. No creo que Diómedes sea millonario. Sobre todo, viniendo de un país como México. México ha de ser el país con más millonarios del mundo. Millonarios de verdad. Se calcula que hay más o menos 85,000 millonarios. México es también el país con más ultramillonarios del mundo. Tenemos al más ultramillonario del mundo, eso ya se sabe, pero también contamos con treinta y nueve familias que poseen, sólo entre ellas, 135,000 millones de dólares, el trece por ciento de la riqueza de un país donde los 110 millones de habitantes restantes somos unos miserables, lo aceptemos o no.

Puede que Diómedes sea un miserable en vías de ser millonario.

Por lo demás, no estoy en ninguna foto con él.

***

Anoto al margen en mi libreta:

Acepto la vida a esta hora porque no me queda más.

Hay ojos por todos lados, centinelas absortos esperando algo.

Igual estoy yo.

***

Vengo al Caffe Reggio, en Grenwich Village, porque Mario Puzzo escribió aquí *El Padrino*. Pido un café y miro la pantalla de la computadora. No pasa nada. Entro a Internet, me pongo a tuitear sobre la guerra del narco en México y después echo un vistazo a los álbumes fotográficos de una exnovia que ahora vive en Europa una vida increíble, de maravilla, según nos lo deja ver a sus amigos de Facebook.

Mientras mi página sigue en blanco, pido otro café, más cargado, por si es eso lo que sabotea la escritura. Entro a mi cuenta de Gmail y la encuentro saturada de propaganda de las elecciones de Michoacán. No sé si es una broma o una amenaza, pero la hermana del presidente mexicano me bombardea el correo con su espantosa verborrea. Mando todo a la basura, hasta los correos de mis amigos queridos. Luego entro al cesto virtual a recuperar los mensajes más valiosos. Ya cayó la noche. Me traen la cuenta y me dicen que tengo que irme.

***

Un fantoche mexicano come pollo *crispy* en el Kentucky Fried Chicken más pequeño de Manhattan. El tipo esconde su cabeza debajo de un sombrero vaquero color chocolate, comprado en Vail, Colorado, y muy comentado por las cajeras indias —de la India— que no se sabe si coquetean o se olvidan del olor a grasa del asqueroso sitio, burlándose del cliente frente a ellas.

***

Conozco la librería McNally Jackson porque Francisco Goldman presentó ahí su novela *Say Her Name*. Francisco es el mejor amigo que tengo en Manhattan, a él se reduce mi vida social. "Reduce" es aquí un verbo engañoso, porque Francisco, por sí solo, puede llegar a ser una fiesta interminable. McNally se convirtió en mi librería preferida, por encima de la imponente Strand. Mi bar favorito de la ciudad —también un hallazgo cortesía de Francisco— es Fanelli's. Está ahí, a unas cuantas calles de McNally, en el Soho. La primera vez que me emborraché en Fanelli's, me la pasé atento, mirando al rudo rubio barman, esperando que en cualquier momento me soltara un golpe sólo por hablar en español delante de él. Sin embargo, de forma repentina, supongo que a la medianoche o alrededor de ese momento, el barman soltó un grito terrible pero no contra o por mí. El bar se calló. El barman alzó una botella, la tintineó con un cuchillo de plata y después caminó hacia una bola de hombres pelirrojos que bebía en una de las mesas. El barman agarró al más gordo de los pelirrojos y lo besó en la boca. Yo estaba atónito, pero el bar entró en euforia. Pensé que después de eso alguien sacaría la pistola y dispararía al cielo, o por lo menos aparecería un viejo diciendo que pagaría la cuenta de todos, pero no fue así.

Al rato el bar volvió a la normalidad.

***

El Boeing aterrizó a las 4:24 p.m. en el aeropuerto John F. Kennedy. En el asiento 14-C venía un detective contratado en México por una millonaria para dar con el paradero del desaparecido poeta Samuel Noyola, a quien Octavio Paz nombró como su sucesor.

La única pista del detective era un acertijo: ¿El corazón, un garabato?

Cuando el agente migratorio le preguntó cuál era el motivo de su estancia en la ciudad, el detective dijo que estaba ahí para escribir un libro sobre el hombre más rico del mundo.

***

Esto también me pasó mientras ¿viví? en Nueva York intentando escribir sobre Slim —porque nos pasa la vida mientras hacemos como que vivimos la vida, y otras cosas:

María Barbo conoce a un latino estúpido: *love story*: noche zigzag: luna inútil: viento imbécil: relámpago falso: gloria violenta: corazón chiquito: milagro volando.

Aquella noche que zigzagueamos como ovnis de un planeta eufórico. Recuerdo caminos de neón, una constelación casi tropical de palabras desgajadas o rotas, meteoros del pasado que caían y caían. Éramos tierrita sideral.

Me sentía una bala perdida en Nueva York, pero fuimos a un evento en la Universidad de Columbia —mejor que estar en Pineland. Había escritores de excepción, escritores premiados: una anglo que escribió setecientas páginas de una biografía de sus senos, un oriental que reivindicó la masculinidad de los asiáticos, y una hermosa mulata —hermosa de los hombros a los pies— habló de cosas que no entendí.

Yo pensaba en México: en sus intelectuales de bolsillo y en los periodistas chatarra de la tele, los que te entretienen pero no informan.

En Columbia, chicos tiernos que ven documentales de Pablo Escobar. Gente cool fascinada con la maldad y el curioso animalejo latinoamericano.

Después caminamos por Broadway, esa calle que nunca se acaba, como nunca se acaba Insurgentes allá en el Distrito Federal, o como la estupidez, que tampoco se acaba nunca en una ciudad que todavía se llama Monterrey.

Entramos a un bar español. Bebimos casi dos botellas de vino de un jalón. Hablamos de la literatura y de los hijos —ella no tenía hijos pero inventó uno para mantener el ritmo de la conversación. Luego nos fuimos al bar de al lado a compartir un deseo febril. No voy a decir aquí lo que pasó en el hotel.

Mencionaré nada más dos canciones texanas:
"Rueda de fuego"
"Andan diciendo"
Después recuerdo haberme salido de ahí de inmediato, haber bajado a una estación del Metro y brincar el controlador, pelearme con la gente de seguridad, subirme a un vagón lleno de chinos, chinos asesinos que me veían con odio: jóvenes caníbales perdidos por completo.

***

Vino un amigo del Distrito Federal y antes de ir a la Estatua de la Libertad o cruzar a pie el puente de Brooklyn, lo llevé a conocer lugares de Nueva York que tienen la marca del hombre más rico del mundo, orgullosamente mexicano. Caminamos por Park Avenue hasta la calle 38, donde dimos vuelta dejando atrás un olor a marihuana que, hay que decirlo, es uno de los olores típicos de las calles de Manhattan. De ahí nos fuimos hasta la Quinta Avenida. Justo en el cruce con la calle 38 inició el "Slimtour" con un edificio de once pisos, en cuya entrada hay dos deslavadas banderas de Estados Unidos. La construcción no es nada especial. Resultará anticlimático para cualquier admirador del derroche, que la primera compra de Slim aquí sea la de un edificio tan aburrido. En cambio, el portero es de lo más ameno que hay en toda la isla: un hombre risueño que nos platicó de las habituales visitas de Slim al lugar.

Slim compró el edificio en poco más de 200 millones de dólares y aunque lo único que ha hecho desde entonces es cobrar ahora él a los inquilinos las rentas que cobraba el anterior dueño, existe el rumor de que los dos locales de la parte principal, desocupados ahora, se convertirán en un Sanborns. Vimos de cerca la fachada grisácea-rosada de los locales y mi amigo dijo, muy seguro, que ahí pondrían un Sanborns porque ese lugar olía a Sanborns. A mí se me antojaron unas enchiladas verdes.

El siguiente punto del tour fue el edificio 141 que está sobre Broadway y la calle 39. Según fuentes de Venture Capital, la empresa de bienes raíces que lo asesora en sus compras inmobiliarias en la ciudad, este lugar le interesa a Slim. A diferencia del anterior, se encuentra en una zona con mucha onda, por donde pasan todo el tiempo y a toda velocidad, hombres de traje y corbata —o de plano con ropa deportiva como para gimnasio— que en cualquier caso llevan audífonos imprescindibles más que cualquier otra cosa en el *look* neoyorquino.

De ahí fuimos a la Octava Avenida, entre las calles 40 y 41, a ver un rascacielos de quién sabe cuántos pisos —unos cincuenta, cuanto menos—, en el que están las nuevas instalaciones de *The New York Times*, periódico en el que Slim posee un porcentaje accionario. Frente al edificio está la terminal de autobuses, así es que hay una atmósfera peculiar, un olor a comida árabe y gente pasando a toda prisa con hotdogs en la mano.

Regresamos luego a la Quinta Avenida, a la altura de la calle 54, para ver otro de los espacios que, se especula, Slim podría comprar en cualquier momento. Está en el número 693 y por ahora es una tienda Forever 21. Aunque no es despampanante, se trata de la construcción más original de la zona. Quizá algo exótica para alguien que procura guardar una imagen de austeridad como Slim.

Unos metros más adelante está el famoso Hotel Plaza, que es el quinto punto del "Slimtour", ya que en el Gran Salón de ahí el empresario mexicano agasajó en público la noche del 9 de junio de 2004 a Marcial Maciel, fundador de los Legionarios de Cristo, quien casó al empresario mexicano allá en los años '70.

El tour acabó en el 1009 de la Quinta Avenida y la calle 82, frente al Museo Metropolitano de Nueva York, donde está la casa que acaba de comprar Slim. No está habitada, pero un letrero informa que si hay una emergencia puede llamarse a Roxana Girand.

Si se tiene suerte, como la tuvimos nosotros, uno puede encontrar frente a la casa en Manhattan del hombre más rico del mundo, un camioncito de motor ruidoso donde se vende yogur dietético a buen precio.

A Saks Fifth Avenue, de plano, ya no fuimos. Aparte de no tener dinero ni para comprar una bufanda de ahí, hay quienes todavía tenemos cierta moral.

***

Dos peruanos muy elegantes, con corbata y todo, viajan en el metro alrededor de un enorme televisor cubierto con una bolsa negra para guardar la basura. Podrían ser padre e hijo, o hermano mayor y hermano menor. No se sabe. El viejo aparato se contonea al ritmo del avance y las paradas del metro. Los peruanos maniobran y apuestan —sobre todo anhelan saber— si el armatoste encenderá o no cuando lo conecten a la electricidad de la casa.

***

El Sofitel de Nueva York está en el número 45 de la calle 44, entre la Quinta y la Sexta avenidas. Encima de la puerta giratoria de la entrada ondean dos banderas, una de Francia y otra de Estados Unidos. Enfrente hay un anticuario y un Radio Shack. Desde afuera parece un hotel modesto debido a su tamaño pequeño en comparación con los rascacielos a la redonda, así como por la calle en la que se encuentra, siempre oscura de noche.

Pero sólo parece un sitio modesto, como sucede con muchas cosas en esta zona de Manhattan, donde casi nada es modesto. El menú del restaurante del Sofitel aclara que la mayoría de los ingredientes usados en su cocina son frescos aunque hayan sido traídos desde París la noche anterior. Casi todos, hasta los requeridos para preparar un sándwich de pollo de 25 dólares.

Esta contradicción entre lo que parece y lo que es el Sofitel lo hace todavía mejor locación de la película real de conspiraciones que ocurrió en la primavera de 2011: uno de sus huéspedes habituales, el señor Dominique Strauss-Khan, entonces el director gerente del Fondo Monetario Internacional (FMI), fue detenido a punto de tomar un avión de regreso a Francia, acusado de hostigar sexualmente a la señorita Dian Dallo, la camarera que lo atendió durante su estancia en el Sofitel.

El funcionario estuvo arrestado un día, y después quedó en libertad, aunque siguió bajo investigación. A la par, en Francia, periodistas y exempleadas del señor Strauss-Khan denunciaron haber sido, tiempo atrás, acosadas sexualmente también por el financiero, denuncias que, sin embargo, en su momento, nunca fueron llevadas a tribunales.

La trama dio un giro interesante cuando se publicó la transcripción de una conversación telefónica entre la camarera del Sofitel supuestamente víctima de acoso, y un amigo de ella preso en una cárcel estadounidense, a quien la señorita Dian Dallo le comentaba que continuaría con su denuncia, ya que sabía lo que hacía, y además, el señor Strauss-Khan tenía mucho dinero. Nada menos que eso, pero también nada más que eso revela la filtración divulgada por *The New York Times*.

El banquero reaccionó diciendo que la charla probaba que el escándalo del Sofitel era una conspiración en su contra. Y así, desde entonces, el exdirector gerente del FMI, un organismo casi conspirativo por antonomasia, va pregonando que fue víctima de una conspiración protagonizada por la señorita Dian Diallo, camarera nacida en un país africano que aparece en el mapa con el nombre de Guinea Cornikit.

¿Una conspiración contra el conspirador?

Entro al *lobby* del Sofitel para ver qué puedo averiguar. Debo burlar antes una hilera de Mercedes Benz negros, con vidrios polarizados, que de repente llegaron a estacionarse afuera con los motores encendidos. Casi nadie quiere hablar conmigo —mi pésimo inglés contribuye a ello—, hasta que logro platicar con un taxista del sitio que habla español igualito a Don Francisco. Primero comentamos la Copa América —de la cual yo no sé absolutamente nada— y luego le pregunto si él —que conoce personalmente a la señorita Dian Diallo— cree que el señor Strauss-Khan —a quien ha visto por aquí— fue víctima de una conspiración.

Tras la pregunta, el taxista me mira y se ríe de mí, no conmigo. Después, con desgano, dice que la mitad de los millonarios que vienen a Nueva York creen que pueden hacer lo que se les dé la gana, que eso no es raro, que lo raro es que una empleada insignificante como la señorita Dian Diallo denunciara lo que pasó.

Me fui al poco rato con las manos vacías, pensando que ese taxista era muy sospechoso. Quizá un Iluminatti.

***

Me siento una mierda en el Memorial del 11 de septiembre de 2011. La violencia es redonda (nací en un país donde eres violento o violentólogo, así que tengo autorización para tocar el punto): una vez que la invocas estás dispuesto a recibirla. La violencia es un búmeran. Retorna. Eso pensé cuando fueron derrumbadas las Torres Gemelas. Luego me acosté a recuperar los minutos de sueño perdido por el volumen tan alto con el que amaneció el televisor de casa aquella mañana. Las Torres Gemelas, por razones de un antimperialismo barato que a veces abrazamos revolucionariamente en América Latina, era una tragedia sin muertos, hasta ahora que veo uno tras otro los nombres de las víctimas junto a las enormes fuentes —o pequeñas presas— construidas en medio de Wall Street.

***

Un viejo se sienta en la mesa que conseguí con demasiada suerte en la cafetería de la librería Borders frente a la esquina de Columbus Circle, en Central Park. Tiene una sonrisa enorme y quiere platicar de México y sus muertos. Estoy cansado y además me traje de México una conjuntivitis bastante fastidiosa. Trato de burlar el intento de conversación aprovechando mi poco dominio del inglés, aunque hojeo *The New Yorker* como si entendiera la crónica de Jon Lee Anderson desde Libia. Cuando regreso la vista al frente, el viejo ya está dormido. Veo que trae una corbata roja y varios distintivos en la solapa, como si fuera un payaso profesional que ahora está en sus horas de descanso. Quiero saber si es o no un payaso. Me urge. Ahora soy yo el que desea conversar, pero él se ha dormido.

***

Esto también pasa —o creo que pasa— mientras procuro —sin suerte, muy en blanco— seguir con mi texto de Slim:

A) Un viejo vive en un abismo de Nueva York (no el Bronx, en otro). Conoce a una joven del Barrio Chino. Se acuestan. Por la mañana no hay abismo.

B) Unas señoras españolas entrando a un café de Lexington Avenue completamente vacío el sábado a las siete de la mañana. Platican si hoy va a salir el sol o no, y que, dependiendo de ello, irán —o no— a caminar por

Central Park. Una quiere subirse a una calandria, la otra piensa que eso es ridículo pero no lo dice. Hablan ahora de Javier Cercas y su polémica con Arcadi Espada sobre lo que es una novela y lo que es una crónica, la ficción y la realidad. La que propuso el paseo en calandria piensa que es ridículo hablar de novela y crónica en una ciudad con tantas opciones para divertirse como Nueva York. Además Cercas y Espada le parecen patéticos. Ella prefiere la literatura anglosajona a la hispana. La literatura hispana le da pena. Como quiera, le parece que hablar de tales temas en vacaciones es un absurdo. Pero nada más lo piensa. No se lo dice a su amiga, la otra señora española, probablemente nacida en Binefar, o sea, aragonesa de cepa. Hablan veinticuatro minutos de la novela y la crónica. Dicen puras vaguedades. No llegan a nada. Ahora están hablando del amor. Se cuentan durante la siguiente hora y media sus respectivas historias, las cuales ambas ya se conocen muy bien, pero no al cansancio, como parece verse, porque ahora sí están emocionadas —en realidad emocionadas— contando detalles de su caso, escuchando cada una el relato de la otra. Ya es el mediodía. Comienza a llover en Nueva York.

C) Un escritor becado que no es de Nuevo León y que escribe en Nueva York la historia de los escritores de Nuevo León que han usado la palabra cabrito en su obra, dice que ya tiene problemas existenciales.

D) Otro escritor —también becado, pero de izquierdas— escribe en Nueva York un ensayo crítico del por qué los mexicanos responden "mande" en lugar de "qué" cuando les llaman por su nombre.

E) Yo. También de izquierdas. No escribo nada. Aún. Busco inspiración en un Starbucks.

***

Escucho "Cocaine Decisions" de Frank Zappa antes de que llegue el huracán Irene. Un amigo, asesor de un senador mexicano, de vacaciones por la ciudad, aprovechó el refugio de la tormenta, para legislar. Está aquí conmigo. Yo mientras tanto, sigo sin escribir nada. Traigo la paranoia de esta ciudad y a la vez una sensación extraña, subdesarrollada: la de preocuparme por un huracán cuando se viene de un país colapsado todos los días. Un estúpido sentimiento de traición por tener ahora problemas de Primer Mundo y no los que a uno está obligado por la nacionalidad indicada en el pasaporte.

Salimos a ver qué hay afuera, aunque por todos lados se diga que nadie debe andar en la calle. Entramos al único sitio abierto en Midtown: el McDonald's de la Sexta Avenida, frente al acceso principal del Empire State. Un par de españoles están encabronados por perder su fin de semana neoyorquino a causa de la tormenta. Nosotros nos reímos un rato a costa de ellos. Miran noticias alarmantes en sus iPad. Comentan que hubo un huracán sin nombre que arrasó la ciudad en 1944. Duran más de una hora tratando de adivinar por qué los metereólogos empezaron a ponerle nombre a los huracanes. ¿O habrán sido los periodistas?

***

A veces creo que mis días en Nueva York son como los de alguien recién internado en uno de esos centros de rehabilitación para adicciones. Pero de uno lujoso. Siento como si Nueva York me estuviera curando de re-

portear México, de mirarle tanto sus lados más fantasma-
góricos para escribir crónicas que alguien leerá un día,
cuando haya tiempos mejores —si los hay— y crea que
lo relatado es un cuento de terror, algo que seguramente
no sucedió.

***

Entramos descalzos en el Angélika Film Center y
vemos una película del detective Lee. Durante los cortos
me acuerdo de mi tío el sordomudo mojado y hablamos
en voz baja de *mudras*, signos budistas representados con
las manos. La película me aburre y recuerdo la exposición
con piedras de un japonés, Lee Ufan, que fuimos a ver
por la mañana al Guggenheim. También vimos una sala
completa tapizada con cien mil billetes de un dólar: la obra
ganadora del premio anual de arte contemporáneo Vogue.

Después fuimos a Strand. Me quedé una hora en
una mesa de libros que dice "War". A un lado había una
que dice "Peace": en esa sólo estuve diez minutos hojean-
do. En la de "Peace" había biografías de Fidel Castro y
Henry Ford, de Ana Frank y de Stalin.

Recuerdo: ilusiones ilusas.

Luego fuimos a buscar el Brooklin Zen Center,
pero no lo encontramos y entramos a la pizzería Reek, en
Walroftt, ubicada en Carrol Street entre la Tercera y la
Cuarta. La pizzería es atendida por unas meseras lindas,
locas y amables. Una de ellas me contó cosas zen, como
el buda representado entre serpientes, o una de las frases
zen muy conocidas entre los auténticos zen:

«Si te topas al buda, mata al buda.»

***

Y siguen pasando cosas al margen —y ahora pienso que, en realidad, el margen debe ser el rellano de nuestras vidas —o sea, nuestras vidas:

F) La mesera ecuatoriana del Salón México, en Roosevelt Avenue, rio cuando Nueva York se vio a sí misma oyendo el vallenato de Los Diablitos exactamente un día después del Cuatro de Julio.

G) Un pelirrojo bonachón lee *Los Diarios de Turner* en el rincón más oscuro del Starbucks del Empire State. Tic, tac. Comienza la cuenta regresiva.

***

En www.carlosslim.com, una página de Internet creada por el magnate para contar parte de la historia de su vida y contestar preguntas frecuentes sobre él, está la siguiente cuestión:

¿Cómo se siente ser el hombre más rico del mundo en un país de 50 millones de pobres?

Slim contesta:

«Esto para mí no es una competencia y mucho menos en ese tipo de categorías. Yo al morir no me voy a llevar nada, el crear riqueza y procurar distribuir su ingreso sí se quedará aquí. Estoy convencido de que la marginación económica, social, educativa y la desnutrición son obstáculos para el desarrollo del país. Además de combatir estos problemas por la convicción ética y moral debemos entender también que es una necesidad económica procurar su desarrollo. Tenemos que incorporar a toda esta gente marginada a la sociedad de la economía, a la modernidad.

«Desde mi posición como empresario siempre he sentido una gran responsabilidad con mi país y he actuado en consecuencia. La filosofía de Grupo Carso, que he aplicado en todas y cada una de las empresas que lo conforman, incluye una serie de principios de eficiencia, austeridad, honestidad, modernización, reinversión de utilidades y desarrollo, entre muchos otros, tratando de prestar siempre el mejor servicio, fomentar el empleo y fortalecer el mercado interno, lo que sólo puede ser resultado de una economía crecientemente incluyente, en beneficio de la sociedad y del país.

«Mi reto de vida es mejorar las condiciones de salud, la educación y el generar empleo.»

***

Un negro de barba blanca y casi dos metros de altura, flaco y muy encorvado, se sentó en Bryant Park mientras le llovía encima. Era un trueno envejecido que se vino a jubilar a Nueva York.

Insisto: ilusiones ilusas. Nuestra vida es un margen.

Mapas (Lo que pasa en Vegas)

Wilbert Torre

I

Cuauhtémoc Figueroa viaja con una colección de mapas. Unos del tamaño de un muro, otros como de la página de un libro.

Los mapas son la cartografía de su vida. O de muchas: sin ellos estaría perdido.

Es un viernes de invierno y en la oficina de Cuauhtémoc en Washington D.C. —cubo de cuatro por cuatro, limpieza militar, neón y dos ventanitas que miran a la Casa Blanca— el aire está cargado de urgencia.

Cuauhtémoc está sentado en una silla, junto a una radio que le susurra música ranchera. Afina los adjetivos de los discursos que dará más tarde ante promotores de causas sociales, gente que quiere verbos motivacionales, frases alegóricas, un profeta. Cinco mapas —cinco estados— se disputan el escritorio. Se deslizan por sus manos, van y vienen, se mezclan. Cuauhtémoc los observa como si conociera sus reductos desde siempre y les reconociera los olores: aquí una escuela, allá una clínica, allí ese bar.

Coge un bolígrafo y traza dos círculos sobre un mapa: el mayor cubre el estado de Nevada; el más pequeño, Las Vegas. Lo estudia en silencio: no puedo dejar de pensar que está echando todo a la suerte de sus cartas.

Afuera espera un millonario que no ha encontrado obra filantrópica ni comunitaria mejor donde hundir billetes que el plan de Cuauhtémoc de registrar votantes para darle una segunda oportunidad a un presidente que perdió su carisma. Estamos a la mitad del mandato de Barack Obama, a la vuelta de las elecciones legislativas del 2 de noviembre de 2010, que serán una cachetada para el gobierno demócrata.

Pero eso aún no lo sabemos.

En la radio y por ahora, guitarras, acordeones y un violín murmuran con melancolía.

II

En febrero de 2009 Cuauhtémoc Figueroa se apuntó un revolver de oro con una bala de plata a la sien: decidió volver a reunir el voto hispano para que Barack Obama no sea un presidente de un solo término. Los hispanos fueron clave para ganar las elecciones de 2008, y son tantos que harán ganar muchas de las que vengan. También las harán perder.

Cuauhtémoc tiene 47 años pero aparenta más. Lo aqueja una cojera reciente y ha engordado con el régimen *fast food* de los viajes. Piel de piñón, la armadura sólida de un novillo y los ojos color almendra, muy vivos. Habla con la serenidad de un maestro viejo y se mueve con el nerviosismo de un adolescente en los laberintos de un videojuego. Dicen que conoce mejor que nadie la geografía latina de Estados Unidos. Como una vendedora antigua de Tupperware, hace años que reúne hispanos de una costa a otra y les vende ideas y sueños.

Uno de los muros de su oficina está presidido por un cuadro donde un Obama fibroso y reposado sonríe con boca de media luna. El afiche es de 2008, cuando era un candidato conmovedor. Es formidable —la imagen se agiganta, se apropia de uno— pero más lo son las decenas de botones de campaña que rodean el marco del cuadro. En los botones se leen frases que alguna vez significaron mucho: "Obámanos unidos", "Boricuas con Obama" y "Sí se puede".

Cuauhtémoc fue jefe del voto latino en la campaña de Obama y es un veterano de varias elecciones pero siempre mantuvo distancia con todo. Nunca tuvo apego a los fetiches, lo que significa que jamás había coleccionado botones ni otra *memorabilia*. Pero en la campaña llevó a Obama a visitar pueblos atestados de latinos y se llenó las manos de pines y chucherías. Los buscaba como busca un sabueso o un famélico. Algo había hecho clic. Para Cuahutémoc, esos botones rodeando la imagen del Presidente de la todavía nación más poderosa del planeta son, más que el trofeo de una batalla ganada, un mapa contra el olvido.

También podrían ser una pista de cuánto se ha perdido en el camino.

III

A los seis años, Cuauhtémoc ya sabía que la política era la eterna reiteración del pasado. Mientras los niños del barrio jugaban al fútbol, él daba de beber agua a unos campesinos reunidos en Blythe, California, la tierra de sus padres. Desde entonces ha permanecido cerca de los hispanos como si esos millones de ciudadanos de segunda, morenos y bajitos, fueran su sino. Él mismo es un mexicoamericano de tercera generación, miembro de un clan de activistas de derechos civiles de los campesinos.

Estudió historia en la Universidad de California en Los Ángeles y luego en Harvard. Su primer empleo fue en el Congreso. Un demócrata liberal, George Brown, que se había opuesto a la invasión de Vietnam, fue su mentor. El tipo tuvo la osadía de meterle en la cabeza la idea de que es posible cambiar a un país más grande que un continente a golpes de convicción. Cuauhtémoc se lo creyó todito. En los últimos años ha escrito un libro que llamará *Las aventuras de Kiki y Temo*, una fábula sobre un niño y un superhéroe que sólo podría habitar la imaginación de un latino: un gallo de pelea viejo y sabio.

El inicio de Cuauhtémoc en la militancia fue el fin de cualquier futuro profesional para Figueroa. Se dedicaría a organizar a miles de trabajadores en la Asociación Americana de Empleados Estatales, de Condados y Municipales, el mayor sindicato del país. Toda esa formación ecléctica hizo al Cuauhtémoc de hoy, un sujeto atípico, esculpido en varias piedras. Cuauhtémoc es una larga enumeración: propietario del declamado discurso de un organizador social, la audacia de un operador político, la experiencia de un lobo de los sindicatos, el pragmatismo de un empresario y el deseo y la urgencia de ser de un latino contemporáneo.

Cuauhtémoc hizo que diez millones de hispanos votaran por un negro venciendo prejuicios racistas. Movilizó gente en caseríos remotos; encendió a los latinos tocándoles la vena del orgullo; les vendió la idea de que *había llegado la hora* de salir de los sótanos para ser un grupo de poder. En 2008 fue una especie de *Obama latino* entregado a conocer las frustraciones de la gente y alimentar sus deseos y esperanzas. *Hands down.*

Pero las cosas han cambiado mucho. A medio camino de su mandato, Obama no envió al Congreso la prometida reforma migratoria. En esos mismos dos años, su gobierno llevaba deportados más inmigrantes que la administración republicana de George Bush en sus últimos dos. Mucha gente dejó de creerle. Ahora, plantado frente a sus mapas, recorriendo los límites de Nevada con la mirada, Cuauhtémoc medita su misión imposible: si antes debía conquistar las expectativas, ahora debe explicar el fracaso. ¿Cómo se convence al traicionado de renovar la confianza?

—Obama no es un mesías y nada quedará resuelto con un chasquido de sus dedos —me dice Cuauhtémoc en su oficina, la voz alta, la mirada en el cuadro donde el Presidente antes sonriente parece ahora el prisionero de una cárcel de cristal.

El teléfono timbra dos veces. Los mapas desaparecen de la mesa y, mientras se ajusta el nudo de la corbata, me dice que organizar gente, más que un trabajo, es una misión. Que es algo personal, que no puedes cruzarte de brazos y no hacer nada para resolver las injusticias del país.

Me muestra una tira de papel con nombres y teléfonos. En Las Vegas conoció a un negro talentoso de 18 años. Lo preparó. Era uno de muchos a la pesca de una oportunidad. Los números del papel son los contactos que le envió para que se abriera camino. Se le enciende la mirada, vuelve a la carga.

—¿Debería haberlo abandonado a su suerte? —me dice—. Si queremos que este país tenga futuro, tenemos que hacer algo por ellos.

Un minuto después cuelga el teléfono y da una última mirada a las ideas de su libreta. Con ellas intentará convencer al visitante de fuera, el millonario en la sala de espera, de que abra la chequera e invierta miles de dólares en las nuevas generaciones de latinos.

IV

Después de que Obama derrotó a McCain, Cuauhtémoc se embarcó en las aguas de Corpus Christi con Andrés González, un amigo texano. Navegaron en un yate, bebieron cerveza, capturaron peces —los liberaron— y hablaron de negocios. Cuauhtémoc debía tomar una decisión: aceptar un empleo en la Casa Blanca o fundar una empresa. González le propuso crear la primera consultoría hispana de Estados Unidos. "Nadie sabe hablar a los latinos como nosotros", le dijo, y prometió que tendrían un futuro como asesores de campañas de alcaldes, congresistas y gobernadores de origen hispano.

La empresa se llama Adelante Strategy Group y ya hizo alcalde a un joven hispano de San Antonio, la segunda ciudad de Texas. El plan de Cuauhtémoc ahora es ayudar a darle un nuevo período a Obama trabajando entre el otoño de 2009 y el invierno de 2012. Todo pasa por invadir áreas estratégicas de Florida, Arizona, Colorado, Nuevo México y Nevada, politizar los vecindarios latinos, registrar miles de electores y prepararlos para votar.

En febrero de 2009, Cuauhtémoc desembarcó con Adelante en Las Vegas, su primera estación. Allí los latinos germinaron y germinan como semillas pero son semillas amargas. Para cuando Cuauhtémoc llegó, miles habían perdido sus empleos y otros miles sus casas hipotecadas.

En la primavera, para calentar motores, Cuauhtémoc cerró el bulevar de Las Vegas y reunió a más de diez mil latinos para exigir la reforma migratoria. Harry Reid, líder de la mayoría demócrata en el Senado, hijo de un minero de un pueblo rural sin agua potable a una hora de Las Vegas, se plantó frente a la multitud y bajo un sol suave encomendó su reelección al voto latino.

Cuauhtémoc comenzó a reclutar gente. Convocó reuniones en las escuelas, fue a las iglesias a conversar con las mujeres mayores, se reunió con los jóvenes en sus clubes. Un día de agosto cogió uno de sus mapas —otro más— y trazó un nuevo círculo, que en la realidad resultó ser un área de siete kilómetros cuadrados donde vivía la mitad de los latinos de Las Vegas. Montó su centro de operaciones en la barriada. Era una oficina sin pretensiones en una concurrida plaza comercial, amplia, de paredes altas y huecas y una tímida vista a la calle.

La operación para apuntalar el segundo mandato de Obama se lanzó el sábado 5 de septiembre en la secundaria El Rancho, una escuela de tres mil estudiantes en una zona habitada por gringos, al norte de Las Vegas. Cuauhtémoc dijo que querían registrar diez mil nuevos votantes hispanos —uno de cada siete que no estaban en las listas de electores. Su equipo visitaría los hogares para conversar con los vecinos para, como Obama cuando sus promesas valían, atender sus preocupaciones. Dijo un par de cosas más —llamó a involucrarse, a cambiar las cosas— y luego dio paso a un mariachi. El aire se llenó de rancheras y corridos y los niños comenzaron a correr por el salón y los mayores a comer y a beber y a aplaudir, como si fuera lo que realmente estaban esperando. Un grupo de baile mexicano cerró la jornada. La sala se vació al caer la tarde.

Cuauhtémoc puso al frente de la oficina de Las Vegas a Artie Blanco. Ambos se conocieron más de una década atrás cuando eran asistentes en el Congreso, parte de un grupo de cinco latinos abriéndose paso. Hija de un mexicano y una texana, Artie —una morena en sus treintas, alta, cabello largo con coleta— había organizado las asambleas demócratas en Las Vegas en la elección de 2008. Conocía a todos los líderes de los partidos, las iglesias y los barrios.

Cuauhtémoc tenía una idea clara de cómo prepararían a los jóvenes. En la campaña presidencial había creado los Campos de Entrenamiento Obama. Allí, algunos —los soldados— aprendían a hablar con los vecinos y otros —los sargentos— a capacitar más gente —nueva infantería— en sus ciudades de origen. Cuauhtémoc los motivaba con historias de su infancia.

El sexto de siete hermanos, Cuauhtémoc Figueroa, Temo, nació en el barrio Cuchillo, en Blythe, California, un pueblo del desierto de Sonora habitado por cultivadores de melones y sandías. Su casa era un refugio de campesinos e inmigrantes. Allí el abuelo reunía a los nietos para contarles historias que terminaba con una serie de ideas muy personales sobre la igualdad: no confiar en un patrón, compartir sus cosas con los pobres, jamás ser indiferentes ante una injusticia.

Los padres y tíos de Cuauhtémoc se unieron al legendario César Chávez, el fundador del primer sindicato campesino de Estados Unidos. Los niños acompañaban a Miguel, el padre, a reuniones donde los campesinos describían cómo eran explotados. Con frecuencia asistían estudiantes universitarios. "Si vamos a cambiar el futuro, vamos a necesitar educación", decía Miguel ante aquellos hombres gastados. Cuauhtémoc siempre creyó que ese tipo de dramas generarían una conexión emocional entre los latinos, incluso en las grandes ciudades.

Ahora, en Las Vegas, su ejército sumaba doce chicos a los que recibió como un motivador profesional, cálido pero riguroso, mirándolos a los ojos, el lugar por donde entran las arengas al cuerpo. "Si encuentran a alguien enojado y les grita, no se rindan, sigan y golpeen la siguiente puerta", les decía. Y: "Deben estar presentables". Y luego: "Esto no es un trabajo, es el futuro". Y más tarde: "Tienen un mensaje que transmitir, no asusten a los vecinos".

La mayoría eran jóvenes de dieciocho años, egresados de la secundaria. Cuauhtémoc pidió a Artie que fuera una madre para ellos y ella los eligió como lo haría una madre, socorriéndolos. Siempre le pareció que esa docena de apóstoles adolescentes no sabían qué hacer con sus vidas. En alguna medida era así. Allí había albañiles, varios desertores de la escuela, desempleados, migrantes, chicas adolescentes, solteras, con uno o varios hijos.

¿Una infantería de menesterosos?

—De otro modo, estos chicos tal vez no tendrían una segunda oportunidad —me dijo Artie un día al teléfono.

V

Los chicos salieron a la calle por primera vez en septiembre de 2009. La recesión estaba en su momento más crítico. Tenían que ganarse la confianza de los vecinos, así que Cuauhtémoc puso en sus manos números telefónicos y direcciones de empresas que ofrecían plazas vacantes. Eran dulces para gente urgida de trabajo.

Tocaban puertas por la tarde, cuando el sol de Las Vegas se convertía en una pelota naranja tibia. Repartían folletos para trámites de ciudadanía, vacunas gratuitas, festivales para niños y documentos del censo traducidos al español. Pasaron seis meses llevando información a los vecinos, todos los días, hasta abarcar casi doscientas mil casas.

Cinco meses después, Cuauhtémoc decidió que era el momento de empezar a registrar votantes. Politizar a los latinos implicaba que sus chicos fueran capaces de sostener conversaciones sobre economía, salud, educación y reforma migratoria. El proceso comenzaba en cuanto se abría una puerta. Si era una mujer o un hombre joven debían hablarle con sus códigos comunes. A los viejos, tratarlos como a sus madres o abuelos.

Artie trabajaba con denuedo en el equipo, que ya sumaba treinta personas a tiempo completo. Los animaba y mimaba. Tenía especial cuidado con Candy, una adolescente nicaragüense muy tímida. Olía que no acababa de adaptarse al equipo. Candy era linda: tenía el cabello largo y le gustaba llevarlo alborotado. Artie supo que ahí estaba la ganancia.

—M'hija —le decía, acariciándole las hebras azabache— *put the hair out of your face*. ¡La gente tiene que verte la cara!

Cuauhtémoc se encargaba de preparar el mensaje. Llegaba a toda prisa con el desayuno y, mientras los chicos devoraban *doughnuts*, conversaba con ellos por separado. Quería toda su atención. Les decía que lo más importante era aprender a escuchar y a *leer* a la gente. Que no se ocuparan de decirles por quién votar, sino de conversar sobre los asuntos que les interesaban: construir conexiones emocionales. En la calle hay confusión e interpretaciones erróneas, decía. Debían estar alertas para detectarlas.

La oficina se convirtió en una segunda casa para el grupo de jóvenes. Artie se preocupaba por que las mamás tuvieran nanas con quien dejar a sus bebés para ir a trabajar y por que los más nuevos no se extraviaran en una ciudad que desconocían. Les enseñaba a comportarse, les pedía tener conciencia, pensar cada paso. Para que otros crean, les decía, ellos debían creer primero. Usaba su propia historia de ejemplo. Cuando tenía 19 años deseaba estudiar medicina y necesitaba un empleo. Su papá le dijo que viajara a Texas a ver a Gen Green, un congresista que acababa de ser electo.

—¿Por qué me va a dar un empleo si sólo soy una chica mexicana del barrio? —desconfiaba ella.

—*Just go*, hija.

Y Artie fue, y por medio de Green comenzó a trabajar para los demócratas, y con los años llegó a ocupar puestos directivos en la Asociación Nacional de Oficiales Latinos Electos y organizó elecciones en varios estados. Luego vino Cuauhtémoc y con él Obama y, tras él, ese picor que sienten en el cuerpo los que van a ser parte de la historia.

VI

Abril de 2010, la bomba: Arizona aprobaba la ley migratoria más severa del país. Cuauhtémoc y Artie se encerraron en la oficina a discutir qué hacer. Cuando los chicos regresaron de tocar puertas ella les explicó que cualquier persona con apariencia latina podía ser detenida por la policía del estado bajo sospecha de ser un inmigrante indocumentado. Les pedirían sus papeles y si no los tenían, podían arrestarlos.

Los muchachos no lo podían creer.

—*Are you fucking kidding me?* —se enfureció Martín, un ecuatoriano de 21 años.

Un mes después, el tema estaba en los diarios, la radio y la televisión. Había tensión en las calles. La radio era un *ring*: los conductores liberales defendían a los inmigrantes y los conservadores vociferaban para echarlos a patadas. Pero los vecinos de Las Vegas eran indiferentes. Muchos tenían familiares en Arizona pero habían nacido en Estados Unidos: eran ciudadanos. No los afectaba. Los chicos de Cuauhtémoc se esforzaban: el asunto no era la carta de ciudadanía. Era la cara redonda, los ojos achinados, la piel marrón, el pelo hirsuto.

Era el ADN.

Entonces operaba cierta magia. Los sicólogos lo llaman sentido de pertenencia: la actitud de los vecinos cambiaba, se preocupaban, les hervía una irritación repentina. Era lo que Cuauhtémoc y Artie precisaban: sangre viva, un caldo que podía motivarlos a registrarse, a votar, a creer que las cosas podían cambiar.

En esos días, Reid, el senador demócrata, acompañó a Cuauhtémoc a un mitin con miles de latinos. Les repitió, como en casi toda la campaña, que no ganaría la elección sin ellos.

—Los necesito en las urnas —rogó.

Su desesperación era palpable. Las encuestas decían que los latinos, frustrados con Obama, votarían menos, y que una combinación de electores independientes, blancos y mayores de sesenta años definiría el resultado. Sharron Angle, la rival de Reid por el Tea Party Movement, una excongresista que había sido conductora de un show cristiano de radio, se subió a ese caballo. Inflamó el verbo, culpó a los inmigrantes de buena parte de los males del país. En las semanas previas a la elección, Reid se jugó sus últimas fichas. Al extremo del absurdo, se travistió de improvisado maestro de inglés para hablantes de español. Promovía las clases en la radio y en persona, visitando las casas.

Cuauhtémoc se instaló en Las Vegas los dos meses previos a la elección para apoyarlo. Dormía poco, comía mal. Las últimas semanas entrevistó a cientos de muchachos y contrató a varios para ayudar en el registro de hispanos.

Resultó. El último lunes de septiembre de 2010 organizó una fiesta con sodas y pizzas. En una pizarra blanca, en letras negras, escribió la cifra mágica: 10,023 nuevos votantes latinos, veintitrés más de lo planeado.

Así de corto puede resolverse la historia.

VII

El día de la elección, Artie llegó a la oficina antes del amanecer. Nada más la adrenalina la mantenía en pie. Dos horas después reunió a los muchachos, cuarenta y dos, algunos cabizbajos y tristes. Cuauhtémoc arribó más tarde con pan dulce y café. Antes de que salieran a las calles por última vez para llevar a los vecinos a votar, Artie les dijo cuán orgullosa estaba de su trabajo. Los llevaría en el corazón toda su vida. Algunos pidieron la palabra. Mientras los escuchaba, se le arrasaron los ojos; lloró en silencio. Mamá gallina y sus pollos.

Luego, el país votó.

VIII

Hace algunos años, cuando visitaba a su hermano Alfredo, a Cuauhtémoc le llamó la atención una torre de papel sobre una mesa. Eran cientos de cartas de agradecimiento que Alfredo había recibido durante años en su cubículo de la Universidad de California en Riverside, donde matriculaba latinos.

—Esas cartas no valen un millón de dólares —me dijo la última vez que lo vi en su oficina de Washington D.C.—. Son vida.

Cuauhtémoc recordó la anécdota días después de que los demócratas fueran derrotados en la elección general. Para su goce, en cambio, los latinos escucharon los ruegos y reeligieron a Reid senador por Nevada por quinta ocasión. En Las Vegas, los hispanos votaron en la misma proporción que en las presidenciales de Obama. En el resto del país la participación latina decayó.

Sonriendo como un niño, me dijo que el caso Reid simbolizaba algo parecido a esas cartas. Algo que iba a perdurar. Como un mapa de ruta, pensé. Para él era un triunfo personal —todos lo son—, una manera de probar que la causa por los latinos tenía sentido. También era una nueva victoria para Adelante, su empresa en pañales, la segunda en menos de dos años.

Antes de irme, Cuauhtémoc se puso de pie y encaró los mapas sobre el muro. Terminado Nevada, quedaban cuatro estados: Florida, Nuevo México, Colorado y la problemática Arizona. Abrió un cuaderno. Allí estaban los nombres de quienes se harían cargo de las oficinas: otro paso hacia la reelección de Obama.

Se inclinó sobre el escritorio, respiró profundo, se rascó la cabeza.

La política volvía al mapa de sus venas.

El sueño americano

Jon Lee Anderson

Hacia finales de los setenta, cuando tenía unos veinte años, viví unos meses en la ciudad de Fresno, en California. En Fresno había nacido mi padre y todavía vivían allí algunos de mis primos, y por eso estaba allí. Fresno era una ciudad plana y caliente, desparramada como un panqueque en una sartén por unos predios pelados y soleados. Ocupaba el eje del gran Valle Central del centro-sur de California, flanqueado por la cordillera Sierra Nevada a unos cien kilómetros al oriente, y separado de la costa del Pacífico, al occidente, por otras serranías más bajas y un viaje de cinco horas en carretera. La ciudad estaba rodeada de grandes campos agrícolas y huertos de albaricoque y almendros, pero lo que más cosechaba entonces eran urbanizaciones nuevas de casas idénticas, asequibles solamente por coche.

Fresno no era entonces un lugar de moda, ni lo había sido nunca. (Tampoco lo es ahora.) Poco antes de mi llegada, había aparecido como la "peor" de Estados Unidos en una de esas listas de "Mejores y peores ciudades para vivir" que salen publicadas cada año. A mis hermanos y a mí nos encantaba este dato y lo citábamos para atormentar a papá cada vez que hablaba con nostalgia de su juventud allí y de los valores sencillos de esa época. Papá protestaba pero reía a la vez, porque era la verdad: aparte de su cercanía a las montañas, no podía citar ningún encanto en defensa de la ciudad.

Yo llegué a Fresno en calidad de buscavidas —con una mano delante y otra atrás, como dicen los cubanos—, por lo que debí cerrar la boca acerca de sus flaquezas. Andaba en busca de aventura y necesitaba plata para subvencionarla. Había intentado conseguir un empleo como *smokejumper* en Colorado —te tirabas en paracaídas desde aviones y luchabas contra incendios forestales— pero no había puestos. Finalmente, mi padre salió al paso con que Larry, uno de mis primos, un tipo chévere y unos ocho años mayor que yo, me invitaba a quedarme con él en California y prometía conseguirme trabajo.

Larry, su esposa Cheryl y su niña Nikki, de unos nueve años, vivían en una casa modesta en una urbanización en las afueras de Fresno, un lugar donde, tras unos cuantos baldíos sin construcciones, la ciudad casi se fusionaba con el pueblo vecino, Clovis. La familia vivía sin holguras. Larry no trabajaba porque tenía una enfermedad ocular genética y recibía una pensión del Ejército, donde le habían detectado el defecto. Cheryl estaba empleada como cajera en un supermercado. Empecé a buscar trabajo y rápidamente conseguí dos, ambos *part-time* y bastante mediocres pues apenas pagaban el sueldo mínimo legal, dos dólares con sesenta y cinco centavos la hora. (El sueldo mínimo legal en California es, hoy, ocho dólares por hora.) Trabajando las ocho horas de una jornada típica, y después de descontados los impuestos, me quedaban apenas dieciséis dólares por día. Si tenía suerte, después de pagar a Larry y Cheryl un dinero por mi manutención, ahorraría algo así como mil quinientos dólares en seis meses. No era una fortuna de la cual vivir pero era suficiente para irme a Sudamérica de aventurero, que era más o menos mi objetivo en ese momento.

Uno de los trabajos era como *pump attendant* en una gasolinera; el otro, como ayudante en una ferretería de Clovis. Me iba de uno a otro en una bicicleta que me había prestado Larry. Eran tan aburridos que no me quedan memorias de esas jornadas. De la ferretería sólo recuerdo andar por unos pasillos con paquetes de clavos y tornillos buscando dónde colocarlos siguiendo unos códigos, como en las bibliotecas antiguas. Era una tarea monótona, como para matarse. De la gasolinera, en cambio, recuerdo a un cliente que venía casi todos los días, un iraní no mucho mayor que yo pero que, de tan rico, andaba en un Mercedes-Benz convertible. El coche era verde y tenía el interior en beige. Era un carro espléndido y, según el iraní, que era afable y orgulloso de su bienestar, le había costado veintisiete mil dólares, el equivalente de entonces al sueldo anual de un miembro de la clase media alta norteamericana —en pocas palabras, era un chorro de dinero. En esa época, casi ningún joven en Estados Unidos tenía carros así, y mucho menos en Fresno. Los coches norteamericanos de la época eran grandes naves tipo Buick y Chrysler, supercómodos y construidos con una inconsciencia olímpica de que algún día acabarían con la capa del ozono del planeta. Larry tenía un gran coche de mierda: un Impala veterano de la década anterior. En todo caso, me impresionó mucho que el iraní anduviera en un Mercedes.

Después de varias semanas de ese martirio triangular —de la casa de Larry a la gasolinera, de allí a la ferretería y luego otra vez al hogar de mi primo—, llegó la noticia de un trabajo disponible en una compañía que se dedicaba a embalar canastas de regalo para Semana Santa. Era maná del cielo. Estábamos a dos meses de la Semana Santa y el trabajo se acabaría una vez concluida la celebración pero pagaba algo más que el sueldo mínimo —unos tres dólares cincuenta la hora— y eso significaba que podía renunciar a los empleos en la gasolinera y la ferretería y ganar más dinero en menos tiempo. La fábrica también ofrecía pagar horas extra. Como no podía llegar en bici —estaba a treinta minutos en carro de la casa de Larry—, mi primo bonachón y desempleado se ofreció a llevarme y recogerme a diario.

El negocio estaba situado en el viejo centro de Fresno, un área de edificios industriales de ladrillo de principios del siglo XX cruzados por calles anchas apenas transitadas y lotes en desuso. Pronto noté que había hispanos en la zona, la mayoría mexicanos, hombres agrupados en las esquinas de las calles principales en espera de algo o alguien —un trabajo y una nueva vida. Larry me explicó que eran casi todos ilegales —*mojados*, los llamó— y que trabajaban como jornaleros para los agricultores del valle: llegaban los granjeros que precisaban mano de obra y escogían a los labriegos que usarían ese día entre ese grupo suspendido en el tiempo. Les pagaban algo así como dos dólares la hora, o menos. Me sentí con suerte: yo tenía un trabajo más fijo y más seguro.

Cuando descubrí a los hispanos en grupo en el centro, me di cuenta también de que hasta ese momento apenas había visto latinos en mis varias semanas en Fresno. La población fresnoiana de los suburbios, en las nuevas urbanizaciones en donde vivían Larry y Cheryl, era un mundo casi exclusivamente blanco y anglosajón de clase media pero trabajadora, así que no había jardineros mexicanos ni nada por el estilo, porque todos tenían jardines pequeños y los atendían ellos mismos. Que yo recuerde, hasta el trabajo de pico y pala de la construcción de esa época era territorio de los blancos —yo había trabajado en construcción en el estado de la Florida, por ejemplo, y los demás trabajadores eran tan blancos como yo. De hecho, por entonces todo estaba muy segregado. Así como la construcción era blanca, la cosecha de los cítricos era de los negros y la zafra del azúcar, de inmigrantes haitianos y jamaiquinos. En los setenta y en California, los hispanos, para los blancos, todavía eran invisibles. Trabajaban casi exclusivamente en la agricultura. Los veías desde lejos, desde la autopista, mientras ibas en carro. Estaban allá, a la distancia, inclinándose, sacando patatas u hortalizas de la tierra, o lo que sea. En el resto de la vida *blanca*, no los veías por ningún lado; y si los veías, no te percatabas de ellos. Los hispanos eran como los nativos americanos, los indios, como todavía los llamábamos en esos años: no tenían caras ni nombres ni identidades. Eran los que hacían esos trabajos, y fin de la historia.

Todo eso cambió en mi nuevo trabajo. Casi todos los empleados eran hispanos —y casi todos, mexicanos. Había unas cuarenta mujeres que trabajaban en el segundo piso, donde se ocupaban de hacer las canastas, llenándolas a pedido con variedades de huevos de chocolate cubiertos de papel aluminio de colores y de pasto artificial y pollitos y conejos de repostería. Abajo, en la primera planta, trabajábamos unos quince a veinte hombres, quienes recibíamos las canastas una vez terminadas por las mujeres. Nos organizaron en varios equipos. Algunos empaquetaban las canastas en grandes cajas de cartón; otros almacenaban. Otros etiquetaban la mercancía y cargaban los camiones que venían de todas partes de California. Uno de los principales clientes de esta bonanza chocolatera era la cadena de tiendas de farmacia Long's Drugs, donde podías comprar todo, desde medicinas a dulces o medias, así como los cachivaches de los feriados tradicionales como Halloween o Christmas o, como en este caso, Easter, que es como llamamos a la Semana Santa en Gringolandia. Fue entonces que supe que eran fábricas como ésta, en Fresno, las que en cada época del año se dedicaban a suplir las necesidades de cadenas como Long's con sus canastas para Easter o esas medias gigantes bordadas con imágenes de Santa Claus y llenas de babosadas infantiles para Navidad. Mis compañeros hispanos y yo —nosotros— ensamblábamos una porción de la felicidad de la familia americana.

Yo trabajaba en un pequeño equipo —éramos cuatro— que recibía las cajas de canastas cerradas, las etiquetaba y llevaba en un montacargas a los camiones. El más antiguo del equipo, y que actuaba un poco como el jefe, era un mexicano llamado de manera grandilocuente Baltimore. Era algo mayor que yo, fornido y tenía bigotes, y fue quien me enseñó las claves del trabajo. Mientras logré intimar bastante rápido con los otros dos —unos jóvenes de mi edad, Ezequiel y Pancho—, Baltimore era serio y algo formal conmigo. Supongo que mi estatus era un poco extraño y quizás no sabía cómo debía tratarme: yo era blanco. Además de mí, sólo había otro blanco en el negocio, Mike, un gringo de unos cuarenta años, pero yo trabajaba con el personal de planta y él era el capataz. Mike era un tipo algo rudo, pero me dio el empleo después de que le dije que estaba dispuesto a trabajar en lo que fuere y porque, alegué, tenía el valor agregado de hablar español. La verdad es que yo recién comenzaba a hablarlo, pero hasta eso era algo bastante inusual para un estadounidense por aquellos años.

Había un tercer blanco, que ocupaba el lugar que por entonces *debían* ocupar los blancos en el imaginario colectivo: era el dueño del negocio. Se trataba de un joven gordo de unos 25 años que manejaba un gigantesco Cadillac color dorado que parqueaba en la acera justo en frente de la escalerilla de entrada a la planta. El rumor era que la fábrica había sido un regalo de cumpleaños de su padre. Lo rechacé casi de inmediato. Cuando venía, hablaba únicamente con Mike, se paseaba por la nave con muchas *maneras de jefe*, y se iba. A veces, sin embargo, se aparecía durante la media hora del almuerzo. En ese momento, todos los empleados nos mezclábamos a comer lo que habíamos llevado de casa en un recinto de paredes de vidrio al lado de la entrada donde se distribuían algunas bancas y mesas, una máquina expendedora de café y otra de gaseosa. Empecé a notar que el dueño se las arreglaba para estar allí a esa hora y con cierta regularidad. Se quedaba afuera, hablando con Mike, pero estaba muy atento a los movimientos del interior. De hecho, miraba con franca lujuria a algunas empleadas. Daba asco. Había una chica en particular que era bastante guapa —grandes ojos caramelo, una nariz respingada y labios llenos, además de un cabello largo, como de seda negra— y era obvio que le había echado el ojo. Un día de esos, el tipo llegó a la fábrica al final de la jornada y parqueó su Cadillac tan pegado a la escalerilla que todos los empleados debían caminar alrededor del coche para salir. Se paró ahí, al lado de la máquina dorada, y miró a la chica guapa como uno se imagina que un negrero miraría a su esclava. Cuando ella pasó cerca, muy risueño, le dijo algo con inconfundible cara de mañoso. La chica hizo como que no lo oyó y se marchó; él se la quedó mirando, como sopesando el momento en que volvería a la carga.

Era un comportamiento tan degradante que me quedé atónito y enojado. Tenía la certeza de que el dueño se sentía con potestad para portarse así porque la mujer era mexicana y, quizás, indocumentada y necesitaba el trabajo. Jamás se habría comportado así con una *gringa*, pensé. Por otro lado, noté que nadie dijo nada al respecto: todos hicieron como que no habían visto nada. No había palabras altisonantes, ni murmullos sobre el hecho. El ambiente en la fábrica era el mismo de todos los días — gente empacando canastas, gente cargando cajas, algunos en silencio, otros echando bromas— como si nada hubiera sucedido. Se lo comenté a Ezequiel y a Pancho, y en privado, dijeron estar tan indignados como yo. Hice lo mismo con Baltimore, pero se encogió de hombros: era imperturbable, una esfinge.

Entonces tomé una decisión: sabotearía la fábrica. Era mi noción de cómo ser solidario con mis compañeros mexicanos. Un par de veces, manejando el montacargas, y aprovechando un momento en que pensé que nadie me veía, cargué contra algunas cajas y las atravesé con las horquillas. Luego, sigilosamente, empecé a escribir mensajes en español sobre las etiquetas de embalaje. En un cargamento destinado a Long's Drugs puse que el remitente era "Hijoepunta de Fresno". Era una subversión bastante tontica y adolescente, pero me servía de desahogo. Lo prolongué por algún tiempo hasta que, de buenas a primeras, un buen día Mike me citó aparte y me informó que estaba despedido.

Baltimore me había soplado.

Habían detectado el vandalismo rápidamente, como es lógico, y luego fue nada más cuestión de interrogar a los jefes de los equipos de la fábrica. No había muchos y Baltimore no dudó en entregarme. Supongo que me veía como un joven gringo que se daba el lujo de jugar, que aquel para mí era un empleo ocasional hasta volver a la universidad o quizás un simple pasatiempo antes de hacer cualquier otra cosa en la vida. Todo eso era cierto. Para Baltimore, sin embargo, ese trabajo era todo. Había estado antes en los campos agrícolas, y no quería volver. Su sueño era, algún día, ser propietario de su propio taller de recauchutaje de neumáticos.

Yo, con mis acciones, era un estorbo en su vida, una piedra en el camino.

Lo que yo hice —mal o bien, defender una idea— y lo que Baltimore hizo —defender su propio trasero de mi nobleza entrometida— es quizás una buena metáfora sobre cómo solemos vivir, en muchos casos, a trasmano de las épocas. Esta sensación de desencajamiento me ha acompañado durante mucho de mi vida. Aunque soy un ciudadano americano, he vivido menos de seis años de mi existencia en los Estados Unidos. Nací en California pero mi familia se mudó a Corea cuando yo tenía dos años. A los cuatro, nos fuimos a Colombia y a los cinco, a Taiwán. Tenía once cuando regresamos a Estados Unidos por primera vez pero, tras un año infeliz en una dura escuela pública donde mis compañeritos americanos que nunca habían oído de Taiwán me llamaban *the White Chink* —el asiático blanco con el que ni los asiáticos quieren tener relación—, nos trasladamos a Indonesia.

Hace unos años, poco después de publicar una biografía del Che Guevara, di una charla en Buenos Aires ante un buen número de simpatizantes de izquierda. Cuando terminé de hablar, una señora mayor de ojos acerados y cabello cortado al ras se acercó en silencio, se reclinó y casi suspiró a mi oído: "¿Eres miembro del Partido?" La pregunta me sorprendió pero luego entendí. Para ella, que un americano como yo haya escrito sobre el Che de una manera objetiva sólo podía ser factible porque yo *era* miembro del Partido Comunista. Ella precisaba esa seguridad para sentirse bien conmigo. Si yo decía "sí", me habría convertido en *el buen americano*. Pero nada de esto sucedió con Baltimore y la fábrica, donde ser el buen americano resultaba ser malo para muchos. Mi idea del sueño americano —igualitario— era distinta a la de mi jefe —aprovechador— o de Baltimore, para quien las aspiraciones eran tener una vida semejante a la del dueño del negocio de canastas de huevos de chocolate.

Tras el despido, me marché a San Francisco, donde tenía una tía y conseguí otro empleo. Después de unos meses allí, emprendí el viaje a Alaska en busca de nueva aventura, como Jack London en su día, y luego, finalmente, viajé a Sudamérica, mi destino deseado. A medida que pasó el tiempo, por carta y por teléfono, Larry me fue poniendo al día con las cosas de Fresno. Al poco tiempo de mi salida, el gordinflón dueño de la fábrica despidió también a Mike, y Baltimore, que ya era su hombre de confianza, se había convertido en el capataz. Eran tiempos nuevos.

Hoy, Fresno sigue siendo una ciudad provinciana sin nada de *glamour*. Desde aquellos días, casi ha doblado su población, hasta casi alcanzar el millón de habitantes. En mi época allí, los hispanos de Fresno eran menos de un tercio de los moradores del área; ahora son la mitad. Pero algunas cosas no cambian. Desde que fue declarada ciudad en 1885, Fresno no ha tenido nunca un alcalde hispano. La actual, la segunda alcaldesa en el cargo, es rubia, tiene unos ojos de un celeste oceánico y se llama Ashley Swearengin.

Larry y Cheryl se divorciaron hace años; él se mudó a Hawaii. Ahora se dedica al masaje shiatsu y divide su año entre la isla de Maui y Pattaya, la ciudad playera tailandesa. No he sabido más de Mike ni del gordinflón de la fábrica pero me atrevería a apostar que Baltimore ya tiene una cadena de recauchutadoras con su nombre.

Unos y otros

May-Li Khoe

DANIEL ALARCÓN
Lima, Perú, 1977

Periodista y escritor. Es editor asociado de la revista peruana *Etiqueta Negra* e investigador visitante del Centro de Estudios Latinoamericanos de la Universidad de California, en Berkeley. Es autor de *Guerra a luz de las velas* (finalista del Premio PEN/Hemingway 2006) y *Radio Ciudad Perdida*, novela publicada en más de una docena de países. Ha ganado los premios Whiting (2004) y Nacional de Revistas (2008) en Estados Unidos, entre otros. Becario de Guggenheim, Fulbright y Lannan, su obra ha sido publicada en medios como *The New Yorker, Harper's* y *Virginia Quarterly Review.* Fue seleccionado entre los 40 mejores escritores menores de 40 años por *The New Yorker* y por *Granta*, uno de los 21 mejores novelistas jóvenes de las Américas. Vive en Oakland, California.

Gabriel Leigh

JON LEE ANDERSON
California, Estados Unidos, 1957

Periodista. Es escritor de plantilla de la revista *The New Yorker* desde 1998. Ha reportado en países como Afganistán, Irak, Irán, Libia, Somalia, Angola, Brasil, Cuba y Venezuela. Sus libros incluyen *Che Guevara: una vida revolucionaria, La caída de Bagdad,* y más recientemente, la antología *El dictador, los demonios y otras crónicas.* Como uno de los maestros de la Fundación Nuevo Periodismo Iberoamericano (FNPI), fundada por Gabriel García Márquez, da con frecuencia talleres de periodismo a sus colegas iberoamericanos. Vive en Dorset, Inglaterra.

Jorge Alejandro Quintero

JOAQUÍN BOTERO
Bogotá, Colombia, 1972

Periodista. Desde 1999 vive en Nueva York, donde ha sido reportero a tiempo completo y por encargo en revistas y periódicos pero se ha ganado la vida como repartidor de comida, lavaplatos y asistente en mercados de comida *gourmet*. Es autor de los libros *El jardín en Chelsea* (Aguilar, 2007, mención especial del Primer Premio Crónicas Seix Barral) y *Memorias de un delivery* (Editorial Universidad de Antioquia, 2009); y participó de la antología *El gringo a través del espejo* (Cal y Arena, México, 2006).

Jorge Bispo

JOÃO PAULO CUENCA
Río de Janeiro, Brasil, 1978

Escritor. Es autor de las novelas *Corpo presente* (Planeta, 2003), *O dia Matroianni* (Planeta, 2007) y *O único final feliz para uma historia de amor é um acidente* (Companhia das Letras, 2010). Escribe crónicas para *Tribuna da Imprensa, Jornal do Brasil y O Globo*. Participó de las *antologías Cem melhores crônicas brasileiras* (Objetiva, 2007), *Prosas Cariocas* (2004), *Cenas da favela* (2007) y *Missives – Nouvelles brésilliennes contemporaines* (2008). Es uno de los autores presentes en *B39 – Antología del cuento latinoamericano* (2007). Ha sido traducido al italiano. Vive en Río de Janeiro.

Archivo personal

ANDRÉ DE LEONES
Goiânia, Brasil, 1980

Escritor. Autor de la novela *Hoje está um dia morto* (Record, 2006) y ganador del premio SESC de Literatura 2005. Ha publicado el volumen de cuentos *Paz na terra entre os monstros* (Record, 2008), la novela *Como desaparecer completamente* (Rocco, 2010) y *Dentes negros* (Rocco, 2011). Colabora con periódicos y sitios de Brasil. Reside en São Paulo.

Archivo personal

AILEEN EL-KADI
Bahia, Brasil, 1972

Traductora literaria, profesora e investigadora de cultura, literatura y cine contemporáneo latinoamericano. Dirige el programa de Estudios Brasileros en la University of Texas, en El Paso. Tiene un doctorado en literatura latinoamericana de la University of Colorado, en Boulder. Su investigación se centra en la representación de la violencia urbana y el imaginario social ligado a esa violencia en la ficción contemporánea latinoamericana y en cuestiones de migración. Co-editora de *In the Shadow of the State: The Rule of the Narcos in the Americas* y organizadora y editora de *Faces of Violence. A Critical Anthology of Brazilian Contemporary Fiction* (traducida al inglés y al español). Vive en El Paso, Texas.

Archivo personal

GABRIELA ESQUIVADA
Buenos Aires, Argentina, 1967

Periodista y escritora. Ha sido editora en *Infobae América* y subeditora en *Página/12*. Participó de los lanzamientos de diversas revistas, entre ellas *Cosmopolitan Argentina y Veintitrés*. Ha escrito para *Clarín, La Nación, 3 Puntos, TXT, Rolling Stone y Crítica de la Argentina*, entre otros medios de Argentina, y para *Surcos, Gatopardo, Milenio y El Mercurio* en América Latina. Editó libros para la FNPI y los sellos argentinos Aguilar, Planeta y Sudamericana, entre otros. Publicó en las antologías periodísticas *Mujeres Argentinas, Vino para contarnos, Crónicas filosas y 200 argentinos*, y trabajos académicos en *Los nuevos cronistas de América Latina y Juan Gelman, écriture, mémoire e politique*. Su último libro es *Noticias de los Montoneros* (Sudamericana, 2009). Escribe *El ocaso de la revolución*. Vive en Charlotte, North Carolina.

Bahiyyih Maloney

DIEGO FONSECA
Las Varillas, Argentina, 1970

Periodista y escritor. Es editor asociado de la revista de crónicas *Etiqueta Negra* y fue editor general de la revista *América Economía*. Sus textos se han publicado en periódicos y revistas de América Latina y España como *SoHo, Expansión, Orsai, BNA, Mercado y La Voz,* entre otros. Es autor del libro de relatos *South Beach* (Recovecos, 2009) y fue antologado en *Diez bajistas* (Eduvim, 2009). Como ensayista, participó en *In the Shadow of the State: The Rule of the Narcos in the Americas* (University of Texas, inédito). Estudió periodismo y comunicación en Argentina y tiene una maestría en IE Business School (España) y estudios de posgrado en Georgetown University. Escribe la novela *La vigilia* y el libro de relatos *La hospitalidad de la mentira*. Vive en Washington, D.C.

Archivo personal

EDUARDO HALFON
Ciudad de Guatemala, Guatemala, 1971

Escritor. Ha publicado *Esto no es una pipa, Saturno* (Alfaguara, 2003 y Punto de Lectura, 2007), *De cabo roto* (Littera Books, 2003), *El ángel literario* (Anagrama, 2004, semifinalista del Premio Herralde de Novela), *Siete minutos de desasosiego* (Panamericana Editorial, 2007), *Clases de hebreo* (AMG, 2008), *Clases de dibujo* (AMG, 2009, XV Premio Literario Café Bretón & Bodegas Olarra), *El boxeador polaco* (Pre-Textos, 2008), *La pirueta* (Pre-Textos, 2010, XIV Premio de Novela Corta José María de Pereda), y *Mañana nunca lo hablamos* (Pre-Textos, 2011). Sus obras han sido traducidas al inglés, francés, serbio, portugués, italiano y neerlandés. En 2007 fue nombrado como uno de los mejores jóvenes escritores latinoamericanos por el Hay Festival de Bogotá. En 2011 recibió la beca Guggenheim. Reside en Lincoln, Nebraska.

Brandon Bisbey

YURI HERRERA
Actopan, México, 1970

Escritor. Licenciado en Ciencias Políticas por la Facultad de Ciencias Políticas y Sociales de la UNAM, maestría en Creación Literaria por la Universidad de Texas, en El Paso, y doctorado en Lengua y Literatura Hispana por la Universidad de California, en Berkeley. Es ganador del Premio Binacional de Novela 2003 con *Trabajos del reino*, con la que también obtuvo el premio Otras Voces, Otros Ámbitos (España, 2008). Participó de las antologías *Cuentistas de tierra adentro y Hombres en corto*. Es autor del libro para niños *¡Éste es mi nahual!* (2007) y la novela *Señales que precederán al fin del mundo* (2009). Editor fundador de la revista literaria *El perro*, enseña en la Universidad de Tulane, Nueva Orleans.

Irina Khatsernova

Hernán Iglesias Illa
Buenos Aires, Argentina, 1974

Periodista y escritor. Escribe para diarios y revistas de América Latina y España como *La Nación, Gatopardo, Orsai, Rolling Stone, Vanity Fair, Expansión, Brando y Etiqueta Negra*. Es autor de los libros *Golden Boys* (Seix Barral, 2008) y *Miami: Turistas, colonos y aventureros en la última frontera de América Latina* (Seix Barral, 2010). Fue editor de *The Wall Street Journal Americas*, en Nueva York, y redactor de *El País* en Madrid. Obtuvo el Premio Crónicas Seix Barral (2006). Participó de las antologías *Los días que vivimos en peligro* (Emecé, 2006) y *Holy Fuck!* (Garrincha, 2011). Vive en Nueva York.

Julia Toro

Andrea Jeftanovic
Santiago de Chile, Chile, 1970

Escritora. Es socióloga y obtuvo un doctorado en Literatura Hispanoamericana por la Universidad de California, Berkeley. Es autora de las novelas *Escenario de guerra* (Alfaguara, 2000; Baladí, España, 2010) y *Geografía de la Lengua* (Uqbar, 2007), así como el conjunto de testimonios y entrevistas *Conversaciones con Isidora Aguirre* (Frontera Sur, 2009), del volumen de relatos *No aceptes caramelos de extraños* (Uqbar, 2011) y coautora del libro *Crónicas de oreja de vaca* (Bartleby, 2011). Sus relatos han integrado diversas compilaciones internacionales. Su última producción en el campo del ensayo es *Hablan los hijos: Discursos y estéticas en la perspectiva infantil* (Cuarto Propio, 2011). Se desempeña como académica en la Universidad de Santiago de Chile y trabaja en nuevos proyectos literarios. Reside en Santiago de Chile.

Javier Mejía

CAMILO JIMÉNEZ
Medellín, Colombia, 1969

Editor y escritor. Ha sido editor en la Editorial Universidad de Antioquia y en su Secretaría de Educación, y director del Centro Editorial de la Universidad del Rosario, en Bogotá. Entre 2002 y 2009 se desempeñó como editor de la revista *El Malpensante*; durante 2010 y 2011, jefe de redacción de *SoHo*. Fue profesor de escritura y apreciación literaria en las universidades Javeriana y Externado, y editor de las editoriales Alfaguara, EAFIT, Planeta y Aguilar en Colombia. Ha sido jurado del Concurso Nacional de Cuento Ciudad de Bogotá y de las Becas de Creación de la Secretaría de Cultura Ciudadana de Medellín. Ha publicado en diversas revistas colombianas: como *Arcadia, SoHo, El Malpensante, Carrusel y Universo Centro*. Vive en Bogotá.

Archivo personal

JUAN PABLO MENESES
Santiago de Chile, Chile, 1969

Escritor, guionista, blogger y periodista. Autor de *Equipaje de mano* (Planeta, 2003; Seix Barral, 2005), *Sexo y poder, el extraño destape chileno* (Planeta, 2004); *La vida de una vaca* (Planeta/Seix Barral, 2008); *Crónicas argentinas y Hotel España* (Norma, 2009). Creador de la Escuela de Periodismo Portátil y del concurso de crónicas homónimo. Participó en las antologías *Disco duro y Nuevos cuentistas para el siglo XXI* y fue premiado en el concurso Crónicas Latinoamericanas de la revista *Gatopardo*. Ha escrito para *SoHo, El Mercurio* y el portal ClubCultura. Mantiene los blogs "Periodismo portátil" en la revista *Etiqueta Negra* y "Crónicas argentinas", en *Clarín*, finalista en la categoría Internet del Premio Nuevo Periodismo CEMEX+FNPI. Reside en Santiago de Chile.

Archivo personal

Diego Enrique Osorno
Monterrey, México, 1980

Reportero infrarrealista. Escribe para la revista *Gatopardo*. Ha cubierto conflictos en Colombia, Siria, Venezuela, Líbano y Haití, entre otros países. Colabora en *Letras Libres, Nexos y Travesías*. Su *blog* "Historias de nadie" es publicado por la organización de derechos humanos Nuestra Aparente Rendición. Fue seleccionado por NatGeo como uno de los 30 mexicanos del Bicentenario. Recibió el premio latinoamericano de Periodismo sobre Drogas 2010 y de Periodismo Internacional Proceso 2011. Autor de los libros *Oaxaca sitiada* (2007), *El cartel de Sinaloa* (2009) y *Nosotros somos los culpables* (Grijalbo, 2010), adaptado al teatro. Es compilador del libro de crónicas *País de muertos* (Debate, 2011). Vive en Monterrey.

Phoebe Ling

Guillermo Osorno
Ciudad de México, México, 1963

Periodista y escritor. Director de la revista de reportajes *Gatopardo*. Trabajó en la unidad de investigación del periódico *Reforma* y fue editor de reportajes de *Letras Libres*. Estudió relaciones internacionales en El Colegio de México e hizo estudios de posgrado en las universidades de Cambridge (Inglaterra) y Columbia (Estados Unidos). Es socio fundador de Editorial Mapas. Ha editado los libros de crónicas *¿En que cabeza cabe?* (Mapas, 2004) y *Crónicas de otro planeta* (Random House, 2008). Es coautor del libro *Los Suspirantes* (Planeta, 2011), columnista del periódico *El Universal* y profesor de periodismo narrativo en la maestría de Periodismo y Asuntos Públicos del Centro de Investigación y Docencia Económica (CIDE). Vive en ciudad de México.

Liliana Colanzi

EDMUNDO PAZ SOLDÁN
Cochabamba, Bolivia, 1967

Escritor. Es profesor de Literatura Latinoamericana en la Universidad de Cornell. Autor de nueve novelas, entre ellas *Río Fugitivo* (1998)*, La materia del deseo* (2001), *Palacio Quemado* (2006) y *Los vivos y los muertos* (2009); y de los libros de cuentos *Las máscaras de la nada* (1990), *Desapariciones* (1994) y *Amores imperfectos* (1998). Ha coeditado los libros *Se habla español* (2000) y *Bolaño salvaje* (2008). Su novela más reciente es *Norte* (Mondadori, 2011). Sus obras han sido traducidas a nueve idiomas, y ha recibido numerosos premios, entre los que destacan el Juan Rulfo de cuento (1997) y el Nacional de Novela en Bolivia (2002). Reside en Ithaca, Nueva York.

Alejandra López

CLAUDIA PIÑEIRO
Burzaco, Argentina, 1960

Novelista, guionista de cine y televisión. Ha producido narrativa policial, infantil e histórica. Autora de la novela *Las viudas de los jueves*, premio Clarín de Novela 2005 y llevada al cine en 2009. Otros dos de sus textos policiales —*Tuya* (2005, Alfaguara, 2007) *y Las grietas de Jara* (Alfaguara, 2009)— han sido también seleccionados para sendas películas. Entre su producción para teatro se cuentan *Cuánto vale una heladera* (2004), *Un mismo árbol verde* (2006), *Morite, gordo* (2008) y *Tres viejas plumas* (2009). Obtuvo diversos premios internacionales, incluidos el Iberoamericano Fundalectura-Norma 2005, Sor Juana Inés de la Cruz y LiBeraturpreis, ambos en 2010. Sus obras están siendo traducidas a varias lenguas. Su última novela es el policial *Betibú* (Alfaguara, 2011). Vive en Buenos Aires.

Erik Mólgora

SANTIAGO RONCAGLIOLO
Lima, Perú, 1975

Escritor y periodista. Ha escrito tres novelas: *Pudor,* llevada al cine; *Abril Rojo*, Premio Alfaguara 2006 e Independent Prize of Foreign Fiction y *Tan cerca de la vida*. También ha escrito historias reales de personajes latinoamericanos, como *La cuarta espada o El amante uruguayo*, que han causado encendidas polémicas en varios países del mundo hispano. Su trabajo está publicado en treinta países y traducido a dieciocho idiomas. Reside en Barcelona.

Andrea Marques

CAROLA SAAVEDRA
Santiago de Chile, Chile, 1973

Escritora y traductora. Ha publicado el libro de cuentos *Do lado de fora* y las novelas *Toda Terça, Paisagem com Dromedário* (Premio Rachel de Queiroz) y *Flores Azuis*, con la que obtuvo el Premio de la Associação Paulista dos Críticos de Arte y la Copa Brasileña de Literatura y fue finalista en las distinciones Jabuti y Premio São Paulo de Literatura. En 2005 estuvo entre los finalistas del concurso Contos do Rio organizado por el periódico O Globo. Brasileña por naturalización, ha vivido en España, Francia y Alemania, donde terminó su maestría en Comunicación. Vive en Río de Janeiro.

Sam Masinter

ILAN STAVANS
Ciudad de México, México, 1961

Intelectual, ensayista y cuentista. Doctor en Letras por Columbia University, ha enfocado su interés en las culturas mexicana, estadounidense y judía. Fue conductor de "Conversations" en el canal público estadounidense PBS, y tiene la cátedra Lewis-Sebring de cultura latina y latinoamericana en Amherst College. Ha recibido, entre otros, la Medalla Presidencial de Chile y el Chicano/Latino Literature Prize en Estados Unidos. Es editor en jefe de la Enciclopedia Latina y autor de *Spanglish: The Making of a New American Language* (2004). Su obra, que ha sido llevada al cine y al teatro, y traducida a una docena de lenguas, comprende análisis ensayísticos como *La condición hispánica* (1999) e historietas como *Latino USA: A Cartoon History* (2000). Dirigió varias antologías y tradujo a Borges, Neruda y Rulfo. *The New York Times* lo llamó "el zar de la literatura latina en Estados Unidos". Reside en Amherst, Massachussets.

Sergio A. Ochoa

WILBERT TORRE
Ciudad de México, México, 1968

Periodista y escritor. Autor de los libros *Todo por una manzana y Obama Latino*, uno de cuyos capítulos fue finalista del premio de la FNPI, que en 2008 lo eligió como uno de los Nuevos Cronistas de Indias. Historias suyas se han publicado en las antologías *Crónicas de otro Planeta, 72 Migrantes y Nuestra Aparente Rendición*. Corresponsal de la revista *Etiqueta Negra* en Nueva York y Washington D.C., sus textos han aparecido en *Letras Libres, Gatopardo* y la revista sabatina de *El Mercurio* de Chile. Recibió el premio Proceso Internacional de Reportaje de la revista homónima (2011). Vive en Washington, D.C.

Michel Berda

ELOY URROZ KANAN
Nueva York, Estados Unidos, 1967

Poeta y novelista. Entre sus textos se cuentan *Las plegarias del cuerpo*, parte del tríptico novelístico *Tres bosquejos del mal*, traducido al alemán, francés y portugués; *Las formas de la inteligencia amorosa: D. H. Lawrence y James Joyce, Las almas abatidas, Un siglo tras de mí* y *Fricción*. Es uno de los fundadores del Grupo Crack. Ha publicado con Jorge Volpi el díptico *Dos novelitas poco edificantes* y *Crack: instrucciones de uso* junto a sus compañeros de generación. Ganador del Premio Nacional de Cuento San Luis Potosí, en México, por *Variaciones sobre un tema de Faulkner*, escrito con Volpi e Ignacio Padilla. Su obra ensayística y de crítica incluye *Siete ensayos capitales, La silenciosa herejía* y *Ethos, forma, deseo entre España y México*. Su obra poética está reunida en *Poemas en exhibición. La familia interrumpida* (Alfaguara, 2011) es su última producción. Reside en Charleston, South Carolina.

Archivo personal

JORGE VOLPI
Ciudad de México, México, 1968

Escritor y ensayista. Miembro de la llamada Generación del Crack. Ha recibido las distinciones II Premio Debate Casamérica de Ensayo por *El insomnio de Bolívar*, el Premio José Donoso por el conjunto de su obra y es Caballero de la Ordre des Arts et des Lettres, en Francia. La novela *En busca de Klingsor* (1999) le adjudicó los premios Biblioteca Breve, Deux Océans-Grinzane Cavour e Instituto Cervantes de Roma. Entre sus obras de ficción se destacan *Oscuro bosque oscuro* (2009), *El jardín devastado* (2008), *No será la Tierra* (2006), *El fin de la locura* (2003) y *El juego del Apo-*

calipsis (2000) y *En busca de Klingsor* (1999), entre otras. Ha sido traducido a más de veinticinco idiomas. Sus últimas producciones son el libro de cuentos *Días de ira* (Páginas de Espuma, 2011) y el de ensayo *Leer la menta* (Alfaguara, 2011). Vive en ciudad de México.

Alfaguara es un sello editorial del Grupo Santillana

www. alfaguara.com

Argentina
Av. Leandro N. Alem, 720
C 1001 AAP Buenos Aires
Tel. (54 114) 119 50 00
Fax (54 114) 912 74 40

Bolivia
Avda. Arce, 2333 - La Paz
Tel. (591 2) 44 11 22
Fax (591 2) 44 22 08

Brasil
Editora Objetiva
www.objetiva.br
Rua Cosme Velho 103 Rio de Janeiro
Tel. (5521) 21997824
Fax (5521) 21997825

Chile
Dr. Aníbal Ariztía, 1444
Providencia - Santiago de Chile
Tel. (56 2) 384 30 00
Fax (56 2) 384 30 60

Colombia
Calle 80, 10-23
Bogotá
Tel. (57 1) 635 12 00
Fax (57 1) 236 93 82

Costa Rica
La Uruca
Del Edificio de Aviación Civil 200 m al Oeste
San José de Costa Rica
Tel. (506) 220 42 42 y 220 47 70
Fax (506) 220 13 20

Ecuador
Avda. Eloy Alfaro, 33-3470 y Avda. 6 de
Diciembre - Quito
Tel. (593 2) 244 66 56 y 244 21 54
Fax (593 2) 244 87 91

El Salvador
Siemens, 51
Zona Industrial Santa Elena
Antiguo Cuscatlan - La Libertad
Tel. (503) 2 505 89 y 2 289 89 20
Fax (503) 2 278 60 66

España
Torrelaguna, 60
28043 Madrid
Tel. (34 91) 744 90 60
Fax (34 91) 744 92 24

Estados Unidos
2105 N.W. 86th Avenue
Doral, F.L. 33122
Tel. (1 305) 591 95 22 y 591 22 32
Fax (1 305) 591 91 45

Guatemala
7ª Avda. 11-11
Zona 9
Guatemala C.A.
Tel. (502) 24 29 43 00
Fax (502) 24 29 43 43

Honduras
Colonia Tepeyac Contigua a Banco Cuscatlan
Boulevard Juan Pablo, frente al Templo
Adventista 7º Día, Casa 1626
Tegucigalpa
Tel. (504) 239 98 84

México
Avda. Río Mixcoac, 272
Colonia Benito Juárez
03240 México D.F.
Tel. (52 5) 5200 7500

Panamá
Avda. Juan Pablo II, nº15. Apartado Postal
863199, zona 7. Urbanización Industrial
La Locería - Ciudad de Panamá
Tel. (507) 260 09 45

Paraguay
Avda. Venezuela, 276,
entre Mariscal López y España
Asunción
Tel./fax (595 21) 213 294 y 214 983

Perú
Avda. Primavera 2160
Santiago de Surco - Lima 33
Tel. (51 1) 313 4000
Fax (51 1) 313 4001

Portugal
Editora Objectiva
www.objectiva.pt
Estrada da Outurela, 118
2794-084 Carnaxide
Tel. (+351)214246903/4
Fax (+351) 214246907

Puerto Rico
Avda. Roosevelt, 1506
Guaynabo 00968
Puerto Rico
Tel. (1 787) 781 98 00
Fax (1 787) 782 61 49

República Dominicana
Juan Sánchez Ramírez, 9
Gazcue
Santo Domingo R.D.
Tel. (1809) 682 13 82 y 221 08 70
Fax (1809) 689 10 22

Uruguay
Constitución, 1889
11800 Montevideo
Tel. (598 2) 402 73 42 y 402 72 71
Fax (598 2) 401 51 86

Venezuela
Avda. Rómulo Gallegos
Edificio Zulia, 1º - Sector Monte Cristo
Boleita Norte - Caracas
Tel. (58 212) 235 30 33
Fax (58 212) 239 10 51